DE QUOI DEMAIN…

Jacques Derrida
Elisabeth Roudinesco

De quoi demain…

Dialogue

Fayard
Galilée

Avant-propos

« De quoi demain sera-t-il fait ? » interroge Victor Hugo dans l'un de ses poèmes des *Chants du crépuscule*. Et en introduction, il souligne : « Tout aujourd'hui, dans les idées comme dans les choses, dans la société comme dans l'individu, est à l'état de crépuscule. De quelle nature est ce crépuscule, de quoi sera-t-il suivi[1] ? » Tel fut notre point de départ.

Fruit d'une longue histoire, dont le premier moment remonte à trente ans, ce dialogue répond à la définition classique du genre en philosophie et dans les humanités en général : un échange dont la logique se construit au fil de deux discours qui se croisent sans jamais fusionner, et se répondent sans vraiment s'opposer. Ainsi s'énoncent des différences, des points de convergence, des découvertes de l'un par l'autre, des surprises, des interrogations ; en bref, une sorte de complicité sans complaisance.

La parole vive a d'abord été saisie au magnétophone[2] puis transcrite afin de rendre possible un premier passage de

1. « Spectre toujours masqué qui nous suis côte à côte./Et qu'on nomme demain !/Oh ! Demain, c'est la grande chose !/De quoi demain sera-t-il fait ? », Victor Hugo, « Napoléon II », *Les Chants du crépuscule* (1835), Paris, Gallimard, Bibliothèque de la Pléiade, t. 1, 1964, p. 838 et 811.

2. Je remercie Colette Ledannois pour la rapidité et la qualité de son travail.

Les notes rédigées par Jacques Derrida portent la mention J.D.

l'oral à l'écrit. Chacun de nous a ensuite retravaillé l'écrit pour qu'il se fonde en un véritable texte, un texte à *deux mains*, où cohabiteraient deux « idiomes », deux manières singulières de s'exprimer en une même langue.

Quand j'ai proposé ce dialogue à Jacques Derrida, je craignais que l'admiration que je lui porte ne soit un obstacle à la réalisation du travail. Ses dons d'orateur, la puissance de son raisonnement, son audace face à certains problèmes de notre temps – ainsi que la sagesse acquise au cours de tant de conférences données aux quatre coins du monde – menaçaient de me laisser sans voix. Mais bien vite, je compris que « l'exercice serait profitable », selon la célèbre formule anglaise tirée de la littérature dite d'« initiation »[1].

J'ai privilégié neuf thèmes. Chacun d'eux me semble être le siège d'une ou de plusieurs des grandes interrogations qui traversent notre époque. Nous y répondons par une réflexion où se mêlent plusieurs approches : philosophique, historique, littéraire, politique, psychanalytique.

Dans le premier chapitre, nous évoquons la question de l'héritage intellectuel des années 1970, si décrié aujourd'hui. Dans le deuxième, nous traitons des multiples usages, de part et d'autre de l'Atlantique, de la notion de différence (sexuelle, « ethnique », culturelle, etc.). Dans le troisième, nous abordons le problème des transformations de la famille occidentale.

Nous passons ensuite, dans le quatrième chapitre, à une réflexion sur la liberté humaine, pour nous interroger, dans le cinquième, sur les droits des animaux et les devoirs que l'homme contracte envers eux. En une sixième partie, nous interpellons l'esprit de la Révolution après l'échec du

1. On la trouve chez Robert Louis Stevenson, et elle est reprise par un personnage de Fritz Lang dans *Les contrebandiers de Moonfleet* (1954).

communisme. Les deux derniers chapitres sont consacrés, l'un à l'actualité de la peine de mort et à sa nécessaire abolition, l'autre aux formes modernes d'un antisémitisme présent et à venir.

Le livre s'achève sur un éloge de la psychanalyse, notre référence commune tout au long de ce dialogue.

E.R.

1

Choisir son héritage

Élisabeth Roudinesco : Je voudrais tout d'abord évoquer le passé, notre histoire commune. Il est de bon ton aujourd'hui de réprouver les penseurs des années 1970 et d'exiger de ceux qui s'en réclament un « devoir d'inventaire » ou, pire encore, une « repentance ». Aux œuvres de cette époque, marquées par la conjoncture si particulière du « structuralisme », on reproche pêle-mêle la valorisation excessive de l'esprit de révolte, le culte de l'esthétisme, un attachement à un certain formalisme de la langue, le rejet des libertés démocratiques, et un profond scepticisme à l'égard de l'humanisme. Il me semble que cet ostracisme est stérile et qu'il convient d'aborder notre époque d'une tout autre manière. Elle consiste à « choisir son héritage », selon vos propres termes : ni tout accepter, ni faire table rase.

Vous êtes l'héritier des œuvres majeures de la deuxième moitié du siècle. Nombre d'entre elles sont issues des systèmes de pensée aujourd'hui récusés. Ces œuvres, vous les avez « déconstruites[1] », notamment celles de Claude Lévi-

1. Utilisé par Jacques Derrida pour la première fois en 1967 dans *De la grammatologie* (Paris, Minuit), le terme « déconstruction » est emprunté à l'architecture. Il signifie déposition ou décomposition d'une structure. Dans sa définition derridienne, il renvoie à un travail de la pensée inconsciente (« ça se déconstruit »), et qui consiste à défaire sans jamais le détruire un système de pensée hégémonique ou dominant.

Strauss, Michel Foucault, Louis Althusser, Jacques Lacan[1]. Avec eux – et de leur vivant – à partir de leurs livres, vous vous êtes « expliqué » – vous aimez ce verbe – vous vous êtes livré à un travail de commentaire de textes tout en revendiquant l'importance pour votre démarche de l'enseignement d'Edmund Husserl, de Martin Heidegger ou d'Emmanuel Lévinas.

C'est à cette époque, vers 1967, que j'ai commencé à lire vos ouvrages, et notamment *De la grammatologie* et *L'écriture et la différence*[2], comme tous les étudiants en lettres de ma génération qui s'intéressaient à la littérature d'avant-garde, à la linguistique structurale issue de Ferdinand de Saussure et de Roman Jakobson. La subversion consistait alors à affirmer que le sujet humain est déterminé par le langage, par des fonctions symboliques, par le destin d'une « lettre » ou d'un signifiant, ou encore par une écriture antérieure à la parole, et enfin par l'existence de l'inconscient au sens freudien. Tout

---

Déconstruire, c'est en quelque sorte résister à la tyrannie de l'Un, du *logos*, de la métaphysique (occidentale) dans la langue même où elle s'énonce, avec l'aide du matériau même que l'on déplace, que l'on fait bouger à des fins de reconstructions mouvantes. La déconstruction, c'est « ce qui arrive », ce dont on ne sait pas s'il arrivera à destination, etc. Jacques Derrida lui confère également un usage grammatical : le terme désigne alors un dérangement de la construction des mots dans la phrase. Voir la « Lettre à un ami japonais » (1985), in *Psyché. Inventions de l'autre,* Paris, Galilée, 1987, p. 387-395. Dans le grand dictionnaire d'Émile Littré, on peut lire : « L'érudition moderne nous atteste que dans une contrée de l'immobile Orient, une langue parvenue à sa perfection s'est déconstruite et altérée d'elle-même par la seule loi du changement naturel de l'esprit humain. »

1. Claude Lévi-Strauss, *Tristes Tropiques,* Paris, Plon, 1955. Michel Foucault, *Histoire de la folie à l'âge classique* (1961), Paris, Gallimard, 1972; *Les mots et les choses,* Paris, Gallimard, 1966. Louis Althusser, *Pour Marx,* Paris, Maspero, 1965. Jacques Lacan, *Écrits,* Paris, Seuil, 1966.

2. Jacques Derrida, *De la grammatologie, op. cit*; *L'écriture et la différence,* Paris, Seuil, 1967.

en respectant l'engagement politique de Jean-Paul Sartre, notre génération critiquait sa résistance à aborder de front la question de l'inconscient dans la formation d'un sujet et son humanisme du sujet « plein », transparent à lui-même[1].

Par la suite, notamment lors du deuxième colloque de Cluny, organisé au printemps 1970 par *La Nouvelle Critique*[2], revue du Parti communiste français, je vous ai critiqué car je vous jugeai « infidèle » à cet héritage que vous déconstruisiez. Pour ma part, je me voulais fidèle, mais non dogmatique. Par la suite, je me suis sentie plus proche de vous et j'ai pensé que vous aviez eu raison de faire parler les œuvres à l'intérieur d'elles-mêmes, à travers leurs failles, leurs blancs, leurs marges, leurs contradictions, sans chercher à les mettre à mort. D'où l'idée que la meilleure façon d'être fidèle à un héritage, c'est de lui être infidèle, c'est-à-dire de ne pas le recevoir à la lettre, comme une totalité, mais plutôt de le prendre en défaut, d'en saisir le « moment dogmatique » : « Je me sens héritier, fidèle autant que possible », dites-vous dans un entretien de 1983[3]. De même, à propos de Lévinas, vous dites qu'il se « trouve dans un rapport d'infidélité et de fidélité à l'ontologie[4] ».

1. Voir à ce sujet Élisabeth Roudinesco, *Généalogies,* Paris, Fayard, 1994, et François Dosse, *Histoire du structuralisme,* 2 vol., Paris, La Découverte, 1992.

2. Ce colloque réunissait des intellectuels de toutes tendances, et plus particulièrement des écrivains proches de trois revues : *Tel Quel, Change, Action Poétique.* À cette occasion, j'ai présenté une communication dans laquelle je montrai que les thèses de Derrida étaient inspirées par une vision heideggerienne de l'archaïcité proche de celles de Carl Gustav Jung. J'ai raconté cet épisode dans *Histoire de la psychanalyse en France,* t. 2 (1986), Paris, Fayard, 1994, p. 544-545. Voir aussi *L'inconscient et ses lettres,* Paris, Mame, 1975. Jacques Derrida m'avait répondu dans *Positions,* Paris, Minuit, 1972.

3. Jacques Derrida, *Points de suspension,* Paris, Galilée, 1998, p. 139. Voir aussi « Rencontres de Rabat avec Jacques Derrida. Idiomes, nationalités, déconstructions », *Cahiers Intersignes,* 13, 1998.

4. Jacques Derrida, « Violence et métaphysique » (1964), in *L'écriture et la différence, op. cit.*

Les véritables adversaires de la pensée de cette époque sont apparus ultérieurement, en 1986, lorsque Luc Ferry et Alain Renaut ont publié un livre qui eut un grand retentissement : *La pensée 68* [1].

Aujourd'hui, vous êtes en quelque sorte le dernier héritier de cette pensée qui s'est révélée si féconde. Vous en êtes même, oserais-je dire, le survivant, puisqu'à l'exception de Claude Lévi-Strauss, tous les autres protagonistes de cette scène sont morts. Et tout se passe comme si, à travers la déconstruction, vous parveniez à les faire vivre et à les faire parler, non pas comme des idoles mais comme les porteurs d'une parole vive.

Par ailleurs, et sans doute parce que vous êtes un héritier fidèle et infidèle, vous assumez dans le monde d'aujourd'hui la position d'un intellectuel universel qui fut celle autrefois d'un Zola, puis, plus récemment, d'un Sartre. Vous incarnez à cet égard une forme nouvelle de dissidence que votre parole et vos œuvres (traduites en plus de quarante langues) portent d'un bout à l'autre du monde. Bref, j'ai envie de dire que vous triomphez[2].

À cet égard, j'ai parfois l'impression que le monde d'aujourd'hui vous ressemble et ressemble à vos concepts, que notre monde est déconstruit et qu'il est devenu derridien au point de réfléchir, comme une image dans un miroir, le processus de décentrement de la pensée, du psychisme et de l'historicité que vous avez contribué à mettre en œuvre.

Jacques Derrida : Fidèle et infidèle, comme vous avez raison ! Je me vois souvent passer très vite devant le miroir de la vie, comme la silhouette d'un fou (à la fois comique et

1. Luc Ferry et Alain Renaut, *La pensée 68,* Paris, Gallimard, 1986.

2. Jacques Derrida est l'auteur d'un peu plus de cinquante livres, à quoi s'ajoutent de nombreuses préfaces et interventions dans des ouvrages collectifs. Il a participé à environ une centaine d'entretiens.

tragique) qui se tue à être infidèle par esprit de fidélité. Je suis donc prêt à vous suivre, sauf sur l'allusion au triomphe. Je n'ai pas du tout le même sentiment que vous – et je ne dis pas cela par politesse ou par modestie. Sans doute le paysage a-t-il changé. Sans doute voit-on s'essouffler un peu, mais n'exagérons rien, les efforts compulsifs, souvent pathétiques, apeurés ou désespérés, pour *discréditer* à tout prix – et non seulement mon travail, bien sûr, mais toute une configuration à laquelle il appartient (encore que je sois obligé de revendiquer ici un triste privilège : j'attire une agressivité plus tenace et plus acharnée). Sans doute discerne-t-on les signes, parfois tout aussi inquiétants, d'une certaine légitimation. Mais comment parler de « triomphe » ? Non, et ce n'est peut-être pas souhaitable. Pour revenir au point de départ, et pour vous accompagner dans ce dialogue, je risquerai quelques généralités sur la notion d'héritage.

C'est vrai, je me suis toujours reconnu, qu'il s'agisse de la vie ou du travail de la pensée, dans la figure de l'héritier – et de plus en plus, de façon de plus en plus assumée, souvent heureuse. À m'expliquer de façon insistante avec ce concept ou avec cette figure du légataire, j'en suis venu à penser que, loin d'un confort assuré qu'on associe un peu vite à ce mot, l'héritier devait toujours répondre à une sorte de double injonction, à une assignation contradictoire : il faut d'abord savoir et savoir *réaffirmer* ce qui vient « avant nous », et que donc nous recevons avant même de le choisir, et de nous comporter à cet égard en sujet libre. Oui, *il faut* (et ce *il faut* est inscrit à même l'héritage reçu), il faut tout faire pour s'approprier un passé dont on sait qu'il reste au fond inappropriable, qu'il s'agisse d'ailleurs de mémoire philosophique, de la préséance d'une langue, d'une culture, et de la filiation en général. Réaffirmer, qu'est-ce que ça veut dire ? Non seulement l'accepter, cet héritage, mais le relancer autrement et le maintenir en vie. Non pas le choisir (car ce qui caractérise l'héritage, c'est d'abord qu'on ne le choisit pas, c'est lui qui nous élit violemment), mais choisir de le garder en vie. La vie, au fond, l'être-en-vie, cela se définit peut-être par cette tension interne de l'héritage, par cette réinterprétation de la donnée du don, voire de la filiation. Cette réaffirmation qui à la fois continue et interrompt, elle ressemble, au moins, à une élection, à une sélection, à une décision. La sienne *comme* celle de l'autre : signature contre signature. Mais je ne me servirai d'aucun de ces mots sans les entourer de guillemets et de précautions. À commencer par le mot de « vie ». Il faudrait penser la vie à partir de l'héritage, et non l'inverse. Il faudrait donc partir de cette contradiction formelle et apparente entre la passivité de la réception et la décision de dire « oui », puis sélectionner, filtrer, interpréter, donc transformer, ne pas laisser intact, indemne, ne pas laisser *sauf* cela même qu'on dit respecter avant tout. Et après tout. Ne pas laisser sauf : sauver, peut-être, encore, pour quelque temps, mais sans illusion sur un salut final.

Mais vous voyez bien pourquoi je suis sensible à ce que vous avez dit de l'absence ou de l'abstention de toute mise à mort. Je me suis toujours interdit – autant que possible, bien sûr, et si « radicale » ou inflexible que doive être une déconstruction – de blesser ou de mettre à mort. C'est toujours en réaffirmant l'héritage que l'on peut éviter cette mise à mort. Même au moment où – et c'est l'autre versant de la double injonction – ce même héritage commande, pour sauver la vie (dans son temps fini), de réinterpréter, de critiquer, de déplacer, c'est-à-dire d'intervenir activement pour qu'ait lieu une transformation digne de ce nom : pour que quelque chose arrive, un événement, de l'histoire, de l'imprévisible à-venir.

Mon désir ressemble à celui d'un amoureux de la tradition qui voudrait s'affranchir du conservatisme. Imaginez un fou du passé, fou d'un passé absolu, d'un passé qui ne serait plus un présent passé, d'un passé à la mesure, à la démesure d'une mémoire sans fond – mais un fou qui redoute le passéisme, la nostalgie, le culte du souvenir. Double injonction contradictoire et inconfortable, donc, pour cet héritier qui n'est surtout pas ce qu'on appelle un « héritier ». Mais rien n'est possible, rien n'a d'intérêt, rien ne me paraît désirable sans elle. Elle commande deux gestes à la fois : laisser la vie en vie, faire revivre, saluer la vie, « laisser vivre », au sens le plus poétique de ce qu'on a hélas transformé en slogan. Savoir « laisser », et ce que veut dire « laisser », c'est une des choses les plus belles, les plus risquées, les plus nécessaires que je connaisse. Tout près de l'abandon, du don et du pardon. L'expérience d'une « déconstruction » ne va jamais sans cela, sans amour, si vous préférez ce mot. Elle commence par rendre hommage à ce à quoi, à ceux à qui je dirais qu'elle « s'en prend ». « S'en prendre » est une très séduisante, très intraduisible *façon* de la langue française, vous ne trouvez pas ?

Cette « façon » de faire va bien à une déconstruction qui se prend, qui se fait prendre et se laisse prendre dans ce qu'elle comprend et prend en considération tout en s'en éprenant. Il y va des limites du concept. En latin ou en français comme en allemand, le concept (*Begriff*) nomme le geste d'une *prise,* c'est une saisie. La déconstruction passe pour être hyperconceptuelle, certes, elle l'est en effet, elle fait une grande consommation des concepts qu'elle produit autant qu'elle en hérite – mais seulement jusqu'au point où une certaine écriture pensante excède la prise ou la maîtrise conceptuelle. Elle tente alors de penser la limite du concept, elle endure même l'expérience de cet excès, elle s'y laisse amoureusement excéder. C'est comme une extase du concept : on en jouit jusqu'au débordement.

Dans les textes « déconstructeurs » apparemment acharnés que j'ai écrits à propos des auteurs dont vous avez parlé, il y a toujours un moment où je déclare, le plus sincèrement du monde, l'admiration, la dette, la reconnaissance – et la nécessité d'être fidèle à l'héritage afin de le réinterpréter et de le réaffirmer sans fin. C'est-à-dire, à mes risques et périls, de façon sélective. Ce que je n'admire pas, je n'en parle jamais, sauf si quelque polémique (dont je ne prends jamais l'initiative) m'y contraint, et je tente de répliquer alors en me limitant à des enjeux impersonnels ou d'intérêt commun. Si l'héritage nous assigne des tâches contradictoires (recevoir et pourtant choisir, accueillir ce qui vient avant nous et pourtant le réinterpréter, etc.), c'est qu'il témoigne de notre finitude. Seul un être fini hérite, et sa finitude l'*oblige*. Elle l'oblige à recevoir ce qui est plus grand et plus vieux et plus puissant et plus durable que lui. Mais la même finitude oblige à choisir, à préférer, à sacrifier, à exclure, à laisser tomber. Justement pour répondre à l'appel qui l'a précédé, pour y répondre et pour en répondre – en son nom comme au nom de l'autre. Le concept de responsabilité n'a plus le moindre sens hors d'une expérience de l'héritage. Avant même de dire qu'on est responsable de tel héritage, il faut savoir que la responsabilité en général (le « répondre de », le « répondre à », le « répondre en son nom ») nous est d'abord assigné, et, de part en part, comme un héritage. On est responsable devant ce qui vient avant soi mais aussi devant ce qui est à venir, et donc encore *devant soi. Devant* deux fois, *devant* ce qu'il *doit* une fois pour toutes, l'héritier est doublement endetté. Il s'agit toujours d'une sorte d'anachronie : devancer au nom de ce qui nous devance, et devancer le nom même ! Inventer son nom, signer autrement, de façon chaque fois unique, mais au nom du nom légué, si c'est possible !

S'agissant des années 1970 auxquelles vous faisiez allusion, cette double loi se vérifie. On pourrait trouver d'autres exemples, bien sûr, dans les pensées philosophiques antérieures, qu'il s'agisse de celles de Platon, de Descartes ou de Kant, de Hegel ou de Heidegger. Mais puisque vous avez choisi de privilégier ce qui nous est commun, je suis heureux que cet entretien commence ainsi. Nous allons suivre, en pointillés, quelques moments de nos itinéraires respectifs, là où ils se sont croisés dans le temps.

À la fin des années 1960, en effet, il s'agissait pour moi d'hériter, je veux dire de répondre d'un héritage, à un moment de l'histoire où de grandes œuvres étaient déjà élaborées et présentes dans le champ de la philosophie. Je ne parle pas seulement de Husserl ou de Heidegger, mais plus près de nous, en France, de Lévinas, de Lacan, de Lévi-Strauss, et, plus près encore, de Foucault, d'Althusser, de Deleuze bien sûr, de Lyotard. Même si cela peut ressembler à de l'éclectisme (mais il n'y avait pas une ombre d'éclectisme en tout cela, justement, il s'agit d'un autre lieu de l'affinité, d'une « appartenance » commune qui reste à définir et qu'on sent mieux – un peu trop même – à l'étranger qu'en France), je me sentais en accord très profond avec le geste de chacun d'eux, si différent soit-il. C'est pourquoi, si l'on veut bien suivre mes textes depuis le début, il y a toujours un moment où je marque l'alliance. Je l'ai fait pour *tous* ceux que nous venons de nommer.

Mais ce moment fut aussi celui de ce que vous avez appelé le « système ». J'ai commencé à écrire, entre 1962 et 1966, lorsque le structuralisme était non seulement une pensée systématique, mais une nouvelle pensée du système, de la forme systémique, avec la prévalence du modèle linguistique chez Lévi-Strauss et chez Lacan, quelle que soit la complication dont, chacun à sa manière, ils affectaient ce modèle. Je sentais, certes, la fécondité et la légitimité de ce geste, à ce moment-là, en réponse à des empirismes, à des positivismes ou à d'autres « obstacles » épistémologiques, comme on disait souvent. Mais je n'en percevais pas moins le prix à payer, à savoir une certaine naïveté, la répétition un peu jubilatoire de vieux gestes philosophiques, la soumission un peu somnambulique à une histoire de la métaphysique dont j'étais entraîné à déchiffrer le programme, les combinatoires, toutes les possibilités à mes yeux alors épuisées, fatiguées. Je crus pouvoir discerner ce que ce programme pouvait comporter de stérilisant, voire de précipité et de dogmatique. Malgré, ou à travers la « subversion » dont vous parliez à l'instant. Je pense notamment à la méconnaissance ou à la dénégation *pratique* d'un certain nombre de motifs, par exemple la rupture en histoire, l'interruption, le passage d'une force systémique à une autre, etc. À ce moment-là, avec précaution, j'insistais beaucoup sur ce motif de la *force* que le structuralisme risquait de neutraliser. Et ce lien de la force et de l'histoire me paraissait devoir être pris en compte.

Chaque fois la réponse déconstructive à des œuvres comme celle de Foucault, de Lévi-Strauss ou de Lacan était différente. Et différente avec chaque texte. Je n'ai presque jamais écrit sur tel ou tel auteur *en général*, ni traité *la totalité* d'un corpus comme s'il était homogène. Ce qui m'importe, c'est plutôt la répartition des forces et des motifs dans telle ou telle œuvre, et de reconnaître ce qui y est hégémonique ou ce qui s'y voit secondarisé, voire dénié. J'essayais là aussi – ce que je m'efforce de faire chaque fois – de respecter l'idiome[1] ou la singularité d'une signature. Commune à ces auteurs, l'axiomatique structuraliste était chaque fois mise en œuvre dans un style différent, en un lieu et sur des corpus hétérogènes. Pour chacune, je voulais déceler ce que vous avez appelé le « moment dogmatique » – le résidu de crédulité – pour le « déconstruire » tout en respectant l'exigence structuraliste. Je n'ai jamais rien dit contre le structuralisme.

E.R. : Au contraire, vous avez écrit une belle phrase en 1963 dans « Force et signification » : « Si elle se retirait un jour, abandonnant ses œuvres et ses signes sur les plages de notre civilisation, l'invasion structuraliste deviendrait une

1. L'idiome est une langue particulière et le terme renvoie par extension à la manière de s'exprimer propre à une époque, à un groupe social, à une personne. Selon Jacques Derrida, l'idiomatique est « une propriété que l'on ne peut pas s'approprier. Elle vous signe sans vous appartenir. Elle n'apparaît qu'à l'autre et ne vous revient qu'en des éclairs de folie qui rassemblent la vie et la mort », in *Points de suspension, op. cit.*, p. 127.

question pour l'historien des idées[1]. » C'est un hommage : le jour où le structuralisme aura disparu comme force créatrice, il faudra en faire son deuil mais aussi évaluer sa place dans l'histoire de la civilisation…

J.D. : J'ai la faiblesse de tenir à ce geste. C'est pour cela que je reviens à la question de la mise à mort : je ne voudrais en aucun cas – et s'il le faut ici ou là dans des moments polémiques, je le regrette d'avance – que la déconstruction serve à dénigrer, blesser ou amoindrir la force ou la nécessité d'un mouvement. D'où cette situation que vous avez décrite tout à l'heure : à tel ou tel moment d'un processus, les alliances se déplacent, et je me retrouve, moi, l'allié de Lacan et de Foucault, je l'ai dit explicitement, dans certains contextes. La sinistre grimace du livre grotesque que fut alors, en effet, *La pensée 68* (faut-il vraiment en parler encore ? y tenez-vous ?) a bien distingué les camps. Il peut m'arriver de marquer ma réticence à l'égard de tel ou tel moment de la pensée de Lacan ou de Foucault, tout en sachant que, malgré tout, par exemple devant des offensives aussi obscurantistes, je reste de leur côté dans le mouvement général de ce qu'on appelle l'expérience ou l'exigence de la pensée.

C'est pourquoi l'idée d'héritage implique non seulement réaffirmation et double injonction, mais à chaque instant, dans un contexte différent, un filtrage, un choix, une stratégie. Un héritier n'est pas seulement quelqu'un qui reçoit, c'est quelqu'un qui choisit, et qui s'essaie à décider. C'est très explicite dans *Spectres de Marx*[2]. Tout texte est hétérogène. L'héritage aussi, au sens large mais précis que je donne à ce mot, c'est un « texte ». L'affirmation de l'héritier consiste, naturellement, dans son interprétation, à choisir. Il

1. Voir Jacques Derrida, *L'écriture et la différence, op. cit.*

2. Jacques Derrida, *Spectres de Marx,* Paris, Galilée, 1993. Voir notre chapitre 7 : « L'esprit de la Révolution ».

discerne de façon critique, il différencie, et c'est ce qui explique la mobilité des alliances. Dans certaines situations, je suis l'allié de Lacan contre d'autres, dans d'autres situations, j'objecte à Lacan. Je ne vois aucun opportunisme, aucun relativisme à cela.

E.R. : Ce thème de l'ennemi, de l'ami et de l'adversaire, vous le traitez plus particulièrement dans un séminaire où vous déconstruisez l'œuvre de Carl Schmitt[1]. Vous soulignez que selon Schmitt, la différence politique procède d'une discrimination entre l'ami et l'ennemi. Sans cette discrimination, il n'y a pas de politique. À cela, vous opposez une conception plus freudienne de la politique, celle qui « inscrirait la haine dans le deuil même de nos amis[2] ». Et vous citez la fameuse histoire des hérissons empruntée par Freud à Schopenhauer. Des porcs-épics renoncent à se serrer les uns contre les autres pour lutter contre le froid. Leurs piquants les blessent. Obligés de se rapprocher de nouveau par temps de glace, ils finissent par trouver, entre l'attraction et la répulsion, entre l'amitié et l'hostilité, la distance convenable.

Il me semble qu'il faut en quelque sorte distinguer. Ceux avec lesquels « vous vous expliquez » à travers la déconstruction sont proches de vous, les « autres » ne le sont pas. Ils cherchent à détruire et non à choisir un héritage.

1. Jacques Derrida, *Politiques de l'amitié*, Paris, Galilée, 1994, p. 93-129. Carl Schmitt, *La notion du politique, théorie du partisan* (1932), Paris, Flammarion, 1992.

Carl Schmitt (1888-1985) est un juriste allemand. Élève de Max Weber, il a participé à la vie politique de son pays à la fin de la République de Weimar et au début du régime hitlérien. Menacé par la SS, il renonce à ses activités en 1936. Arrêté par les Alliés en 1945, il sera jugé en raison de ses liens avec le nazisme puis bénéficiera d'un non-lieu.

2. Jacques Derrida, *Politiques de l'amitié*, *op. cit.*, p. 145. Voir Sigmund Freud, « Actuelles sur la guerre et la mort » (1915), in *Œuvres complètes* (OC), XIII, Paris, PUF, 1988, p. 125-137 ; *Psychologie des masses et analyse du moi* (1921), *OC*, XVI, Paris, PUF, 1991, p. 1-83.

J'admire à la fois les grands systèmes de pensée et la valeur de subversion – et donc de déconstruction – qu'ils déploient. C'est pourquoi, quand je faisais mes études de lettres à la Sorbonne avant 1968, je lisais vos textes en même temps que ceux des « autres ». Je me suis parfaitement retrouvée ensuite dans la phrase prononcée par Lacan en 1969, en réponse à Lucien Goldmann qui soulignait que les hommes font l'histoire et non pas les structures. Goldmann commentait de cette manière le slogan de Mai écrit sur un tableau de la Sorbonne : « Les structures ne descendent pas dans la rue. » Lacan répondit : « S'il y a quelque chose que démontrent les événements de Mai, c'est précisément la descente dans la rue des structures[1]. »

Vos textes et ceux des « structuralistes » (Lacan, Foucault, Barthes, Althusser, Lévi-Strauss) servaient alors à critiquer les « ennemis politiques », les tenants de la vieille Sorbonne, qui ne voulaient jamais parler ni de littérature moderne, ni de linguistique, et encore moins de psychanalyse. Je me souviens par exemple, et je l'ai raconté dans *Généalogies*, que le détenteur de la chaire de linguistique, André Martinet, refusait d'évoquer le nom de Roman Jakobson, son « ennemi », et que ses assistants, nos « maîtres », lui obéissaient. Vous étiez, vous et les autres, l'incarnation de la Révolution, d'une révolution qui se réclamait des structures (et de leur déconstruction), mais qui avait tout d'un engagement politique : la liberté de prononcer, face à des mandarins et à leurs serviteurs, des noms interdits. Ce sont des choses que nos conservateurs oublient aujourd'hui quand ils rêvent de restaurer l'ancienne école républicaine. Sans doute faut-il en maintenir l'esprit dans ce qu'elle a de progressiste ? Mais il ne faut jamais

1. Jacques Lacan, « Intervention sur l'exposé de Michel Foucault » (1969), *Littoral*, 9, juin 1983. La conférence de Foucault faite à la Société française de philosophie a pour titre « Qu'est-ce qu'un auteur ? », repris dans *Dits et écrits*, 1, 1954-1969, Paris, Gallimard, 1994, p. 789-821.

oublier combien, à certains moments, elle a pu être franchement réactionnaire.

C'est ensuite que j'ai pu saisir la manière dont vous déconstruisiez les systèmes de pensée à l'intérieur d'un espace critique qui ne les détruisait pas mais les faisait vivre autrement. Je pense notamment à deux interventions majeures.

L'une porte sur un chapitre de la septième partie des *Tristes tropiques* intitulé « Leçon d'écriture ». Décrivant la vie et les mœurs des Indiens Nambikwara, semi-nomades du Brésil occidental, chez lesquels il avait séjourné[1], Lévi-Strauss montre comment l'écriture fait irruption dans un groupe d'Indiens, qui pourtant n'en connaît pas les règles, lorsque le chef utilise des traces dessinées sur un papier comme un moyen de faire croire aux membres de sa tribu qu'il détient le pouvoir de communiquer avec les Blancs. Lévi-Strauss en conclut que l'écriture est ainsi l'instrument d'une colonisation, d'une violence, d'une exploitation qui met fin à un état de nature fondé sur la prévalence d'une parole pleine, non suspecte d'inauthenticité. Pour ma part, je considère *Tristes tropiques* comme l'un des plus beaux livres de la deuxième moitié du siècle, à la fois pour son style, pour la mélancolie qui l'anime et pour la manière dont il mêle l'autobiographie, la réflexion théorique et le récit d'aventure. Je l'ai découvert et aimé alors que j'étais très jeune et il a joué pour moi un rôle d'éveil politique face à la question de la colonisation en général.

Il est évident que ce livre vous a touché et fasciné, puisque vous lui consacrez des pages magnifiques. Mais, à propos de cette « leçon d'écriture », vous rapprochez la position anti-

1. Jacques Derrida, « La violence de la lettre. De Lévi-Strauss à Rousseau », in *De la grammatologie, op. cit.* Voir aussi Claude Lévi-Strauss, *La vie familiale et sociale des Indiens Nambikwara*, Paris, Société des Américanistes, 1949 ; *Les structures élémentaires de la parenté* (1949), La Haye, Mouton, 1967.

colonialiste de Lévi-Strauss, qui assimile l'apparition de l'écriture à une violence exercée sur le sujet, de celle de Rousseau. Dans son *Essai sur l'origine des langues,* celui-ci condamne en effet l'écriture en tant qu'elle serait une destruction de la « plénitude de la présence » et une véritable maladie de la parole : un « dangereux supplément ». À Lévi-Strauss, continuateur de Rousseau, vous opposez l'idée que cette protestation contre l'écrit ne serait que le leurre d'un ethnocentrisme inversé en proie à l'illusion d'une possible origine de la parole pleine comme source d'une éthique naturaliste ou libertaire. La civilisation de l'écrit serait donc suspectée à tort par l'ethnologie d'avoir contribué à l'extinction des peuples dits « sans écriture ». Selon vous, cette attitude serait la marque d'un refoulement de la trace et de la lettre – au sens freudien du terme – dont il faudrait déconstruire le mécanisme pour en comprendre la signification.

Votre deuxième intervention[1] porte sur la manière dont Foucault commente le fameux passage des *Méditations* de Descartes[2] sur l'origine de la folie. Dans son *Histoire de la folie,* Foucault sépare chez Descartes l'exercice de la folie de celui du rêve. Dans le premier, la folie est exclue et ce décret

1. Jacques Derrida, « Cogito et histoire de la folie » (1963), in *L'écriture et la différence, op. cit.*

2. « Et comment est-ce que je pourrais nier, écrit Descartes, que ces mains et ce corps soient à moi, si ce n'est peut-être que je me compare à certains insensés de qui le cerveau est tellement troublé et offusqué par les noires vapeurs de la bile, qu'ils assurent constamment qu'ils sont des rois lorsqu'ils sont très pauvres ; qu'ils sont vêtus d'or et de pourpre lorsqu'ils sont tout nus ou qu'ils s'imaginent être des cruches ou avoir un corps de ver ? mais quoi ! Ce sont des fous, et je ne serai pas moins extravagant si je me réglais sur leurs exemples. Dans « Propos sur la causalité psychique » (1946), in *Écrits, op. cit.,* Lacan laisse déjà entendre, comme le fera plus tard Derrida, que la fondation par Descartes de la pensée moderne n'exclut pas le phénomène de la folie. Voir Élisabeth Roudinesco, « Lectures de *Histoire de la folie (1961-1986)* », in *Penser la folie. Essais sur Michel Foucault* (en collab.), Paris, Galilée, 1992.

d'exclusion philosophique annonce le décret politique du « grand renfermement » de 1656. Dans le second, elle fait partie des virtualités du sujet dont les images sensibles deviennent trompeuses sous l'assaut du « Malin Génie ».

Là où Foucault fait dire à Descartes que « l'homme peut bien être fou si le *cogito* ne l'est pas », vous soulignez au contraire qu'avec l'acte du *cogito,* la pensée n'a plus à redouter la folie parce que le « *cogito* vaut même si je suis fou ». Vous reprochez donc à Foucault de constituer un événement en structure puisqu'à vos yeux le partage entre folie et raison, c'est-à-dire l'ostracisme contre la folie, ne commence pas avec Descartes mais avec la victoire de Socrate sur les présocratiques.

Tous ces débats peuvent sembler aujourd'hui bien sophistiqués, mais ils avaient une incidence forte sur l'engagement social et politique de toute une génération d'étudiants. Ils permettaient, comme cela avait été le cas avec la pensée heideggerienne dans les années 1930, puis avec les réflexions de Sartre sur l'être, l'autrui et le néant, d'entrer dans une modernité qui cherchait à réconcilier l'esthétique et la politique, l'inconscient et la liberté, l'humanisme et l'antihumanisme, le progressisme et la critique des illusions du progressisme, en bref de comprendre les phénomènes d'exclusion, de construction du sujet et de l'identité, le statut de la folie, les problèmes du racisme et les combats de l'époque coloniale.

J.D. : En effet, il n'y a rien de sérieux en politique sans cette apparente « sophistication » qui aiguise les analyses sans se laisser intimider, fût-ce par l'impatience des médias. À l'intérieur de ce champ complexe et difficile à découper, il y a place pour des différences apparemment microscopiques. Tous ces auteurs *semblent* tenir le même langage. À l'étranger, on les cite bien souvent en série. Et c'est irritant, car, dès que l'on regarde les textes avec précision, on s'aperçoit que les démarcations les plus radicales tiennent quelquefois à un cheveu. Évidemment, chance et nécessité, ce fut une époque heureuse où se croisaient tous ceux qui s'intéressaient à des différences micrologiques, à des analyses de textes très raffinées. Grande nostalgie. Je reste inconsolable, vous voyez…

On pouvait alors s'opposer et se décider sur des enjeux d'une grande importance pour la pensée, à partir d'arguments qui seraient jugés aujourd'hui beaucoup trop sophistiqués ou inutilement subtils. Ma relation avec chaque auteur était différente. Pour en revenir au mot de « déconstruction » par exemple, Foucault me paraît plus « déconstructeur » que Lévi-Strauss, dans la mesure où il était plus impatient et plus rebelle, moins conservateur en politique et plus engagé dans des actions « subversives » et des luttes « idéologiques ». Ce qui n'est pas le cas de Lévi-Strauss ou de Lacan. Mais d'un autre point de vue, il me semble que Lacan est plus audacieusement « déconstructeur » que Foucault. Aussi me suis-je senti – et aujourd'hui encore – plus proche de Lacan que de Foucault. Lévi-Strauss, c'est encore autre chose. Ma critique a d'abord porté sur un point très particulier, un passage de *Tristes tropiques* (dans « La leçon d'écriture ») qui, à mon avis, révélait une philosophie et une « idéologie » dont j'ai essayé de dire les limites et dont on peut retrouver d'autres signes.

Mais après *De la grammatologie*, dans un second texte sur Lévi-Strauss, que j'ai écrit peu de temps après (« La structure, le signe et le jeu dans le discours des sciences humaines »[1]), j'essaie, au contraire, en analysant sa préface à l'œuvre de Marcel Mauss[2], d'accompagner à ma manière, en y souscrivant jusqu'à un certain point, la démonstration et le souci de Lévi-Strauss. Rapport double, donc, et une fois encore divisé.

1. Jacques Derrida, in *L'écriture et la différence, op. cit.*
2. Claude Lévi-Strauss, « Introduction à l'œuvre de Marcel Mauss », *in* Marcel Mauss, *Sociologie et anthropologie,* Paris, PUF, 1950.

Ce qui m'a toujours laissé un peu perplexe avec Foucault, au-delà du débat sur le *cogito*, c'est que si je comprends fort bien la nécessité de marquer des partages, des ruptures, des passages d'une *épistémé* à l'autre, en même temps j'ai toujours eu l'impression que cela risquait de le rendre moins attentif à des séquences longues, où l'on pourrait retrouver des différences à l'œuvre au-delà même du moment cartésien. On pourrait trouver d'autres exemples, même dans des textes comme *Surveiller et punir*[1] ou dans d'autres plus récents. Le geste typique de Foucault consiste à durcir en opposition un jeu de différences plus compliqué et qui s'étale sur un temps plus long. Pour schématiser à l'extrême, je dirais que Foucault instaure en ruptures et en oppositions binaires un éventail de différences plus complexe. Par exemple le couple visibilité/invisibilité, dans *Surveiller et punir.* Je ne crois pas, contrairement à ce que dit Foucault, qu'on passe du visible à l'invisible dans l'administration des peines, depuis le XVIIIe siècle. Tout en reconnaissant la légitimité relative d'une telle analyse, selon certains critères limités, je serais tenté d'affirmer que dans l'évolution des châtiments, on ne passe pas du visible à l'invisible, mais plutôt d'une visibilité à une autre visibilité, plus virtuelle. J'essaie de démontrer (dans un séminaire sur la peine de mort) que le même processus s'oriente vers une autre modalité, vers une autre distribution du visible (et donc de l'invisible) qui peut même étendre au contraire, avec des conséquences décisives, le champ virtuel du spectaculaire et du théâtral.

Il en va de même pour le *cogito.* Je comprends la justesse de ce qu'affirme Foucault à propos de Descartes, à ceci près qu'à un certain moment on peut lire l'événement du *cogito,* dans la démonstration faite par Descartes, comme une inclusion (et non pas comme une exclusion) de la folie. Ainsi le

1. Michel Foucault, *Surveiller et punir. Naissance de la prison,* Paris, Gallimard, 1975.

geste de Descartes peut-il être compris autrement. Et, bien sûr, les conséquences en sont illimitées, non seulement pour l'interprétation de Descartes, bien entendu, et cela compte, mais pour les protocoles de lecture et les dispositifs méthodologiques ou épistémologiques de *L'histoire de la folie*...

Ce qui m'a intéressé, ce n'est pas simplement une opposition politique (conservateur/non conservateur) mais le prix à payer, dans chaque cas, pour qu'un progrès s'accomplisse. Chaque fois un présupposé rendait possibles la conquête théorique et l'avancée du savoir. Je cherchais ce présupposé qui faisait du frein, si l'on peut dire, un amortisseur indispensable de l'accélération...

E.R. : Nous allons y revenir. Tous ces penseurs des années 1970 sont *aussi* des écrivains. Là est leur force. J'ai comme vous la nostalgie de cette époque, mais il faut aller de l'avant. Il y a des recoupements qui ne sont pas ceux de notre génération. Lévi-Strauss a une écriture classique. Penseur naturaliste, il a voulu montrer l'existence d'un *continuum* entre le biologique et le culturel. Foucault est davantage, à mon avis, un héritier du romantisme allemand. Quant à Lacan, en effet, et bien qu'il appartienne à la même génération que Lévi-Strauss, il est plus proche de vous du point de vue du style.

Dans *La pensée 68*, Ferry et Renaut prônent un retour à la philosophie française *via* Kant, c'est-à-dire à une philosophie « néo-kantienne » de professeurs, en reprochant à cette époque – ils font l'amalgame – d'être nietzschéo-heideggerienne. En quoi serait-ce honteux d'être nietzschéo-heideggerien ? Il y a quelque chose de très politique dans ces prétendues théorisations. Si la France ne se nourrissait pas de la philosophie allemande et inversement si l'Allemagne ne s'inspirait pas de la philosophie des Lumières, ce serait un désastre pour les deux pays et pour l'Europe. Les penseurs dont nous parlons ont pour caractéristique d'avoir réintroduit en France la philosophie allemande. Même Lévi-Strauss revendique sa dette envers Freud et Marx.

Lacan a réintroduit la philosophie hégélienne dans la pensée freudienne à partir de l'enseignement d'Alexandre Kojève et à une époque où les psychanalystes français voulaient bannir de leurs rangs tout l'héritage allemand de Freud. Dans votre cas, l'héritage de Husserl, Heidegger, Nietzsche et Lévinas est central. Vous en parlez dans « Violence et métaphysique[1] ».

J.D. : L'écriture et la France ! Pour tenter de vous répondre, je lierais ces deux motifs de « l'écriture » (de l'idiome dans l'écriture, dans la *manière* d'écrire) et de la « nationalité ». Première remarque latérale : même ceux que vous venez de désigner comme ceux dont j'hérite visiblement – Heidegger, Lévinas, Husserl – sont des penseurs à l'égard desquels je n'ai jamais vraiment cessé de déployer beaucoup de questions. Des questions graves, centrales. Toujours avec une inquiétude radicale, sans répit ou sans fond, notamment en ce qui concerne Heidegger et Husserl. J'en reparlerai.

Je reviens à la question de l'écriture et de la nationalité. Qu'il s'agisse de Foucault, de Lévi-Strauss, de Deleuze, d'Althusser, ou de Lyotard, j'ai toujours eu le sentiment qu'ils entretiennent avec la langue française – malgré les différences de style – une relation commune. Et au fond très paisible, très sédentaire. Tous, ils écrivent un « certain français » ; ils ont le respect, non pas d'une attitude académique ou conventionnelle, mais d'un certain classicisme. Leur écriture ne fait pas trembler la langue, elle ne fait pas bouger la rhétorique française la plus traditionnelle. Face à cela, j'ai le sentiment que tout ce que je tente de faire passe par un corps-à-corps avec la langue française, un corps-à-corps turbulent mais

1. Voir *L'écriture et la différence, op. cit.*

primordial, je veux dire où tout l'enjeu se fixe, où l'essentiel est en jeu.

J'ai pour cette langue, vous le savez, un amour inquiet, jaloux et tourmenté. Cela, je l'ai en commun avec Lacan, bien que nous écrivions d'une façon très différente. Il a, lui aussi, une façon de *toucher* à la langue française, ou de se *laisser toucher* par elle, que, me semble-t-il, et si je ne suis pas trop injuste, je ne ressens pas chez les autres. Je partage avec lui une attention constante à un certain mouvement de la phrase, à un travail, non pas du signifiant, mais de la lettre, de la rhétorique, de la composition, de l'adresse, de la destination, de la mise en scène. Je me sens donc, à cet égard, plus proche de Lacan que de tous les autres. Bien que, d'un autre point de vue, Lacan soit si français, mon Dieu, tellement plus que moi ! On doit pouvoir dire et penser toutes ces choses à la fois : « ils » sont tous plus « français » que moi, et plus français les uns que les autres, et pourtant j'oserai prétendre qu'entre la langue « française » et moi, il y aura, il y aura eu plus d'amour. D'amour fou, si vous voulez. Et de jalousie, de jalousie réciproque, si cela ne paraît pas trop insensé !

Il s'agit là d'un rapport à la francité de la langue, de la lettre, de la rhétorique, de la composition, de la scène de l'écriture. Cela étant dit, puisque vous y revenez, les auteurs de *La pensée 68*, qui n'ont jamais pu lire tous ces gens-là, ont écrit un livre rempli de balourdises et de grossièretés, un livre nul mais symptomatique. Intéressant parce que symptomatique ! À force de tout mélanger, ils ont fini par ignorer les critiques contre Nietzsche et surtout contre Heidegger qui étaient contenues dans cette « filiation nietzschéo-heideggerienne ». Ils ont agi sans y regarder de près, comme si l'on pouvait confondre le choix d'un héritage avec une incorporation aveugle. Ils n'ont pas voulu voir les différences qui se manifestaient chez chacun par rapport à Nietzsche ou Heidegger. En ce qui me concerne, si ma relation à Heidegger était explicite, l'explication avec sa pensée était plutôt orageuse, comme je le montre non seulement dans *De l'esprit*[1], où cette explication est la mieux déployée, mais dès mes premiers textes et mes premières références à Heidegger. Même si je dois beaucoup, comme d'autres, à Heidegger, il m'a inspiré d'emblée une vive inquiétude politique. Ce fut aussi le cas, d'une tout autre manière, pour Lévinas.

E.R. : Les auteurs de *La pensée 68* ont voulu prouver que toute cette génération philosophique était hostile à la démocratie. Le raisonnement est d'un simplisme ahurissant. Il s'agit de montrer que Pierre Bourdieu est un « Marx français », Lacan un « Freud français », Foucault un « Nietzsche français » et vous un « Heidegger français ». Cet héritage serait déshonorant puisqu'aux yeux des auteurs Marx est responsable du goulag, Nietzsche un pauvre esthète nihiliste incapable de comprendre les progrès de la raison occidentale, et Heidegger un simple nazi. Quant à Freud, il

1. Jacques Derrida, *De l'esprit. Heidegger et la question,* Paris, Galilée, 1987. Cet ouvrage fut publié au moment de la sortie en France du livre de Victor Farias, *Heidegger et le nazisme,* Paris, Verdier, 1987, qui relançait le débat sur la collaboration du philosophe allemand avec le national-socialisme. Derrida s'est expliqué sur cet ouvrage dans un entretien avec Didier Eribon pour *Le Nouvel Observateur* : « Pourquoi l'archive hideuse paraît-elle insupportable et fascinante ? Précisément parce que personne n'a jamais pu réduire toute l'œuvre de pensée de Heidegger à celle d'un quelconque idéologue nazi. Ce "dossier" n'aurait pas un grand intérêt autrement. Depuis plus d'un demi-siècle, aucun philosophe rigoureux n'a pu faire l'économie d'une "explication" avec Heidegger. » Voir « Heidegger, l'enfer des philosophes », *Points de suspension, op. cit.,* p. 194. Après avoir été suspecté en France de ne pas s'être assez démarqué du nazisme de Heidegger, Derrida fut soupçonné aux États-Unis de ne pas s'être assez méfié de son ami Paul de Man (1919-1983), professeur et théoricien de la littérature dans de nombreuses universités américaines, et reconnu coupable en 1987 d'avoir tenu, entre 1940 et 1942, une chronique littéraire dans un journal belge favorable à l'occupant allemand. Voir Jacques Derrida, *Mémoires pour Paul de Man,* Paris, Galilée, 1988.

ne serait qu'un obscurantiste surgi des profondeurs du romantisme allemand et adepte d'une vision irrationnelle de l'inconscient.

En conséquence, les héritiers de cette pensée dite « allemande » ne seraient que des anti-démocrates hostiles à l'humanisme parce qu'ils critiquent l'idéal de l'humanisme progressiste et partisans, chacun à sa manière, des grands totalitarismes du siècle. Mais le pire, selon Ferry et Renaut, c'est que Foucault, Lacan et Derrida sont tous les trois heideggeriens en plus d'être autre chose : Foucault, c'est Nietzsche + Heidegger, Lacan c'est Freud + Heidegger, Derrida c'est Heidegger + Heidegger[1]. Autrement dit, chacun des trois est non seulement anti-démocrate mais suspect d'avoir eu des sympathies pour un philosophe dont on dit clairement, tout au long du livre, qu'il ne serait rien d'autre qu'un suppôt du nazisme. C'est d'ailleurs pour cette raison, toujours selon Ferry et Renaut, que la jeunesse de mai 68 les aurait suivis : par haine de l'homme et par adhésion à un communisme criminel, à un anti-humanisme suspect ou à un esthétisme douteux.

Au passage, Ferry et Renaut oublient Althusser, font de Bourdieu un marxiste, alors qu'il ne l'a jamais été, et se livrent à une exégèse particulièrement ridicule des œuvres de Lacan et de Foucault. En outre, ils négligent le fait que toute la pensée française du siècle, toute celle qui a marqué ce siècle, en philosophie et en littérature – de Georges Bataille à Emmanuel Lévinas en passant par André Breton et Alexandre Koyré, a été traversée par le double héritage de Nietzsche et de Heidegger, par des lectures infiniment variées et contradictoires des œuvres de ces deux philosophes. Quant à la pensée de Freud, il est vraiment périlleux de dire qu'elle est

1. Les auteurs de *La pensée 68* ajoutent à la liste Jean-François Lyotard, considéré lui aussi comme heideggerien depuis la publication de *Le différend*, Paris, Minuit, 1983.

obscurantiste ou liée d'un côté au nazisme et de l'autre au goulag[1].

Mais ce qui me frappe dans ce livre, c'est qu'il s'inscrit dans une tradition chauvine. Et cette détestation de l'Allemagne et de la philosophie allemande est à mes yeux d'autant plus suspecte qu'elle se manifeste au moment même où se joue la construction politique de l'Europe, d'une Europe dans laquelle la réconciliation entre l'Allemagne et la France est nécessaire pour conjurer les démons du passé, et notamment les nationalismes.

J.D. : C'est vrai, mais je ne sais pas si ce point de vue est pro-français ou anti-allemand. C'est encore au nom d'un certain Kant et de la philosophie kantienne qu'ils prétendent souvent parler. Ce qu'ils attaquent, c'est ce qu'ils appellent un style, ce qu'ils entendent réduire, parlant de « moi », à une « ingéniosité » ou une « fécondité » « lexicales ». Dans mon cas (le cas de « l'heideggerianisme français », titre du chapitre qu'ils me consacrent !), je me rappelle cette formule, ils découvrent que « Derrida = Heidegger + le style de Derrida ». Juste une façon d'écrire, en somme[2]. Beaucoup de conflits et d'oppositions ont moins été motivés par des questions de thèse ou de contenu philosophique que par des gestes d'écriture. Très souvent, des auteurs se déterminent par leur allergie à une façon d'écrire, à une manière de traiter la langue, à une scène d'écriture – et qui, de surcroît, se traduit et « s'exporte[3] », comme ils le constatent avec quelque

1. Voir notre chapitre 9 : « Éloge de la psychanalyse ».

2. « La stratégie derridienne, écrivent Ferry et Renaut, consistera donc au fond à être plus heideggerien que Heidegger lui-même » et, plus loin : « Il faudrait estimer bien sûr non pas que Derrida constitue une espèce d'heideggerien (un « heideggerien français »), mais que Heidegger a été une sorte de pré-derridien allemand », *in* Luc Ferry et Alain Renaut, *La pensée 68, op. cit.*

3. *Ibid.*, p. 166.

impatience. Il n'y a rien de fortuit à ce qu'ils m'aient attaqué à propos de l'écriture, en disant « il n'a rien à dire », « il écrit différemment », ou il se trouve que « les gens s'intéressent à lui ». Confondant l'écriture avec le style et le style avec l'esthétique, ils affirment que « Derrida », c'est Heidegger avec une esthétique différente. Alors que s'ils en avaient pris le temps et s'ils avaient pu se donner la peine de *lire* ce que j'écris, ils auraient vu que les enjeux étaient autrement graves. Cela dit, je crois comme vous, et je résumerais ainsi la chose, que la question franco-allemande a été non seulement décisive pour cette époque, mais qu'elle le reste aujourd'hui. Dans mon livre sur l'œuvre de Jean-Luc Nancy[1], je reviens à cette histoire de frontière franco-allemande. Et n'oublions pas que les Lumières sont aussi et ne sont pas allemandes. L'*Aufklärung*, ce n'est pas exactement les Lumières, ni l'*Illuminismo*, etc. Il y a là un tissu très compliqué. Mais j'en suis d'accord, il y a dans cette affaire des enjeux politiques avoués ou cachés qui passent par la question de la nation, de la tradition nationaliste, en philosophie et en théorie. Cela passe par la spécificité nationale de l'institution universitaire, par tous les enjeux professionnels du champ institutionnel[2].

E.R. : Il me semble que chaque fois que la France et l'Allemagne ont été séparées par des nationalismes exacerbés, ce fut, comme je l'ai dit, un désastre pour l'Europe. Au contraire, lorsque l'Allemagne et la France renouent avec les Lumières – et j'inclus dans ce programme la critique des Lumières, la déconstruction de la philosophie du progrès par

1. Jacques Derrida, *Le toucher. Jean-Luc Nancy*, Paris, Galilée, 1999.

2. Entre 1984 et 1988, Jacques Derrida a consacré son séminaire de l'EHESS à la question du nationalisme et de la relation à l'autre : 1 – Nation, nationalité, nationalisme ; 2 – *Nomos, Logos, Topos* ; 3 – Le théologico-politique ; 4 – Kant, le Juif, l'Allemand ; 5 – Manger l'autre. Rhétorique du cannibalisme. Voir *Psyché, op. cit.*, et *Politiques de l'amitié, op. cit.*, p. 11.

exemple – ce rapprochement est *de fait* un puissant ferment pour la construction européenne. Vous dites d'ailleurs que la grandeur réelle de l'Europe consiste « à ne pas se fermer sur sa propre identité et à s'avancer exemplairement vers ce qui n'est pas elle, vers l'autre cap ou le cap de l'autre[1] ».

Quand j'ai écrit *L'histoire de la psychanalyse en France,* je me suis aperçu que rien n'était pire que le chauvinisme français qui conduisit à traiter la psychanalyse de « science boche » et donc à imputer à Freud, c'est-à-dire à la culture allemande, la volonté de réduire l'homme à la sauvagerie de ses pulsions sexuelles. On a dit en France que le prétendu « pansexualisme » de Freud était la manifestation d'un esprit « teuton », en oubliant d'ailleurs la spécificité de l'esprit viennois fin de siècle[2].

J.D. : La résistance n'a pas été réciproque. Après la Deuxième Guerre mondiale, la résistance à la pensée française a été plus forte et plus vive en Allemagne, et encore maintenant, que l'inverse.

E.R. : Vous pensez à la manière dont a été réintroduite par Jean Beaufret[3] l'œuvre de Heidegger en France, alors que sa lecture était en quelque sorte bannie d'Allemagne pour cause de collaboration avec le nazisme ?

1. Jacques Derrida, *L'autre cap,* Paris, Minuit, 1991, p. 33.

2. Voir à ce sujet Carl Schorske, *Vienne, fin de siècle* (1961), Paris, Seuil 1983. Et Jacques Le Rider, *Modernité viennoise et crises de l'identité* (1990), Paris, PUF, 1994.

3. Jean Beaufret (1907-1982) : après une participation active à la Résistance anti-nazie, Jean Beaufret fut le porte-parole en France de l'un des courants de la pensée heideggerienne. Il contribua à la fois à un véritable travail de lecture de cette pensée et à une occultation de l'engagement nazi de Heidegger.

J.D. : Je pense à la réaction de Jürgen Habermas[1]. Il s'en est d'abord pris, avec autant de méconnaissance que de violence, à ce qu'il interprétait comme un néo-conservatisme français (Foucault, Lyotard, moi-même). *Le discours philosophique de la modernité*[2] développe abondamment ses critiques contre mon travail, surtout à partir de lectures américaines. Je les ai trouvées plus qu'injustes et y ai un peu répondu ici et là, notamment dans *Limited Inc.*[3]. Mais tout cela est un peu passé, voire dépassé, nous nous en sommes expliqué jusqu'à un certain point, de façon heureusement fort amicale. Un séminaire nous a réunis à Francfort en juin dernier, puis lors d'une rencontre à Paris. Nos choix politiques, surtout quant à l'Europe, sont souvent voisins, alliés, sinon profondément identiques ; et ils apparaissent comme tels en de nombreuses occasions publiques.

E.R. : Vous dites qu'il n'y a ni relativisme, ni nationalisme en philosophie. Dans son être originel, la philosophie est grecque. Elle n'est donc pas occidentale ou européenne mais universelle en tant qu'elle a saisi le monde grec pour déployer ensuite des concepts fondateurs n'appartenant à aucune nation ni à aucune ethnie en particulier. Autrement dit, chacun peut s'approprier la conceptualité philosophique comme un universel qui ne saurait être enfermé dans aucune frontière.

À de nombreuses reprises, vous soulignez qu'il faut penser le monde contemporain à partir des concepts fournis par la philosophie en tant qu'elle n'est jamais identique à elle-même, comme la culture du reste, dont vous dites aussi que

1. Né en 1929 et héritier de l'École de Francfort, Jürgen Habermas a rompu avec l'héritage heideggerien. Voir *Profils philosophiques et politiques* (1971), Paris, Gallimard, 1974.

2 Jürgen Habermas, *Le discours philosophique de la modernité* (Francfort, 1985), Paris, Gallimard, 1988.

3. Jacques Derrida, *Limited Inc.*, Paris, Galilée, 1990.

sa caractéristique c'est de n'avoir pas d'identité mais d'être porteuse d'une différence[1]. L'héritage est donc d'ores et déjà inscrit dans une modernité qui consiste précisément à ne pas se replier sur « l'identique à soi ». Cet enjeu me paraît fondamental aujourd'hui.

J.D. : Il ne s'agit en effet de rien de moins : la signification de *la* philosophie. Son « idée », son institution s'inscrit d'abord dans une langue et dans une culture, dans la langue et la culture grecques. Aussi n'existe-t-il nulle part ailleurs qu'en Grèce une chose qui peut se nommer rigoureusement « philosophie ». Ailleurs, s'il y a des pensées certes très puissantes, et autres que philosophiques, la philosophie comme projet spécifique d'une pensée de l'être est née en Grèce.

Mais elle est née – et en cela on peut suivre Husserl et Heidegger – comme le projet universel d'une volonté de déracinement. Si la philosophie a une racine (la Grèce), son projet consiste en même temps à soulever les racines et à faire que ce qui se pense en grec – et plus tard en allemand, selon Heidegger – soit délivré en « plus d'une langue ». La philosophie se délivre donc, elle tend au moins à se libérer d'emblée de sa limitation linguistique, territoriale, ethnique et culturelle.

L'universel ainsi projeté n'est pas donné à la manière d'une essence, mais il annonce un processus infini d'*universalisation.* Pendant vingt-cinq siècles, ce projet d'universalisation de la philosophie n'a jamais cessé de muter, de se déplacer, de rompre avec lui-même, de s'étendre. Aujourd'hui, il doit se déployer davantage afin de se délivrer toujours plus de ses limites ethniques, géographiques et politiques. Le paradoxe, c'est en effet que l'on se libère de l'ethnocentrisme, et éventuellement de l'européocentrisme, au nom de la philosophie et de sa filiation européenne. Il y a là une contradiction

1. Jacques Derrida, *L'autre cap, op. cit.*, et *Du droit à la philosophie,* Paris, Galilée, 1990.

vivante, celle de l'Europe même, hier et demain : non seulement elle se donne des armes contre elle-même et contre sa propre limitation, mais elle donne des armes politiques à tous les peuples et à toutes les cultures que le colonialisme européen a lui-même asservis. Cela ressemble, une fois encore, à un processus auto-immunitaire.

Et souvent, ceux qui ont donné leur vie dans les luttes pour l'indépendance l'ont fait à partir de l'incorporation des philosophèmes venus de l'Europe des Lumières. L'exemple le plus frappant est celui de Nelson Mandela, qui incorpore un discours non seulement européen mais britannique. Il emprunte souvent une logique et une argumentation[1].

Prenons l'exemple du droit international. Par ses concepts, il est substantiellement européen, mais il porte en lui une transformation du droit qui reste toujours perfectible, donc inachevée. Il faut veiller à ce que la part européenne de ce droit international ne vienne pas le limiter afin que l'on puisse libérer le droit de ses propres limites européocentriques, mais sans pour autant détruire la mémoire de ce droit, car celle-ci en permet et prescrit aussi la transformation, la perfectibilité infinie.

Il y a donc là encore une tâche de déconstruction sans fin : il faut puiser dans la mémoire de l'héritage les outils conceptuels permettant de contester les limites que cet héritage a imposées jusqu'ici. Au cœur du droit international, il existe des lieux où il faut passer et déplacer la limite. Les droits de l'homme sont perfectibles, ils se transforment sans cesse. Aussi vaut-il mieux définir ces droits en les arrachant à leurs limites : reconnaître le droit des femmes, le droit au travail, les droits de l'enfance, etc. Mais il faut effectuer ce geste au nom d'une idée du droit déjà présente dans le projet de

---

1. Jacques Derrida, « Le dernier mot du racisme » (1983), et « Admiration de Nelson Mandela ou les lois de la réflexion » (1986), in *Psyché, op. cit.* Voir notre chapitre 6 : « L'esprit de la Révolution ».

Déclaration universelle des droits de l'homme, elle-même fondée sur la déclaration de 1789.

De la même façon, si la philosophie grecque est européenne au départ, mais si sa vocation est bien universelle, cela veut dire qu'elle doit sans cesse se libérer du relativisme. Le travail philosophique consiste en un affranchissement constant : tout faire pour reconnaître mais aussi passer, sans forcément la trahir, sa propre limite ethnocentrique ou géographique.

2

Politiques de la différence

E.R. : Le débat sur l'ethnocentrisme peut être posé à partir de la question de la différence. C'est en 1965 que vous écrivez pour la première fois ce terme avec un « a » (diffé*ra*nce), dans un article consacré à Antonin Artaud, « La parole soufflée[1] », et ensuite dans une longue conférence, « La différ*a*nce », prononcée le 27 janvier 1968 à la Société française de philosophie[2]. J'aurais tendance à dire qu'au départ, même si vous ne le dites pas explicitement, ce terme fait penser à la fois au Nietzsche de *La naissance de la tragédie* et à la notion d'hétérogène avancée par Georges Bataille. Il s'agit de définir une sorte de « part maudite[3] », une différence

1. Publié d'abord dans la revue *Tel Quel*, 20, hiver 1965, repris dans *L'écriture et la différence, op. cit.*

2. Publié pour la première fois in *Théorie d'ensemble*, Paris, Seuil, 1968, collection « Tel Quel », repris dans *Marges – de la philosophie*, Paris, Minuit, 1972.

3. S'inspirant de la pensée de Marcel Mauss, Georges Bataille distingue deux pôles structuraux dans son analyse des sociétés humaines et de leurs institutions : d'un côté l'homogène, ou domaine de la société humaine et productive, de l'autre l'hétérogène (le sacré, la pulsion, la folie, le crime, l'improductif, les excréments, les ordures, etc.), impossible à symboliser ou à normaliser dans l'ordre de la raison : une existence « autre », expulsée de toutes les normes. À l'évidence, Lacan s'est inspiré de cette notion pour inventer le concept de réel, et Foucault aussi dans sa conception des « partages » (raison/déraison/folie, etc.).

au sens de l'absolu ou de la duplicité, quelque chose qui ne se laisse pas symboliser et qui excède la représentation. Vous en trouvez la trace dans le théâtre de la cruauté, d'Artaud, où l'on ne pose pas de distinction entre les organes du théâtre, l'auteur, l'acteur et le metteur en scène. En somme, la différ*a*nce, ce serait l'« anarchie improvisatrice ». Elle serait porteuse de négativité mais aussi d'une altérité qui échapperait sans cesse au même et à l'identique[1].

Une fois de plus, à travers cette conceptualité sophistiquée, vous posez un problème essentiel à notre modernité. Comment peut-on penser la différence comme un universel sans céder ni au communautarisme, ni au culte narcissique des petites différences ? Comment échapper à la psychologie des peuples, rebaptisée ethnopsychologie – avec ses variantes (ethnopsychiatrie, ethnopédagogie, ethnopédiatrie, ethnopsychanalyse, etc.) – ou aux théories de « l'archétype » qui refusent l'idée même d'une universalité possible du sujet humain, par-delà toutes ses différences culturelles, sociales, etc. ?

Georges Bataille, *La part maudite, Œuvres complètes,* t. VII, Paris, Gallimard, 1976. Voir à ce sujet Élisabeth Roudinesco, *Jacques Lacan. Esquisse d'une vie, histoire d'un système de pensée,* Paris, Fayard, 1993.

1. Cette idée est développée également dans « La pharmacie de Platon » (1968), in *La dissémination,* Paris, Seuil, 1972. Dans cette lecture du *Phèdre,* Derrida analyse le mythe de Theuth (Thot). À la fois dieu de l'écriture, drogue (*pharmakon)* et remède contre la drogue, Theuth, selon la lecture platonicienne, est celui qui permet d'inventer l'écriture comme remède à l'oubli. Mais l'écriture est aussi ce qui endort, et donc une figure du mal, une figure qu'il prétend éradiquer. Pour échapper à cette présence du *pharmakon* platonicien, il faut donc, contre Platon, revendiquer celui-ci comme une différ*a*nce et du même coup retrouver Socrate, celui qui n'écrit pas, derrière Platon, celui qui écrit et qui ferme la pharmacie. On retrouve ici l'idée, déjà développée au premier chapitre, d'un retournement possible d'un discours dominant contre lui-même.

J.D. : Alors, république ou démocratie ? D'abord, si vous le permettez, quelques propositions abstraites sur la différ*a*nce (avec un « a ») et les différences (avec un « e »). Ce que le motif de la différ*a*nce a d'universalisable au regard des différences, c'est qu'il permet de penser le processus de différenciation au-delà de toute espèce de limites : qu'il s'agisse de limites culturelles, nationales, linguistiques ou même humaines. Il y a de la différ*a*nce (avec un « a ») dès qu'il y a de la trace vivante, un rapport vie/mort, ou présence/absence. Cela s'est noué très tôt, pour moi, à l'immense problématique de l'animalité[1]. Il y a de la différance (avec un « a ») dès qu'il y a du vivant, dès qu'il y a de la trace, à travers et malgré toutes les limites que la plus forte tradition philosophique ou culturelle a cru pouvoir reconnaître entre « l'homme » et « l'animal ».

Il y a donc bien là une puissance d'universalisation. Puis la différ*a*nce, ce n'est pas une distinction, une essence ou une opposition, mais un mouvement d'espacement, un « devenir-espace » du temps, un « devenir-temps » de l'espace, une référence à l'altérité, à une hétérogénéité qui n'est pas d'abord oppositionnelle. D'où une certaine inscription du même, qui n'est pas l'identique, *comme* différance. Économie et anéconomie à la fois. Tout cela était aussi une méditation sur la question de la relation du signifié au signifiant (et donc d'une certaine linguistique saussurienne telle qu'elle dominait, dans sa forme schématique et souvent simplifiée, bien des discours de l'époque).

Par la suite, mon travail s'est déployé en une longue remise en question de toutes les différences tenues pour de simples oppositions. J'y insiste, la différ*a*nce n'est pas une opposition, pas même une opposition dialectique : elle est une réaffirmation du même, une économie du même dans sa relation à l'autre, sans qu'il soit nécessaire, pour qu'elle existe, de la figer, ou de la fixer dans une distinction ou dans un système

1 Voir notre chapitre 5 : « Violences contre les animaux ».

d'oppositions duelles. On peut, bien sûr, tirer de cette proposition d'apparence abstraite tous les ressorts nécessaires à la mise en cause des éthiques et des politiques que vous rangez sous l'étiquette du communautarisme.

D'une manière générale, et pour mille raisons dont je m'explique ailleurs, en particulier dans *Le monolinguisme de l'autre*[1], je me suis toujours méfié du culte de l'identitaire, comme du communautaire, qui lui est si souvent associé. Je cherche toujours à rappeler la dissociation de plus en plus nécessaire entre le politique et le territorial... Je partage donc votre inquiétude devant la logique communautaire, devant la compulsion identitaire, et je résiste, comme vous, à ce mouvement qui tend vers un narcissisme des minorités qui se développe partout – y compris dans les mouvements féministes. Dans certaines situations, il faut toutefois prendre des responsabilités politiques qui nous commandent une certaine solidarité avec ceux qui luttent contre telle ou telle discrimination, et pour faire reconnaître une identité nationale ou linguistique menacée, marginalisée, minorisée, délégitimée, ou encore quand une communauté religieuse est soumise à l'oppression.

Cela ne m'empêche nullement de me méfier de la revendication identitaire ou communautaire *en tant que telle.* Mais je dois la faire mienne, au moins provisoirement, là où je constate une discrimination ou une menace. En ce cas, qu'il s'agisse des femmes, des homosexuels ou d'autres groupes, je peux comprendre l'urgence vitale du réflexe identitaire. Je peux alors accepter une alliance momentanée, prudente, tout en en soulignant les limites. En les rendant aussi explicites et intelligibles que possible. Je n'hésite donc pas à soutenir, si modestement que ce soit, des causes telles que celles des féministes, des homosexuels, des peuples colonisés, jusqu'au moment où je me méfie, jusqu'au moment où la logique de

1. Jacques Derrida, *Le monolinguisme de l'autre,* Paris, Galilée, 1996.

la revendication me paraît potentiellement perverse ou dangereuse. Le communautarisme ou l'État-nationalisme sont les figures les plus évidentes de ce risque, et donc de cette limite dans la solidarité. Le risque doit être réévalué à chaque instant, dans des contextes mouvants qui donnent lieu à des transactions chaque fois originales. Aucun relativisme à cela, c'est au contraire la condition d'une responsabilité effective, si quelque chose de tel existe.

La responsabilité politique devant des situations toujours complexes, contradictoires et surdéterminées, comme on disait naguère, c'est de chercher à calculer l'espace, le temps et la limite de l'alliance. C'est pourquoi je me sens partagé entre les deux motifs du *républicain* et du *démocratique*. Les deux termes sont proches, mais de plus en plus dissociés ou opposés, de façon un peu artificielle, en France, où cette polarité est de plus en plus accusée. Or je voudrais être *à la fois* républicain et démocrate. Selon la situation, selon les contextes ou les destinataires, j'accentue le mouvement vers un pôle ou vers l'autre. Vous le savez, les choix politiques sont souvent déterminés par des accentuations plutôt que par des oppositions nettement définies : je suis ceci *ou* cela. Non, je suis ceci *et* cela ; et je suis *plutôt* ceci que cela, selon les situations et les urgences.

E.R. : Que pensez-vous, dans cette perspective, du débat sur la parité[1] ?

---

1. En février 1999, le Parlement français a adopté un texte introduisant la différence des sexes dans l'article 3 de la Constitution : « La loi détermine les conditions dans lesquelles est organisé l'égal accès des femmes et des hommes aux mandats électoraux et fonctions électives. » Ainsi se trouve inscrite dans la loi la parité, et donc l'obligation légale d'une représentation de cette différence. L'inscription de cet alinéa permet à l'Assemblée de voter des lois qui étendront *de facto* la parité à tous les échelons de la société civile. Il contredit l'article 2 qui stipule l'indivisibilité de la souveraineté républicaine.

J.D. : Je me méfiais beaucoup du discours, de la logique et de la rhétorique de ce qu'on appelle étrangement la parité, en partie, sans doute, pour les mêmes raisons que vous. Je m'inquiète de l'inscription de la différence sexuelle dans la Constitution.

E.R. : Avec le risque d'instaurer des quotas.

J.D. : Oui, par exemple. Mais à partir du moment où l'on me dit : « Il n'y a qu'un choix binaire. Il faut voter oui ou non à la parité ainsi déterminée », je m'aperçois que si je vote contre, je risque d'entériner une situation catastrophique. La France est le pays le plus retardataire pour ce qui regarde la présence, et surtout la représentation des femmes dans la vie politique. Si l'on me met en demeure de voter « pour » ou « contre », à ce moment-là, et malgré toutes mes réserves, je voterai en faveur de la parité, parce que si je vote « contre » je confirme un fait massif et intolérable : la sous-représentation des femmes en politique à un degré inconnu en Europe, et avec les conséquences ou les implications les plus graves. En particulier celles qui ont appelé, dès le début, il y a plus de trente-cinq ans, la déconstruction la plus insistante et la plus explicite, une déconstruction de tous les effets de phallogocentrisme[1] qui ne se voulait pas seulement « théorique » ou « spéculative », mais concrète, effective, politique.

E.R. : Il me semble qu'il existe d'autres moyens pour lutter contre cette sous-représentation, et je me demande pourquoi

1. Terme créé par Jacques Derrida, à partir de phallocentrisme et de logocentrisme, pour désigner le primat accordé d'une part par la philosophie occidentale au *logos* platonicien, et, de l'autre, par la psychanalyse à la symbolique gréco-freudienne du Phallus selon laquelle il n'existerait qu'une seule *libido* (ou énergie sexuelle) et que celle-ci serait d'essence masculine.

elle atteint ce degré en France alors que dans d'autres domaines de la vie sociale, les femmes sont aussi nombreuses que les hommes à exercer les mêmes métiers, et sont même parfois nettement majoritaires : c'est le cas notamment dans les études et les métiers de la psychologie. Selon certains sociologues et statisticiens, la féminisation d'une profession serait le signe de sa dévalorisation. À vrai dire, je n'en suis pas certaine.

En tout cas, je me suis prononcée contre la parité parce que je pense que l'on ne fait pas avancer le combat des femmes avec des quotas. Cela me paraît même humiliant. En outre, certains partisans de la parité, des femmes notamment, prétendaient faire entrer les adversaires de la parité dans la catégorie des misogynes et des réactionnaires en les accusant de vouloir « effacer la différence des sexes » et en prenant pour cible Simone de Beauvoir à laquelle on reprochait de ne pas s'être pleinement réalisée comme femme puisqu'elle n'avait pas été mère. D'où la reconduction chez ces adeptes-là de la parité d'une conception « maternalocentriste » de la féminité : pas d'épanouissement de la femme hors de la maternité. Il s'agit là d'une vieille lune[1].

Dans d'autres pays d'Europe, la Suède notamment, il n'a pas été nécessaire de voter une telle loi pour que les femmes soient présentes dans la vie politique. Il faudrait peut-être réfléchir à la manière dont progresse le combat contre les inégalités et pourquoi, dans certains secteurs, il existe une telle disparité entre les hommes et les femmes.

1. C'est la signification de l'article que j'ai publié dans *Le Monde* du 11 février 1999, en réponse à celui de Sylviane Agacinski du 6 février 1999. Pour les prises de position contre la parité, voir *Le piège de la parité,* Paris, Hachette Littératures, 1999, collection « Pluriel ».

J.D. : J'ai explicité mon propos dans un article publié par le journal *L'Humanité*[1]. Je note pourquoi, selon moi, le recours au droit, à la transformation constitutionnelle, dans cette affaire-là, confirmait un symptôme : les partis et le personnel politiques français, à la différence de ceux des autres pays européens, avaient eu recours à une *décision* juridico-politique *formelle* là où ils n'ont jamais pu, ni voulu changer les choses, précisément à cause de la résistance de leur propre corps. Une résistance paralysée, paralysante. Contre un phallocentrisme qu'on ne pouvait plus assumer publiquement, devant une dissymétrie déjà ridicule et spectaculaire en Europe, il a bien fallu qu'une partie des partis fasse violence à l'autre.

E.R. : Ce que vous affirmez, si je comprends bien, c'est la nécessité d'être toujours à l'avant-garde des luttes contre les formes les plus menaçantes d'entraves à la liberté, quitte ensuite à critiquer les excès suscités par les luttes.

J.D. : Il faut en effet prendre en compte le contexte de la manière la plus fine possible sans céder au relativisme. Je ne suis partisan d'aucun « communautarisme » pur et simple, et en tant que tel. Mais dans certaines situations, qu'il faut analyser chaque fois de façon singulière, je peux être amené à prendre des positions qui peuvent ressembler, aux yeux des

1. Jacques Derrida, « Mes "humanités" du dimanche », *L'Humanité,* 4 mars 1999 : « ... va pour la parité donc. Pis-aller purement français en vérité, pour ne pas dire parisien et si peu universalisable (on parle trop et si légèrement d'une universalité des deux côtés) que tant d'autres démocraties européennes ont pu, sans modification constitutionnelle de ce type, atteindre ou approcher le résultat cherché [...] Le piège du débat constitutionnel signifie que personne n'a confiance dans ses propres forces politiques [...] voilà qu'il se profile, en face, dans certains discours, sous la forme somnambulante d'un fantasme maternaliste : la femme déterminée en son essence, comme mère – et qui pourrait se choisir telle, toute seule naturellement. »

gens pressés, à cela même que je conteste : et le relativisme et le communautarisme. Et puis n'oublions jamais l'évidence massive, que tentent souvent de dissimuler (ou de *se* dissimuler) ceux qui se font les avocats éloquents de l'universalisme contre le communautarisme ou contre le différentialisme, du principe « républicain » contre le principe « démocratique », etc. N'oublions jamais que les exemples de « communautés » qu'on associe à l'idée d'un « communautarisme » sont toujours des communautés minoritaires (ou minorisées), sous-représentées, voire réduites au silence. Or ce qu'on défend sous le drapeau de l'universalité laïque et républicaine, c'est aussi (et voilà ce qu'on ne veut ni dire ni voir) une constellation *communautaire* : la république *française*, la citoyenneté *française*, la langue *française*, l'unité indivisible d'un *territoire national*, bref, un ensemble de traits culturels liés à l'histoire d'un État-nation, incarné en lui, dans sa tradition, et dans une partie dominante de son histoire, etc.

Je viens de privilégier la « nationalité », le souverainisme État-national qui se lie à ce « républicanisme » ; mais j'aurais pu parler du phallocentrisme hétérosexuel qui dénonce le communautarisme prétendu des « femmes » et des « Gays and Lesbians », etc. Comme cette « communauté » est la plus forte, comme elle est largement hégémonique dans le contexte de ce débat, on lui dénie plus facilement son caractère de « communauté », et tous les intérêts communautaires qu'elle défend. Ce qui proteste contre le communautarisme « démocratique » au nom de l'universalité « républicaine », c'est aussi, presque toujours, la communauté la plus forte, ou bien celle qui se croit encore la plus forte, et entend peut-être le rester en résistant à des menaces venues de communautés diverses et encore minoritaires...

E.R. : À ce propos, et puisque vous enseignez depuis si longtemps dans de nombreuses universités américaines, je voudrais vous interroger sur la notion de « correction politique» (*political correctness,* ou encore «politiquement correct »). Ce terme a été inventé par des conservateurs pour désigner de façon péjorative une politique d'enseignement jugée de « gauche et radicale » (au sens américain du terme) et consistant à relire les œuvres classiques de la littérature, de la philosophie ou de l'histoire de l'art à partir d'un critère multiculturaliste. Il faudrait alors « corriger » ces œuvres en retranchant ce qu'elles contiennent d'« incorrect » à l'égard des minorités opprimées (femmes, Noirs, Hispaniques, homosexuels, colonisés, etc.). D'où l'idée de « censurer » tous les textes de la culture occidentale (de Platon à Freud en passant par Sade) qui comporteraient des passages dits « incorrects » envers les minorités. Cette révision de l'enseignement s'est développée essentiellement dans des départements d'anglais, de français et de littérature comparée[1]. Elle s'appuie sur un autre mouvement dit de « discrimination positive » (*affirmative action*), qui consiste à instituer par la voie de la législation un traitement préférentiel en faveur de ces mêmes groupes humains victimes d'injustice. Cette politique repose sur l'idée que, pour réparer une inégalité, il convient de valoriser une différence contre une autre différence.

En 1995, j'ai lancé une pétition avec Philippe Garnier afin de dénoncer ce puritanisme qui avait conduit à l'annulation d'une grande exposition consacrée à Freud à la Library of Congress de Washington parce que celle-ci – nettement orthodoxe et parfaitement contestable – excluait les travaux d'un certain nombre d'historiens dits « révisionnistes » qui contestaient cette orthodoxie[2]. S'estimant victimes d'un ostracisme, ceux-ci avaient réussi à empêcher la tenue de

1. Voir à ce sujet la position de John R. Searle, « Crise des universités ? », *Le Débat,* 81, septembre-octobre 1994, p. 177-191.

2. Le terme de révisionnisme a été adopté par un certain nombre de chercheurs américains qui réclament une révision des concepts fondateurs du freudisme. Ce courant n'a rien à voir avec le négationnisme qui

l'exposition. Dans notre pétition, nous avions utilisé le mot « politiquement correct » pour désigner les pourfendeurs de l'orthodoxie et, pour cette raison, vous avez refusé de la signer, alors même que vous étiez en parfait accord avec l'initiative elle-même[1]. J'aimerais beaucoup que vous précisiez votre position aujourd'hui. Ne pensez-vous pas qu'il y a un danger réel d'extension de cette pensée politiquement correcte aux États-Unis ?

J.D. : Produit d'importation, le dispositif nommé « *politically correct* » est aussi une arme à double détente ou, si vous préférez, un double piège. On n'échappe au premier coup que pour tomber au second. C'est donc le lieu d'un débat à haut risque. Aussi vais-je essayer d'y aller lentement et prudemment. Mon irritation devant l'usage, et surtout devant l'abus, de ce pseudo-argument est d'abord une réponse française. Il faut laisser cette expression, « *politically correct* » dans sa langue d'origine. Je regrette que l'on ait importé ce mot d'ordre ou ce slogan américain pour dénoncer tout ce qui ne plaît pas (car c'est bien ce qui se passe) ou pour accuser d'orthodoxie suspecte et rigide, voire de néo-conformisme de gauche, tous les discours critiques qui invoquent une norme ou rappellent une prescription éthique ou politique. Prenons par exemple l'affaire Renaud Camus[2]. Dès que quelqu'un s'indigne à juste titre du contenu

---

nie l'existence des chambres à gaz. D'une manière générale, le révisionnisme en histoire est un courant qui se veut critique des dogmes établis et qui ne peut en aucun cas être assimilé à un négationnisme consistant à nier la réalité de faits avérés. En France, c'est Henry Rousso qui a introduit le terme de négationnisme dans *Le syndrome de Vichy*, Paris, Seuil, 1987. Voir notre chapitre 7 : « De l'antisémitisme à venir ».

1. La pétition a été publiée dans *Les carnets de psychanalyse*, 8, 1997. Sur les polémiques, voir *Le Monde* du 14 juin 1995, et *Pourquoi la psychanalyse ?*, Paris, Fayard, 1999, p. 136-138.

2. Renaud Camus, *La Campagne de France*, Paris, Fayard, 2000. Mis en vente en avril 2000, le livre de cet écrivain, auteur d'une quarantaine

d'un tel livre (livre aussi étonnant, d'ailleurs, par l'aveuglement ingénu et par la niaiserie « sociologique » qui s'y étalent à chaque page que par les pulsions et les tics littéraires « vieille-France de droite »), le voici accusé sans retard, par telle ou telle voix auto-autorisée, de vouloir instaurer une pensée, en vérité une police dite « politiquement correcte ». Je me suis donc depuis longtemps insurgé contre l'abus mécanique, surtout en France, et contre les effets rhétoriques ou polémiques de cette expression armée qui, à coups de langue de bois (car là est en vérité la langue de bois), entend mettre au pas toute pensée critique, toute protestation, toute rébellion. Dès que quelqu'un s'élève pour dénoncer un discours ou une pratique, on l'accuse de vouloir rétablir un

d'ouvrages, dont plusieurs volumes d'un journal intime, contenait certains passages antisémites et racistes. Dans le style de la tradition maurrassienne, Renaud Camus y défendait les « Français de souche » contre les immigrés et se livrait à une comptabilité des journalistes « juifs » travaillant à France Culture, tout en expliquant à quel point il était révulsé par le nazisme et la *Shoah*. Ces passages tombaient sous le coup de la loi de 1881, modifiée par celle 1972, laquelle réprime comme un délit toute forme d'incitation publique à la haine raciale. Il fut donc retiré de la vente, avant de susciter une vive polémique. Les uns prirent le parti de Renaud Camus en brandissant la menace d'une censure ou d'une « correction politique », et en invoquant le droit pour tout écrivain à une liberté d'expression sans limite, les autres, au contraire, soulignèrent la nécessité de se conformer à la loi et de s'opposer à la mise en vente d'ouvrages contenant de tels propos. Jacques Derrida fut l'un des signataires de la pétition lancée par Claude Lanzmann, qui qualifiait de « criminels » les passages racistes et antisémites du livre (voir *Le Monde* du 25 mai 2000). Par la suite, en étudiant les œuvres antérieures de Renaud Camus, plusieurs commentateurs constatèrent qu'elles étaient truffées de réflexions identiques, qui, tantôt, avaient échappé à la vigilance de l'éditeur habituel de l'auteur, et, tantôt, avaient été expurgées pour être remplacées par des blancs (voir *Le Monde* du 3 août 2000). C'est sous cette forme que fut remis en vente en juillet *La Campagne de France*. La polémique déboucha finalement sur un vaste débat public concernant les relations entre le droit, la censure et la littérature. Sur cette question, voir notre chapitre 7 : « De l'antisémitisme à venir ».

dogmatisme ou une « correction politique ». Cet autre conformisme, ce contre-conformisme me semble tout aussi grave. Il peut devenir une technique facile pour faire taire tous ceux qui parlent au nom d'une cause juste. Imaginez la scène : quelqu'un proteste contre telle ou telle perversion (disons le racisme, l'antisémitisme, la corruption politique, la violence conjugale, que sais-je, la délinquance ou le crime), on le montre alors du doigt en disant : « Ça suffit avec le politiquement correct » ! Nous savons que cette scène se reproduit partout, et justement dans la séquence que vous évoquiez : ceux qui se sont élevés contre telle ou telle phrase de Renaud Camus ont *aussi* été en somme accusés d'être « politiquement corrects » !

Il est toujours dangereux de traduire ou d'importer un terme de façon aveugle, ou, dans certains cas, de l'instrumentaliser, sans rappeler ou sans être capable de comprendre la provenance de son usage dans le contexte présent de la société américaine. La dénonciation de la *political correctness* y est à l'origine massivement conservatrice et organisée, il faudrait dire manipulée, par des groupes politiques conservateurs du Congrès et du Sénat.

E.R. : Essayons de comprendre ce que vise cette dénonciation.

J.D. : Certains ouvrages – je pense notamment au livre de Dinesh D'Souza[1] – ont présenté l'université américaine dans son ensemble comme un lieu entièrement dominé par des

1. Dinesh D'Souza, *The End of Racism,* New York, The Free Press, 1995. Les thèses excessives de D'Souza ont été notamment critiquées par Denis Lacorne, *in* « Des coups de canon dans le vide ? » et « La civilisation occidentale dans les universités américaines », in *Vingtième Siècle,* 43, 1994, p. 4-17. Voir aussi Éric Fassin, « Les intellectuels, la politique et l'université aux États-Unis », *Annales E.S.C.,* 2, 1993, p. 265-301.

censeurs qui voudraient tout régenter au nom de la *political correctness* et défendraient fanatiquement des dogmes tels que le communautarisme, le féminisme, l'antiracisme, etc., – et quelquefois le post-modernisme, le post-structuralisme ou même, ou parfois surtout, la diabolique déconstruction. Cela est souvent caricatural, et le symptôme se dénonce de lui-même.

E.R. : Est-ce vraiment exagéré ?

J.D. : Oui, certains ont intérêt à faire circuler des statistiques imaginaires. Dans l'université américaine il existe des fanatiques, bien sûr, et comme chez nous des doctrinaires au jugement raide qui voudraient censurer ou exclure tout ce qui n'est pas conforme à cette *political correctness.* Mais ce n'est pas un phénomène massif, comme on a trop tendance à le croire ou à le faire croire.

E.R. : Cela peut quand même aller, par exemple, jusqu'à expurger des textes philosophiques du passé des mots jugés insultants envers telle ou telle communauté.

J.D. : Indépendamment de ces censeurs terroristes, il est vrai qu'il y a, de façon beaucoup plus répandue, une vigilance – que je crois nécessaire, là-bas et ici – à l'égard de tous les signaux qui, dans l'enseignement, dans le langage, peuvent rappeler le phallocentrisme, le racisme, la ségrégation raciste. Je ne parle pas ici des aspects caricaturaux de cette politique. Caricature il y a, mais elle est minoritaire.

E.R. : Caricature qui viserait tout de même à expurger les textes du passé.

J.D. : Ces excès apparaissent parfois, et dans ce cas, les conservateurs ont le droit de s'en plaindre. Et d'autres avec eux, qui ont donc raison de le faire. Je ne m'en prive pas moi-même. Mais, au-delà de la caricature, qui est minoritaire et peu présente, une éthique générale de la vigilance me semble nécessaire à l'égard de tous les signaux qui, ici ou là, dans le langage, la publicité, la vie politique, l'enseignement, l'écriture des textes, etc., peuvent encourager par exemple la violence phallocentrique, ethnocentrique ou raciste.

Il faut se rappeler qu'aux États-Unis, malgré le progrès des droits civiques, le racisme est un phénomène de masse. Je travaille actuellement sur la peine de mort[1], et il n'y a pas de doute que la quasi-totalité des condamnés à mort exécutés sont des Noirs. Parmi les prisonniers, la grande majorité sont des Noirs. Et des Noirs (des Afro-Américains !) pauvres. Le rappeler ou l'enseigner, analyser ce phénomène avec insistance, est-ce céder au « politiquement correct » ? Il y a dans ce pays une oppression raciale incontestable, aussi visible que souvent déniée. S'y opposer sans relâche, est-ce céder au « politiquement correct » ? Quant à la situation des femmes, bien que les symptômes d'inégalité soient différents, elle appelle des luttes légitimes et explique cette figure du féminisme américain qu'on a souvent le tort et la légèreté de critiquer en France. L'histoire de l'*affirmative action* est complexe et vous savez qu'actuellement, même parmi les Noirs, ses effets pervers et négatifs sont dénoncés. Il reste que, à beaucoup d'égards, qu'il s'agisse de la situation des femmes ou de celle des Noirs, les États-Unis sont aussi, pour une part, un pays, disons, en voie de développement, un pays où les inégalités sont massives.

E.R. : Beaucoup plus qu'en Europe ?

J.D. : Bien sûr ! Et en tout cas autrement distribuées qu'en Europe. C'est pourquoi la vigilance doit être sans relâche.

1. Voir notre chapitre 8 : « Peines de mort ».

À propos des homosexuels, on ne peut pas nier les phénomènes d'exclusion. L'ostracisme (avoué ou dénié) dont ils sont encore les victimes – en Europe aussi – relève de la même logique. Se servir des mots *political correctness* comme d'un slogan pour tirer sur tout ce qui appelle à la vigilance, cela me paraît dangereux. Et suspect. Quand le terme ne rend pas service à des conservateurs en guerre, il est imprudemment repris par des gens de gauche assez raffinés mais à l'abri de ces « lieux » dangereux et durs (l'oppression, la répression, l'exclusion, la marginalisation).

Bref, tout en m'insurgeant devant l'abus « français » de ce nouveau « mot d'ordre », je rappelle encore qu'aux États-Unis, où ce mouvement (*political correctness*) est beaucoup moins étendu et puissant qu'on ne le dit, du moins sous sa forme caricaturale, eh bien, oui, la vigilance s'impose sans doute, pourvu que, sous prétexte de veiller, on ne s'endorme pas ou ne ferme pas les yeux sur tous les maux « américains » qui ont engendré, en réponse, tels abus de la *political correctness*. Ces maux sont premiers et autrement graves.

E.R. : Ne pensez-vous pas quand même que lorsqu'on exerce un magistère tel que le vôtre et que l'on est capable d'élaborer des concepts très sophistiqués, on a le devoir d'aller de l'avant et de penser *aussi* aux dangers des retournements et des effets pervers produits par les mouvements d'émancipation et par ce qu'on appelle le post-modernisme ?

J.D. : N'est-ce pas ce que j'essaie de faire en tentant d'éviter ou de démonter ce que je viens d'appeler le double piège ?

E.R. : Je ne connais pas aussi bien que vous les États-Unis, et c'est sans doute pour cette raison que je m'adapte moins bien à ces modes de pensée, mais chaque fois que je m'y rends je ressens une terrible violence. Permettez-moi une anecdote.

J'ai vu notre ami Yosef Hayim Yerushalmi[1] quitter une salle des professeurs, lors d'une petite fête qui nous réunissait, simplement parce qu'il avait envie de fumer et que cela était devenu impossible en ce lieu. L'exclusion du tabagique me paraît proprement effrayante, ce marquage de la « différence » (et non pas de la différ*a*nce) dans les lieux publics, avec d'un côté les fumeurs et de l'autre les non-fumeurs, relève à mes yeux d'un compartimentage inacceptable.

J.D. : N'oubliez pas qu'on a voté une loi du même type en France.

E.R. : Oui, mais fort heureusement, elle n'est pas appliquée ici avec la même rigidité, et je crois que nous le devons à la Révolution et à notre idéal républicain, qui valorise l'intégration de l'autre tel qu'il est et non pas tel qu'on souhaiterait qu'il fût. Ce principe repose sur l'idée que l'intégration produirait en soi un changement. Une telle manière de marquer la différence de façon négative, je la vois aussi dans ce puritanisme qui oblige les professeurs à laisser la porte ouverte quand ils reçoivent des étudiants pour éviter d'être accusés de tentative d'emprise ou de séduction. Je suis d'accord avec vous pour souligner qu'il faut sans cesse se battre pour l'émancipation mais, à propos des femmes par exemple, j'ai le sentiment que la bataille est sur la bonne voie, même si de nombreuses inégalités subsistent, alors que les hommes sont menacés à leur tour d'être demain les victimes d'un certain maternalocentrisme...

J.D. : Dans le texte auquel j'ai fait référence[2], c'est bien ce problème de la *mater* que j'évoquais, ce nouvel argumentaire, ce vieux-nouvel argument d'autorité maternitaire.

1. Voir notre chapitre 9 : « Éloge de la psychanalyse ».
2. Jacques Derrida, « Mes "humanités" du dimanche », art. cit.

Quant au procès du « harcèlement sexuel » qui envahit certaines universités américaines, je le trouve aussi inquiétant. Certaines législations sont d'ailleurs aussi comiques que terrifiantes : un professeur dans son bureau ne peut pas recevoir une étudiante sans laisser la porte ouverte. Il risque parfois de se faire accuser parce qu'il a souri, adressé tel « compliment » à une étudiante, l'a invitée à prendre un café, etc. Il peut dans ce cas être poursuivi par la loi, par la loi interne de l'université ou par la loi en général. Cela installe un microclimat de terreur, et donne lieu parfois à des complots aussi pervers que le mal auquel on prétend s'attaquer, voire à des instrumentalisations implacables. Cela dit, le harcèlement sexuel existe, ne l'oublions jamais, et non seulement dans l'université, et non seulement aux États-Unis !

E.R. : Je vais aller beaucoup plus loin que vous. Les interdits sur la sexualité, s'agissant d'un élève et d'un professeur, me paraissent insensés, même si l'un exerce un pouvoir transférentiel plus évident sur l'autre.

J.D. : C'est toujours la question dite du « pouvoir ». En principe, dans la législation sur le *sexual harassment,* les liens consensuels sont tenus pour moins graves. La figure du mal, c'est l'abus d'une autorité hors de son champ d'exercice supposé normal. Dans l'esprit et dans la lettre pointilleuse de la loi, il faut condamner l'enseignant (parfois, si rarement, l'enseignante) qui abuse d'un rapport de pouvoir virtuel pour séduire quelqu'un qui, au fond, dépend de lui (ou d'elle) dans, disons, son curriculum...

E.R. : Cela me paraît aberrant.

J.D. : Oui et non.

E.R. : Dans les passions amoureuses, il y a toujours du pouvoir et de l'emprise de l'un sur l'autre, de l'un et de l'autre.

J.D. : C'est indéniable.

E.R. : Comment peut-on trancher la question ? Que veut dire consensuel ? Les amants se disputent sans cesse et l'on ne pourra jamais régler les passions sexuelles et amoureuses devant les tribunaux. Cela me paraît dangereux de vouloir le faire. Il y a là une ingérence dans la vie privée qui me semble grave et inutile. En d'autres termes, je pense que nos sociétés démocratiques devraient être extrêmement vigilantes sur la question du libre exercice de la sexualité et des passions amoureuses entre adultes.

J.D. : La difficulté, c'est toujours de distinguer entre, d'une part, une violence sexuelle en quelque sorte « tolérable » parce que « structurelle », celle qui habite la passion et les rapports amoureux – lesquels comportent toujours, en effet, une forme de dissymétrie, voire de double dissymétrie violente, ici raffinée, subtile, sublime, platonique ou romantique, là brutale et massive –, et, d'autre part, des types d'agression pour lesquels la distinction est difficile à tracer. C'est pour cela que des lois condamnent le viol, ou du moins ce que tout le monde s'accorde à appeler « viol », même si la passion la mieux partagée n'exclut jamais quelque dissymétrie dont la scène du viol n'est jamais effacée – et informe même le désir des amants.

E.R. : Je suis d'accord pour condamner toutes les violences physiques, mais la difficulté survient dès qu'il s'agit de violence psychique.

J.D. : Ladite « violence psychique » peut atteindre à des degrés et des formes de *cruauté*, comme on dit, qu'il ne faut jamais sous-estimer. Quant à tous ces types de violence, un jeu confus et pervers entraîne la catégorie du « harcèlement sexuel », telle qu'elle est mise en œuvre aux États-Unis, dans un climat de dramatisation où tout le monde, d'ailleurs, ne perd pas la tête. Où passe la frontière entre une violence légitime, irréductible, en quelque sorte, celle dont nous parlions à l'instant, et la violence dite anormale ou abusive ?

E.R. : Cela nous amène à la question du normal et du pathologique. J'aurais tendance à dire que la frontière sépare d'un côté l'excès et l'abus de pouvoir, l'exploitation du corps ou la transformation du sujet en marchandise, et, de l'autre, le transfert, la passion, l'emprise, la servitude volontaire.

J.D. : Prenons le cas de la psychanalyse et de l'homosexualité. Vous soulignez dans votre livre et dans les questions que vous avez rédigées pour les États généraux de la psychanalyse (EGP) que l'exclusion de l'homosexualité doit cesser car elle repose sur un concept douteux de perversion[1].

E.R. : J'ai été radicale en effet. Je pense qu'il faut abandonner la fameuse règle non écrite instaurée en 1921 par les dirigeants de l'IPA[2] (Ernest Jones, Sandor Ferenczi) qui interdisait aux homosexuels l'accès au métier de psychanalyste pour cause de perversion. Comme si la catégorie de « pervers » s'appliquait seulement aux homosexuels. Par ailleurs, je suis comme vous favorable au PaCS[3]. J'ai pris parti non seule-

1. Élisabeth Roudinesco, *Pourquoi la psychanalyse ?*, *op. cit*; « Rapport sur la psychanalyse dans le monde », prononcé le 8 juillet 2000.

2. Fondée par Freud en 1910, l'International Psychoanalytical Association (IPA) est composée aujourd'hui de dix mille membres représentant trente-deux pays.

3. Le Pacte civil de solidarité est entré en vigueur en France grâce à une loi votée le 15 novembre 1999. Il permet à des couples (homosexuels ou hétérosexuels) de légaliser leur union par un contrat spécifique.

ment pour le PaCS, mais pour l'abolition de toute forme de classification qui ferait de l'homosexualité une « tare », une « anomalie » ou une déviance, en bref, contre une terminologie qui serait discriminatoire. Freud avait d'ailleurs été prudent à ce sujet[1], et Lacan acceptait, dans l'École freudienne de Paris (EFP, 1964-1981), des praticiens homosexuels.

1. Voir Élisabeth Roudinesco et Michel Plon, *Dictionnaire de la psychanalyse*, Paris, Fayard, 1997, nouvelle édition 2000.

3

Familles désordonnées

E.R. : J'aimerais poursuivre sur la question de l'homosexualité en évoquant avec vous sa normalisation dans les sociétés démocratiques. Pour ce qui me concerne, je défends l'idée qu'il faut accepter que les couples homosexuels puissent avoir des enfants : par adoption, homoparentalité, coparentalité[1] ou insémination artificielle avec donneur (de sperme) (IAD). On dit volontiers que dans ces situations, on renonce à transmettre à l'enfant l'idée de la sacro-sainte existence de la « différence anatomique des sexes[2] » qui serait nécessaire à l'élaboration de toutes les différences imaginaires et symboliques. Il me semble que cette affirmation est inexacte. Rien ne permet de dire aujourd'hui que les « enfants d'homos », comme ils se désignent eux-mêmes, soient plus perturbés que

1. La coparentalité est une situation dans laquelle une mère lesbienne ou un père gay élaborent le projet d'avoir et d'élever un enfant avec des partenaires dont les uns sont les parents biologiques et les autres les parents sociaux qui élèvent l'enfant. Ainsi le coparent peut être un parent légal, un parent social ou un parent biologique. L'homoparentalité est un terme apparu en 1997 pour désigner une situation où un parent au moins s'assume comme homosexuel.

2. Voir à ce sujet Daniel Borillo, Éric Fassin, Marcela Iacub, *Au-delà du PaCS. L'expertise familiale à l'épreuve de l'homosexualité,* Paris, PUF, 1999. Et Martine Gross (éd.), *Homoparentalités, états des lieux. Parentés et différence des sexes,* Issy-les-Moulineaux, ESF éditeur, 2000.

les autres ou plus ignorants de cette fameuse différence[1]. Cette différence se transmettra à l'enfant puisque ce qui demeure invariant, c'est la réalité biologique de la fabrication d'un être humain. Reste à savoir si cette différence est la composante majeure des autres différences. De toute manière, aucune discipline (psychanalyse ou anthropologie) ne peut s'insurger contre une réalité sociale de ce type, bien que nous sachions que toute société humaine repose sur l'existence d'interdits, de fonctions symboliques, de lois, de limites, etc.

J.D. : Je serais tenté de dire, de façon un peu abstraite et négative, qu'il *ne faut pas interdire* cette expérience. Une fois qu'elle aura été tenue pour licite, il se passera ce qui doit se passer. Même dans les cas les plus normaux, il arrive ce qui arrive : il y a des familles dites normales dans lesquelles les enfants légitimes sont très malheureux. L'adaptation à de nouvelles structures parentales est en cours, elle se poursuivra. Irréversiblement, je crois, même si l'on peut prévoir, ici ou là, des réactions, des freins, des inégalités de rythme. Cette mutation sera plus difficile dans « nos » sociétés pour les enfants adoptés par des couples homosexuels. Mais une loi répressive n'y changerait rien. Il faut tout faire pour donner des conditions légales d'exercice à des pratiques où le désir se manifeste, en tout cas où, comme dans le mariage hétérosexuel, il est aujourd'hui supposé présent dans la majorité des cas. Ensuite, il y aura, bien sûr, des échecs (voire des cures

---

1. Aux Pays-Bas, où le mariage des homosexuels est admis par la loi depuis septembre 2000, environ 20 000 enfants sont élevés dans des situations de coparentalité ou d'homoparentalité. Dans un témoignage recueilli par *Le Nouvel Observateur*, 1859, 22-29 juin, 2000, Théo, 7 ans, déclare : « Je vis avec maman et Tata. Tata c'est comme une maman, sauf qu'elle est plus sévère. J'ai jamais eu de papa. C'est un copain de maman qui a bien voulu faire le bébé pour nous aider [...]. Plus tard, je vivrai avec une fille, c'est moins compliqué pour faire des bébés. »

psychanalytiques qui tenteront de les « traiter » !), comme il y en a dans les familles dites normales et légitimes. À l'horizon s'annonce la question beaucoup plus générale du *modèle* de la cellule familiale occidentale typique, le couple hétérosexuel avec deux ou trois enfants. Ce modèle dominant, qui reste, ne l'oublions pas, celui du « couple », eh bien, il comprend, inclut ou induit d'autres couples, toute une combinatoire de couples pourvu, c'est la seule condition requise par le modèle, qu'ils restent des couples, des « tête-tête ». Le couple homosexuel est encore un « couple » qui, à son tour, demande lui aussi des enfants légitimes. Pourquoi pas ? Est-on si loin de la norme dominante ? Ne peut-elle reconstituer, je veux dire conserver, de façon parfois fort conservatrice, dans cette situation apparemment nouvelle, ses fonctions les plus traditionnelles (figure du père, de la mère, etc.) ? De nombreuses mutations sont en cours parmi lesquelles l'adoption d'enfants par des homosexuels n'est qu'un cas particulier. Je ne suis pas sûr que ce soit le plus grave ou le plus transgressif.

E.R. : Par exemple, dans le cas de l'IAD. Elle est majoritairement le fait des femmes homosexuelles beaucoup plus que des hommes qui, lorsqu'ils sont homosexuels, doivent recourir à des mères porteuses. Dans un cas, il y a une continuité entre l'ordre biologique et l'orientation sexuelle, dans l'autre il y a une coupure puisqu'un homme ne peut pas être inséminé mais qu'il peut donner son sperme. Il me semble que cette dissymétrie se retrouve dans la distribution des rôles et de l'organisation psychique inconsciente : les hommes en couple se comportent plutôt comme des éducateurs, des oncles ou des tuteurs, face aux enfants qu'ils ont en charge, alors que les femmes imitent plus facilement le modèle parental hétérosexuel. Je me demande si le danger en général – chez les homosexuels et les hétérosexuels – ne vient pas de la place excessive accordée à l'omnipotence maternelle. On sait que la femme, en devenant mère, se trouve contrainte à une position de toute-puissance face au nourrisson en état de dépendance. Si cette puissance fusionnelle de la mère avec l'enfant est nécessaire durant les premiers mois de la vie pour la socialisation future de celui-ci, la mère doit ensuite y renoncer d'elle-même pour que l'enfant puisse s'ouvrir au monde de l'altérité, à ce qu'on appelle « le tiers », incarné d'abord par le père, et donc, en principe, par celui qui occupe symboliquement la place du père, une place qui peut être celle de l'autre ou du « différent » (quel que soit son sexe).

Par ailleurs, je constate que les couples homosexuels ont tendance à vouloir apparaître comme aussi « normaux » que les couples traditionnels au point de les imiter de façon quelquefois caricaturale. Je me demande donc si ce désir de normalité cessera avec l'arrêt des discriminations sociales ou si, au contraire, il s'accentuera.

J.D. : Est-ce qu'un couple d'hommes homosexuels propose ou impose deux pères à son enfant ? Je n'en suis pas sûr. Est-ce qu'un couple de femmes homosexuelles engendre deux mères ? Est-ce qu'il n'y a pas toujours, dans toutes ces situations, « chez nous », un père et une mère, du père et de la mère ? voire des grands-parents, des oncles et tantes, toute sorte de relais et de substituts, comme toujours, parmi les amis, etc. ? Au-delà de toute interprétation juridique, je me demande surtout comment (et si) le modèle familial, référence très stable et fondatrice pour la théorie psychanalytique, pourra, en se transformant, transformer la psychanalyse.

Chez Freud et chez ses successeurs, y compris chez Lacan, la théorie œdipienne suppose un modèle fixe : l'identité stable du père et de la mère. Et surtout d'une mère *supposée* irremplaçable. Il faudra revenir sur ce point que je tiens pour décisif. À terme, c'est l'approche psychanalytique de cette culture-ci qui devrait être affectée par ce qui déplace le modèle familial. Cette mutation de la psychanalyse elle-même devrait correspondre d'ailleurs à ce qu'elle tient pour sa mission première : s'occuper avant tout de ce qui, directement ou non, touche au modèle familial et à ses normes. La psychanalyse a toujours voulu être une psychanalyse des familles.

E.R. : Il me semble qu'il y a d'ores et déjà deux positions : celle des dogmatiques, attachés à un modèle figé qui tend à s'effacer de la réalité sociale – ne serait-ce qu'avec les familles recomposées – et celle des modernes plus « déconstructeurs » et sensibles aux transformations induites par les sujets eux-mêmes. Je me situe du même côté que vous : à partir du moment où une réalité nouvelle prend corps, où elle existe, la psychanalyse – comme toute autre discipline d'ailleurs – doit la penser, l'interpréter et la prendre en compte, et non pas la condamner, car cela reviendrait à l'exclure ou à la dénier, et donc à transformer une discipline en code de déontologie et à faire de ses praticiens des censeurs ou des procureurs.

J.D. : Puisque vous me tendez le mot de « déconstruction », on pourrait montrer que la déconstruction a toujours été « de la famille », « déconstruction de la famille » (avec quelques petites conséquences « révolutionnaires » que je vous laisse imaginer du côté de la société civile et de l'État). Il m'arrive aussi de dire que la déconstruction est « ce qui arrive » ou ce qui arrive comme l'im-possible. Eh bien, elle devient « ce qui arrive à la famille », mais comme l'im-possible. On peut suivre le trajet de ces propositions jusqu'aux problèmes que nous venons d'évoquer (PaCS, coparentalité, homoparentalité, insémination artificielle, etc.). La transformation du milieu psychanalytique que vous évoquez dans votre dernier livre[1] – cette nouvelle génération d'analystes et de patients – n'est pas sans rapport avec la transformation de la structure familiale.

1. Élisabeth Roudinesco, *Pourquoi la psychanalyse ?*, *op. cit.*

C'est à une transformation de la société elle-même que nous avons affaire, à une transformation de ce modèle dont nous venons de parler : qu'il s'agisse de la sexualité, de la famille monoparentale, des enfants illégitimes ou légitimes. Cette turbulence sociale produira des effets sur la scène psychanalytique : du côté des patients et du côté de la formation des cliniciens. Ensemble indissociable : transformation du champ social – ou du champ symbolique – d'un côté, transformation de la profession analytique de l'autre.

E.R. : Ne croyez-vous pas que la thèse freudienne de la revalorisation de la fonction paternelle par le biais du phallocentrisme soit la seule à penser à la fois la déconstruction de la famille et son destin à venir dans un monde en mutation? Autrement dit, j'ai l'impression que la famille est éternelle, qu'elle n'est pas en danger, que sa richesse tient à la fois à son ancrage dans une fonction symbolique et à la multiplicité de ses recompositions possibles.

J.D. : Qu'appelle-t-on la « famille »? Je ne dirais pas sans hésiter que la famille est éternelle. Ce qui est inaltérable, ce qui continuera à traverser l'Histoire, c'est qu'il y a, ou qu'il y *ait, de la* famille, du lien social organisé autour de la procréation. La famille dite « animale[1] » mériterait d'être aussi analysée dans sa complexité, comme le font les primatologues. Mais il faudrait introduire l'enjeu de leurs travaux dans le champ de la psychanalyse, de la philosophie, de l'anthropologie. On s'intéresse assez peu, me semble-t-il, aux structures symboliques, sociales et familiales propres au monde dit « animal ».

Comme vous savez, à supposer même que l'interdit de l'inceste soit un trait essentiel du « propre de l'homme » ou de la « culture » anthropologique (énorme problème que je laisse

1. Voir notre chapitre 5 : « Violences contre les animaux ».

ici en plant), il existe une modalité d'évitement de l'inceste chez certains primates qui pourrait être prise en compte et faire bouger bien des choses.

Je ne parlerais donc pas d'une « éternité » de quelque modèle familial que ce soit, mais d'une transhistoricité du lien familial. Et le modèle auquel Freud – avec tant d'autres – se réfère est seulement celui d'une séquence. À la fois très longue et très courte, suivant l'échelle choisie. Très longue parce qu'elle couvre des millénaires, et très courte parce que, nous le voyons bien, elle a été *instituée*, et le moment viendra, il s'annonce d'ailleurs, où elle sera, sinon destituée, du moins diablement compliquée. Elle est déjà, et depuis longtemps, terriblement surdéterminée. La microréflexion actuelle sur la famille monoparentale ou sur l'adoption des enfants par des couples homosexuels, je ne sais pas si sa durée est prévisible. Son avenir est incertain. Certes, il y aura toujours « de la famille », mais à quoi ressemblera son « organisation » dans des siècles ou des millénaires ? Difficile à dire. Je me réfère ici, sous le mot d'« organisation », à ce qui institue un modèle normatif, voire légal et dominant dans une société donnée. Mais qu'on s'en réjouisse ou qu'on le déplore, l'expérience effective, et chaque fois singulière, ne se plie pas, elle ne s'est jamais soumise à cette « organisation » statutaire. C'est aussi cela, l'inconscient ! avec le « sans-famille » !

Avec un homme et une femme, on peut faire beaucoup de choses ! Avec de la différence sexuelle (et l'homosexualité, ce n'est pas l'indifférence sexuelle), on peut imaginer tant de configurations dites « familiales » ! Et même dans ce que nous considérons comme « notre » modèle le plus stable et le plus familier, il y a tant de sous-espèces ! Les « progrès » de la génétique libèrent ou accélèrent notre imagination – réjouie, terrifiée, ou les deux la fois, devant toutes sortes de choses que je ne dirais pas inconnues, surtout pas de l'inconscient, mais non encore « enregistrées » par ce qu'on pourrait appeler, au sens large, l'état civil...

E.R. : À quoi pensez-vous ?

J.D. : À des familles où il y aurait non seulement deux ou trois mères, sans compter les pères, mais aussi à des familles composées de trois + n parents. Cela existe déjà[1]. Dans l'inconscient des familles les plus « rangées ». Si vous prenez sérieusement en compte la complexité *déjà* effective des relations parentales dans les sociétés occidentales, vous avez une première idée du futur écheveau.

Ainsi peut-on imaginer une recomposition, une combinatoire extrêmement compliquée, produite non seulement à partir d'une logique interne de la transformation, mais à partir des transformations techno-génétiques, et des réactions au clonage, aux greffes d'organes, à l'insémination artificielle. On réinventera toujours des moyens de « normaliser », je ne dis pas « naturaliser », les effets les plus inédits, apparemment inassimilables et monstrueux de ces nouveaux pouvoirs techno-génétiques. Déjà, au sujet des perspectives de clonage, on commence heureusement à relativiser, à différencier, à compliquer les premières réactions, les premiers délires réactionnels, dont les schèmes idéologiques et les présuppositions métaphysiques ont été l'objet d'analyses critiques, pour ne pas dire de déconstructions, depuis si longtemps. Comme si le clonage[2] commençait avec le clonage ! Comme s'il n'y avait pas clonage et clonage ! Comme s'il n'y avait pas une façon clonesque de reproduire le discours contre le clonage.

---

1. Dans certains cas d'IAD, un enfant peut être issu de trois « mères » : la première fait le don de ses ovocytes, la deuxième porte l'enfant et en accouche, la troisième l'adopte et l'élève. On distingue ainsi une mère génétique, une père « porteuse » (ou de substitution) et une mère dite « sociale ». La législation sur la filiation est différente selon les pays. En France, la mère légale est la mère sociale.

2. Sur la question du clonage, voir notre chapitre 4 : « Imprévisible liberté ».

Partout où il y a de la répétition et de la duplication, voire de la ressemblance, il y a du clonage, c'est-à-dire partout dans la « nature » et dans la « culture » qui ne va jamais sans quelque clonage. La question ne sera donc jamais celle d'un « oui ou non » au clonage mais celle d'un « comment » : comment traiter la différence ou la reproduction de l'identique, et d'abord « qu'est-ce que c'est, la duplication ? » Peut-on poser la question « qu'est-ce que c'est ? » sans qu'une duplication virtuelle, et donc sans que quelque clonage, ait déjà rendu ce langage possible ? Je ne dis pas ça pour noyer le poisson et pour évacuer une question grave. Je rappelle des choses qui devraient être, qui commencent à devenir évidentes : avant de penser à de monstrueuses générations de clones armés jusqu'aux dents et prêts à envahir l'Europe, on sait que certains clonages thérapeutiques seront vite maîtrisables et utiles, donc très vite tenus pour indispensables. La distinction entre clonage thérapeutique et clonage reproductif ne tient pas, tant qu'on n'a pas répondu à des questions d'apparence philosophique : par exemple, qu'est-ce qu'une re-production (« naturelle » ou non, « artificielle » ou non : donc, qu'est-ce que la « nature » ? etc.) ?

Qu'est-ce que l'intégrité d'une personne ? À quel moment et selon quels critères en définit-on l'origine ? Qu'est-ce qu'une naissance ? Qu'est-ce qui, dans la « nature » ou dans la « culture », est étranger à tout « clonage », etc. ? Ces vieilles questions restent ou redeviennent toutes neuves, grâce en particulier à ces mutations techno-génétiques. C'est pourquoi il y aura toujours non pas LA famille, mais *de la* famille, des attaches, des différences sexuelles[1], du « rapport sexuel »

1. « Relation dès lors non pas a-sexuée, très loin de là, mais autrement sexuée, au-delà de la différence binaire qui gouverne la bienséance de tous les codes, au-delà de l'opposition féminin/masculin, au-delà de la bisexualité aussi bien, de l'homosexualité ou de l'hétérosexualité qui reviennent au même ? C'est en rêvant de sauver au moins la chance de cette question que je voudrais croire à la multiplicité de voix

(même là où il n'y en a pas, comme dirait Lacan), du lien social autour de l'enfantement sous toutes ses formes, des effets de proximité, d'organisation de la survie – et du droit. Mais cette persistance d'un ordre ne produit aucune figure a priori déterminable de quelque modèle familial que ce soit.

E.R. : Au fond, les uns pensent que toute forme d'organisation psychique n'est qu'une construction culturelle ou sociale, les autres, au contraire, soutiennent l'idée « naturaliste » selon laquelle la société – et donc le psychisme – aurait un fondement biologique déterminant. Dans cette perspective, les uns pensent que l'homosexualité est une culture, à la manière d'un genre[1] (*gender*), une identité construite, les autres affirment qu'elle est innée, voire génétique, instinctuelle. Certains homosexuels rêvent même que des savants découvrent un jour le gène de l'homosexualité, ce qui permettrait alors de nier que celle-ci puisse relever d'un environnement ou d'une organisation psychique inconsciente.

Dans ce débat, on croise l'idée d'un possible fondement biologique des sociétés humaines[2].

J.D. : Je voudrais éviter de me laisser enfermer dans l'alternative naturalisme/constructivisme. Et je ne tiens pour légitime aucune des nombreuses oppositions conceptuelles qui sont appelées, présupposées ou tenues pour acquises

---

sexuellement marquées, à ce nombre indéterminable de voix enchevêtrées, à ce mobile de marques sexuelles non identifiées dont la chorégraphie peut entraîner le corps de chaque "individu", le traverser, le diviser, le multiplier, qu'il soit classé comme "homme" ou "femme", selon les critères en usage », in *Points de suspension, op. cit.*, p. 167-168.

1. C'est la thèse de Didier Eribon, qui utilise les catégories de Pierre Bourdieu, in *Réflexions sur la question gay*, Paris, Fayard, 1999. À propos du gène de l'homosexualité, voir Élisabeth Roudinesco, *Pourquoi la psychanalyse ?, op. cit.*

2. Voir à ce sujet Françoise Héritier, *Masculin féminin. La pensée de la différence*, Paris, Odile Jacob, 1996.

dans une telle alternative. J'essaie de n'être ni naturaliste ni constructiviste – si ce dernier mot renvoie à une sorte de confection artefactuelle totalement déracinée, hors de toute prémisse biologique. Entre les deux, vous inscrivez le concept de *psychisme*. Encore faut-il savoir ce que l'on entend par *psyché*. Chez Freud, le rapport entre le psychique et le biologique est, comme vous savez, toujours suspendu, remis à une élaboration à venir, dans les générations futures, donc en vérité très compliqué[1].

Dans tous ces problèmes, qui sont considérables, je ne voudrais renoncer ni à l'un, ni à l'autre. Je voudrais essayer de trouver une voie pour prendre en compte les déterminismes génétiques et biologiques, complexes en eux-mêmes et non simplement « naturels ». Il y a dans le biologique et dans le génétique des chiffrages, des aiguillages, des « langages » et des « écritures ». Autrement dit, il existe une sorte de « culture », voire une « technique » du génétique, qui rend possibles toutes sortes de constructions. Je ne veux donc pas renoncer au savoir biologique ou génétique, dans ce qu'il a d'ouvert, de progressif et de perfectible.

Cependant, la *psyché* – ou la culture, ou le symbolique, pour reprendre, sans les accréditer, ces équivalences si souvent tenues pour assurées – prend le relais, un relais différantiel, justement, des lois dites génético-biologiques. À certains « moments », cette différance peut les interrompre ; à d'autres, elle peut introduire, dans l'immanence du vivant, l'économie d'une nouvelle configuration. L'interruption elle-même appartient au champ des possibles génétiques ou

1. Freud n'a jamais abandonné l'idée de trouver un fondement biologique à l'organisation psychique, ce qui ne l'a pas empêché de renoncer à construire une « biologie de l'esprit ». Au contraire, il s'est orienté vers la construction d'une métapsychologie, distincte de la psychologie classique, et visant à élaborer des modèles théoriques non directement reliés à une observation clinique.

biologiques. Ce ne sont pas seulement des « moments » différents de la différ*a*nce. Différ*a*nce veut dire à la fois *le même* (le vivant seulement différé, relayé, remplacé par un supplément vicariant, par une prothèse, par un suppléant en lequel affleure la « technique ») et *l'autre* (absolument hétérogène, radicalement différent, irréductible et intraduisible, l'anéconomique, le tout-autre ou la mort). L'interruption différantielle est à la fois réinscrite dans l'économie du même et ouverte à un excès du tout autre. Pour revenir à ce mot, il y aurait de la *psyché*, c'est-à-dire de la « vie », dès que cette différ*a*nce apparaît, ou plus précisément (car elle peut ne pas apparaître *comme telle*, sans doute ne le fait-elle d'ailleurs jamais) dès qu'elle laisse une *trace* (ni un signe, un signifiant, ni quoi que ce soit qu'on puisse dire « présent » ou « absent », mais une *trace*).

Pour revenir à la question de la famille, il y aura toujours du lien familial autour de la *naissance*. On ne pourrait donc pas effacer la naissance – et par conséquent, entre autres choses, un certain héritage génétique. Mais qu'est-ce que « naître » ? Si on la distingue rigoureusement de l'origine, du commencement, de la provenance, etc., la « naissance » est peut-être encore une question d'avenir, une question toute neuve. La philosophie est beaucoup plus entraînée à travailler les questions de l'origine et de la fin, de la vie et de la mort. Mais ce qui, dans la naissance, se soustrait à ces catégories, la philosophie (et sans doute aussi, le plus souvent, la science, et en tout cas la psychanalyse) y a consacré peu d'attention « pensante ».

Vous connaissez la certitude supposée selon laquelle on sait toujours qui est la mère, mais on ne sait pas, avec le même type d'assurance, qui est le père. La paternité serait induite par un jugement, la maternité constatée par une perception. Sur cette « évidence » (l'évidence *supposée* de la maternité, justement, et la non-évidence de la paternité), Freud s'appuie et mise tranquillement dans son récit du cas de « l'Homme aux rats », en citant Lichtenberg[1]. Il en déduit que le patriarcat est un progrès de la raison et du jugement rationnel, un pas au-delà de la perception sensible.

Or, ce schéma, même et surtout chez Freud, me paraît plus fragile que jamais. Moins que jamais aujourd'hui on peut être sûr que la mère elle-même est celle qu'on croit voir accoucher. La mère n'est pas seulement la génitrice car, comme la psychanalyse n'est pas la seule à nous l'enseigner depuis toujours, une autre personne peut devenir ou avoir été « la » mère, une des mères. Or, ce qui est le plus difficile à penser, d'abord à désirer, puis à accepter, autrement que comme une monstruosité, c'est cela même : plus d'une mère. Des suppléments de mères, dans une irréductible pluralité. Aujourd'hui, la mère porteuse et celle qui devient, à proprement parler comme on dit improprement, la mère, cela fait deux personnes. Sans parler de tant d'autres mères venues prendre le relais ! Autrement dit, l'identité de la mère (comme sa possible identification juridique) relève d'un jugement aussi dérivé, d'une inférence aussi déliée de toute perception immédiate que cette « fiction légale » d'une paternité conjecturée par un raisonnement (*legal fiction*, disait l'*Ulysse* de Joyce au sujet de la paternité).

Les pouvoirs techno-scientifiques (insémination artificielle, mère porteuse, clonage, etc.) accéléreront sans doute, dans l'avenir, une mutation dans le rapport père/mère. Mais ce sera seulement une accélération, une différance, si

1. Sigmund Freud : « Lichtenberg : "L'astronome sait à peu près avec la même certitude si la lune est habitée et qui est son père, mais il sait avec une tout autre certitude qui est sa mère." Ce fut un grand progrès de la civilisation lorsque l'humanité se décida à adopter, à côté du témoignage des sens, celui de la conclusion logique, et à passer du matriarcat au patriarcat », « Remarques sur un cas de névrose obsessionnelle » (1909), in *Cinq psychanalyses*, Paris, PUF, 1954, p. 251. Cette thèse est reprise par Jacques Lacan dans son élaboration du concept de Nom-du-Père. Voir Élisabeth Roudinesco, *Jacques Lacan, op. cit.* Voir aussi Jacques Derrida, *Mal d'archive*, Paris, Galilée, 1995.

spectaculaires et redoutables qu'en paraissent les effets : la « mère » a toujours été, elle aussi, une mère « symbolique » ou « suppléable », comme le père, et la certitude acquise au moment de l'accouchement était à mon avis un leurre. Un leurre fort intéressé, certes, la projection d'un puissant désir, mais un leurre. Elle le reste – à jamais et plus que jamais.

E.R. : Pouvez-vous préciser ?

J.D. : Une autre évidence : avant d'en arriver à la possibilité des mères porteuses, on sait que, dans certains milieux sociaux, la mère « donnait naissance ». Mais c'était une autre femme – une nourrice – qui élevait l'enfant. Le père pouvait d'ailleurs devenir la vraie mère et la mère « symbolique » ou « fantasmatique » être différente de la « vraie » mère – mais plus « vraie » qu'elle. La position de la mère n'est jamais réductible à celle de la génitrice. « Maman » disait Rousseau, et combien d'autres exemples de mères qui ne sont pas des mamans, et de mamans qui ne seront jamais des mères...

E.R. : Notamment au XVIIIe siècle.

J.D. : Aujourd'hui moins que jamais. (Sans doute faudrait-il aiguiser la distinction entre mère et maternité, désir de la mère et désir de maternité. Je m'y essaie ailleurs[1].) On multiplie désormais les possibilités de faire porter une semence par une autre femme qui est simplement un « ventre loué », comme on dit en italien, ou une « mère porteuse », comme on dit en français. La mère n'est donc pas celle qui a porté l'enfant, ni même celle qui accouche. Du point de vue du rapport nature/raison, l'opposition fiction légale/maternité naturelle devra forcément se déplacer. Néanmoins, il y aura

1. Jacques Derrida, « La veilleuse », préface à Jacques Trilling, *James Joyce ou l'écriture matricide*, Belfort, Circé, 2001.

de la naissance et *du* lien familial autour de l'enfant. Cet invariant restera, mais l'organisation des places respectives devient plus mobile. Elle n'a jamais été « naturelle » pour aucun « vivant » (« humain » ou « animal »), mais elle le paraîtra de moins en moins. Comme ce lien « social », « symbolique » ou « fantasmatique » demeurera toujours autour de la naissance, il faudra cerner une relation irréductible entre ce qu'on appelle d'une part le génétique, le biologique, le « naturel », et d'autre part le symbolique ou le « culturel ». Le fil de cette première filiation existe, on ne peut plus scientifiquement le dénier (là même où il consiste à s'interrompre et à se différer !).

Même dans les sphères apparemment les plus spirituelles, la figure génétique de la « vie » survit, si énigmatique que demeure le lien apparemment figural entre la vie dite naturelle et la vie de l'esprit. Il faudra apprendre à réapprendre à le prendre de plus en plus en compte. Je ne veux pas choisir entre la génétique, la fonction symbolique et le constructivisme. On ne construit pas n'importe comment. Il reste que, pour autant, il ne faut pas tout mélanger. Il ne faut pas écraser l'une sur l'autre les couches du « vivant », d'un vivant qui toujours consiste aussi et survit à *savoir* et à *savoir discerner*. Il n'y a pas de vie (« animale » ou « humaine ») qui ne suppose quelque aptitude à discerner, analyser, distinguer : entre les formes de vie comme entre le « vivant » et le « mort ». Commençons donc par appliquer cette atptitude à discerner à la vie elle-même, en général, distinguons les structures et les niveaux.

E.R. : Je suis d'accord avec vous, mais la nouveauté par rapport à ce modèle classique de la fiction légale et de la prétendue certitude de la maternité, c'est que l'on peut désormais identifier le père biologique grâce à des tests génétiques. Il y a là, à mon avis, un changement radical.

J.D. : Identifier un géniteur ne revient pas à désigner un père. Le géniteur n'est pas le père ! Le père est quelqu'un qui *reconnaît* son enfant, la mère reconnaît son enfant. Et de façon non seulement légale. Toute l'obscurité se concentre dans cette « expérience » qu'on appelle si vite la « reconnaissance ». Au-delà ou en deçà du droit, ses modalités peuvent être diverses, complexes, retorses ; elles peuvent s'étendre, se stabiliser ou se déstabiliser au cours d'une histoire dont la fin n'est jamais déterminable. C'est cette « expérience » qui va donner lieu à un tissu fort complexe de possibilités symboliques – et fonder un lien (toujours plus ou moins stable et fragile, jamais assuré) entre le « moment géniteur » et le « moment symbolique ». Non seulement ce phénomène de « reconnaissance » ne se réduit jamais à sa dimension légale, ni à quelque privilège « paternel » ou « maternel », mais on serait bien imprudent de le réserver à la « famille » *humaine*. Bien des espèces de ce qu'on appelle bêtement « l'animal » en font une expérience fine, concrète, complexe, avec toute sorte de ressources « substitutives », et de relais « prothétiques », de « beaux-pères », de « belles-mères », d'oncles, etc. Et non seulement chez les « singes supérieurs », et non seulement chez les mammifères !

E.R. : Vous ne croyez pas que le fait de pouvoir identifier avec certitude la « trace » de tel ou tel individu précis (un géniteur, un criminel, etc.) opère un changement dans nos représentations des origines et des filiations ?

J.D. : Oui, dans nos représentations. Et cela compte en effet pour les procédures judiciaires, pour les lois sur l'héritage et la criminologie, donc pour le droit et les techniques de la police au service du droit. Mais cela ne change pas grand-chose pour les enjeux dont nous parlons et qui sont pré-juridiques, ou même pré-politiques. Du point de vue de l'organisation symbolique, les investissements fantasmatiques sont absolument nécessaires (et l'histoire du droit s'y plie, dans sa conceptualité souvent douteuse). Regardez ce qui se passe avec les substitutions d'enfant dans les maternités. Dans l'ordre du fantasme, les parents veulent absolument avoir leur enfant à eux. Mais si l'on substitue un autre enfant au leur sans qu'ils le sachent, si le secret est bien gardé, gardé même de l'inconscient, le lien parental s'établira de la même manière. Ni vu ni connu.

Paternel ou maternel, le désir ou le fantasme d'appropriation n'est pas d'ordre purement génétique, mais il vient se greffer, pour s'en nourrir en parasite, sur un fantasme de la génétique : « ceci est mon sang ! », « j'aime mon enfant parce qu'il est mon sang, parce qu'il est (un peu) de moi (un peu, un peu plus) moi-même, comme un autre ». Ben voyons.

E.R. : Mais tout de même, le recours systématique à la trace, à la preuve, c'est-à-dire à l'archive absolue, ne fait que nourrir ce fantasme narcissique d'une paternité enfin « prouvée » ?

J.D. : Certes, « fantasme narcissique », mais cela n'établit aucune paternité. Il n'y a pas d'archive absolue, et la trace n'est pas une preuve. Le fantasme se met en mouvement, il donne du mouvement à partir du moment où le père et/ou la mère *croit* effectivement être le « parent » *authentique* de ce qui ainsi *croît* chez eux. Il faut creuser, et creuser encore, ce que veut dire « croire ». Et « croître ». Et la croissance d'une croyance. Dans ce cas et dans d'autres. Il y a un fantasme *du* génétique : on aime ses enfants plus que ceux des autres parce qu'on projette vers eux une identification narcissique : c'est mon sang, c'est moi. Et le fantasme peut être à peu près le même, ou lui ressembler, avec des enfants adoptés.

E.R. : Mais dans nos sociétés, il y aura sans doute une levée de l'anonymat concernant l'origine des enfants nés sous X ou issus d'une insémination artificielle. Certains le souhaitent, d'autres non[1]. J'y suis plutôt favorable, mais ce qui est certain, c'est qu'un enfant doit absolument pouvoir, s'il le souhaite, avoir accès à son histoire, puisqu'on sait que de toute façon la vérité s'inscrit dans l'inconscient. Je pense d'ailleurs que les parents doivent dire la vérité aux enfants sur leur origine, aussi bien dans les cas d'adoption que dans les cas d'IAD.

J.D. : Que répondre à une amie qui vous dit que les « parents doivent dire la vérité aux enfants » ? Il vaut mieux en effet que l'enfant croie savoir. Je crois bien que je connais mon père et ma mère. Bien au-delà, je ne connais pas les origines de mes parents. Et je ne saurais jamais, de ce qu'on appelle un savoir assuré, ce qui s'est passé entre mon père et ma mère présumés « autour » de ma naissance. Ce qui est important pour mon équilibre, pour ma « santé psychique », c'est que je me sente assez sûr que mon père est mon père, et ma mère, ma mère. Même si l'on m'a trompé efficacement jusqu'à la fin de mes jours, la croyance peut marcher.

E.R. : Franchement, je ne le pense pas. À mon sens, il n'y a pas d'efficacité de la tromperie dans ce domaine. La vérité finit toujours par émerger et les enfants que l'on trompe sur leur origine présentent presque toujours des symptômes qui signifient que leur inconscient connaît la vérité tout en la déformant. Vous qui avez soutenu, contre Lacan, qu'une lettre n'arrive pas forcément à destination[2] – autrement dit

1. Voir, à ce sujet, Geneviève Delaisi de Parseval, « La part du père et de la mère à l'aube de l'an 2000 », *in* Liber amicorum Marie-Thérèse Meulders-Klein, *Droit comparé des personnes er de la famille*, Bruxelles, Bruylant, 1998, p. 143-160.

2. Dans *La carte postale, op. cit.*, Jacques Derrida a commenté le fameux séminaire de Lacan sur « La lettre volée » d'Edgar Poe. Voir Jacques Lacan, *Écrits, op. cit.* Voir aussi notre chapitre 9 : « Éloge de la psychanalyse ».

qu'il n'y a pas d'impérialisme du destin signifiant – comment pouvez-vous croire à l'efficacité d'une tromperie ?

J.D. : Justement, bon exemple, c'est parce qu'une lettre peut toujours ne pas arriver à destination que des tromperies (et autres choses semblables, des égarements, des pistes multiples, des malentendus absolus, etc.) peuvent laisser en souffrance ce que vous appelez la vérité, ce que nous espérons désespérément tenir pour la vérité.

La notion d'efficacité doit, en effet, passer par l'inconscient. Si quelque chose est efficace pour la conscience, et si, inconsciemment, on laisse passer des symptômes, il n'y a en effet aucune efficacité. Mais si je suis absolument certain, consciemment *et* inconsciemment, que ma mère est ma mère et que mon père est mon père, ça marchera aussi bien.

E.R. : À condition que cela soit vrai et que les parents ne cachent pas un secret sur la filiation.

J.D. : S'ils gardent le secret en laissant les symptômes du secret, ça ne marchera pas, vous avez raison. Sinon, ça marche, même si c'est « faux ». Cela devient « vrai ».

E.R. : Mais quand on garde un secret de cet ordre sur l'origine d'une filiation, on ne peut pas supprimer les symptômes. Bien entendu, quand les parents ignorent eux-mêmes l'origine de l'enfant, ils ne mentent pas en transmettant la vérité de leur ignorance. En fait, le secret que l'on veut dissimuler fait toujours retour sous forme de symptômes.

J.D. : Souvent, mais non pas toujours, pas nécessairement. Quand je parle, comme je viens si vite de le faire, d'une « efficacité » qui passe par l'inconscient, je souhaite qu'on m'entende prudemment. Je ne fais pas l'éloge cynique d'un mensonge qui marche grâce à l'inconscient ou qui marche bien avec lui (encore que cela soit souvent à prendre en considération, et ce n'est pas ici, en improvisant, que nous aurons le temps de déployer, comme il le faudrait, la grande question de la vérité, de la véracité et du symptôme dans une logique qui prend un peu au sérieux la psychanalyse).

Non, je propose seulement de tenir compte d'une causalité spécifique (causalité psychique ou symbolique, si vous voulez) qui ne se réduit pas à un pur et simple processus génétique, à supposer que ce « pur et simple » existe jamais. Si vraiment, pure hypothèse, Mme de Warens avait pu persuader Jean-Jacques qu'elle était authentiquement « Maman », elle l'aurait été. Cela n'aurait pas été un mensonge ou une dissimulation, même si, selon des critères « objectifs » et un concept de vérité qui n'ont rien à faire dans ce dont nous parlons, à savoir la filiation, la paternité, la maternité, « Maman » n'était pas sa mère.

4

Imprévisible liberté

E.R : Maintenant que nous avons parlé de la trace génétique ou biologique, nous pouvons logiquement aborder la question du scientisme contemporain, c'est-à-dire de cette idéologie, issue du discours scientifique et liée au progrès réel de la science et des sciences, qui prétend réduire tous les comportements humains à des processus physiologiques vérifiables expérimentalement[1].

Contre cette emprise, qui va de pair avec la transformation de l'humain en une machine, je me suis demandé s'il ne faudrait pas restaurer l'idéal d'une conception presque sartrienne de la liberté d'où ne seraient pas évacuées toutefois les déterminations inconscientes.

J.D. : Bien sûr, le scientisme n'est pas la science. Les hommes et les femmes de science se reconnaissent d'ailleurs

1. Le terme de scientisme s'est généralisé à partir de 1911 pour désigner la croyance selon laquelle *La Science* – c'est-à-dire une entité comprenant toutes les sciences – pourrait expliquer et résoudre l'ensemble des phénomènes humains. En 1890, dans *L'Avenir de la science,* Ernest Renan critiquait déjà cette attitude en dénonçant la « religion de la science » (Paris, Calmann-Lévy, 1949). Le scientisme est ainsi un « discours sur la science qui prétend abolir la philosophie en déployant le discours même de la science », *in* Dominique Lecourt (éd.), *Dictionnaire d'histoire et de philosophie des sciences,* Paris, PUF, 1999, p. 852.

au fait qu'ils ne sont jamais, presque jamais scientistes. Si le scientisme consiste à étendre illégitimement le champ d'un savoir scientifique ou à donner à des théorèmes scientifiques un statut philosophique ou métaphysique qui n'est pas le leur, il commence là où s'arrête la science et là où l'on exporte un théorème au-delà de son champ de pertinence. Le scientisme défigure ce qu'il y a de plus respectable dans la science.

J'utiliserais cependant moins facilement que vous le mot d'« expérimentalisme » ou d'« expérimentation ». Le geste expérimental n'est pas nécessairement scientiste. Mais il est vrai que l'expérimentalisme poussé aussi loin que possible doit s'ajuster à la spécificité rationnelle dans laquelle il se déploie. Il peut y avoir de l'expérimentation dans les sciences de la nature, en biologie, dans les recherches sur le génome, mais aussi de façon différente en psychologie.

Les « neurones » pensent-ils ? Question fort ancienne et en général mal posée par les représentants statutaires de la science « neurologique », faute de culture philosophique. Chose bien connue. Si compétents qu'on puisse les supposer dans leurs domaines respectifs (mais la délimitation d'un tel « domaine » est parfois difficile et ne relève pas de la seule compétence du « spécialiste » en tant que tel ; quant à l'évaluation institutionnelle d'une compétence elle est aussi problématique), les « scientifiques » disent parfois n'importe quoi quand ils se mêlent de philosophie ou d'éthique. C'est donc bien au nom de la science qu'il faut être vigilant contre le scientisme et contre le positivisme scientiste.

Quant à confondre (je dirais plutôt articuler) la « pensée » (ce qu'on appelle ainsi, mais qu'appelle-t-on *penser*?), les « comportements humains » ou le « psychisme » avec des phénomènes mécaniques, cela m'inquiéterait si l'on avait affaire à une démarche systématiquement réductrice et simplifiante. Je crois même nécessaire, et je partage l'intérêt que l'on porte aux machines et à la complexité de leur fonctionnement. Ce qui me gêne chez certains scientistes auxquels vous faites allusion, c'est que leurs modèles mécaniques ne sont pas toujours à la mesure de l'hypercomplexité des machines, réelles ou virtuelles, produites par les hommes (et dont témoignent, par exemple, toutes les apories ou les « im-possibles » qui occupent la « déconstruction » là même où elle met à l'épreuve, dans le langage, les plus puissantes machines à formaliser ; non pas pour disqualifier la « machine » en général, bien au contraire, mais pour la « penser » autrement, en penser autrement l'événement et l'historicité). À mon avis, la pensée la plus « libre » est celle qui transige tout le temps avec des effets de machine. C'est pourquoi je me sers rarement du mot de liberté comme je sais que vous vous en servez.

En certaines occasions, je défendrai pourtant la liberté comme un excès de complexité par rapport à un état machinal déterminé, et je me battrai pour *des* libertés, mais je ne parlerai pas tranquillement de *la* liberté. Lacan n'a-t-il pas dit quelque part qu'il ne se sert jamais de ce mot[1] ?

Si je me méfie du terme « liberté », ce n'est pas que je souscrive à quelque déterminisme mécaniste. Mais ce mot me paraît souvent chargé de présupposés métaphysiques qui confèrent au sujet ou à la conscience – c'est-à-dire à un sujet egologique[2] – une indépendance souveraine par rapport aux

1. Lacan dit en effet à Françoise Wolf, lors de l'entretien qui suit sa *Conférence de Louvain,* en 1972, qu'il ne parle jamais de liberté, ce qui ne l'empêche pas d'en parler à de nombreuses reprises. La plupart du temps, il associe le terme à celui de folie pour signifier que l'être de l'homme ne peut être compris que « parce qu'il porte en lui la folie comme limite de sa liberté ». Il soutient également que la liberté humaine est une illusion, un fantôme, une « horrible liberté », mais il l'associe au désir, à la mort et à la Révolution, in *Écrits, op. cit.,* p. 157, 575, 783.

2. Chez Husserl, la mise entre parenthèses du monde transcendantal (ou *épochè*) conduit à transformer l'ontologie (ou étude des réalités abstraites) en une egologie : l'être se réduit au moi qui pense. Voir

pulsions, au calcul, à l'économie, à la machine. Si la liberté est un excès de jeu dans la machine, de toute machine déterminée, alors je militerais pour qu'on reconnaisse cette liberté et qu'on la respecte, mais je préfère éviter de parler de liberté du sujet ou de la liberté de l'homme.

E.R : Mais à quelles machines faites-vous allusion ?

J.D. : Il y a *de* la machine partout, et notamment dans le langage. Ainsi Freud, notre référence commune et privilégiée, parle d'économie, donc de calcul inconscient, de principes de calcul (réalité, plaisir), de répétition et de compulsion de répétition. Je définirais la machine comme un dispositif de calcul et de répétition. Dès qu'il y a du calcul, de la calculabilité et de la répétition, il y a de la machine. Freud a pris en compte la machine de l'économie et le produit de la machine[1]. Or il existe dans la machine un excès par rapport à la machine elle-même : à la fois l'effet d'une machination et quelque chose qui déjoue le calcul machinal.

Donc, entre le machinal et le non-machinal, un rapport complexe est à l'œuvre qui n'est pas de simple opposition. On peut appeler cela liberté, mais seulement à partir du moment où il y a de l'incalculable. Et là encore, je distinguerais entre un *incalculable* qui reste homogène au calcul (auquel il échapperait pour des raisons contingentes, par exemple la finitude, la limite d'un pouvoir, etc.) et un *non-calculable* qui n'appartiendrait plus, par essence, à l'ordre du calcul. L'événement – qui par essence devrait rester imprévisible et donc non

---

Méditations cartésiennes. Introduction à la phénoménologie (1929), Paris, Vrin, 1986. Et Jacques Derrida, *Le problème de la genèse dans la philosophie de Husserl* (1953), Paris, PUF, 1990.

1. Jacques Derrida, « Freud et la scène de l'écriture » (1966), in *L'écriture et la différence, op. cit.* Dans cette conférence, Jacques Derrida interroge le passage du neurologique au psychique dans l'œuvre de Freud. Voir notre chapitre 9 : « Éloge de la psychanalyse ».

programmable, ce serait ce qui excède la machine. Ce qu'il faudrait tenter de penser, et comme c'est difficile, c'est l'événement *avec* la machine. C'est ce que j'essaie de proposer ailleurs[1]. Mais pour accéder, si c'est possible, à l'événement au-delà de tout calcul, et donc aussi bien de toute technique et de toute économie, il faut prendre en compte la programmation, la machine, la répétition, le calcul. Aussi loin que possible, là où l'on n'est pas préparé ou disposé à s'y attendre.

Il faut traquer partout les effets de calcul économique, ne serait-ce que pour bien savoir où nous sommes affectés par *l'autre,* c'est-à-dire par l'imprévisible, par l'événement qui, lui, est incalculable : *l'autre* répond toujours, par définition, au nom et à la figure de l'*incalculable.* Aucun cerveau, aucune analyse neurologique supposée exhaustive ne peut livrer la rencontre de l'autre. La venue de l'autre, l'arrivance de l'arrivant, c'est (ce) *qui arrive* en tant qu'événement imprévisible. Savoir « prendre en compte » ce qui défie le compte à rendre, ce qui défie ou infléchit autrement le principe de raison en tant qu'il se limite à « rendre compte » (« *reddere rationem* », « *logon didonai* »), ne pas dénier ou ignorer cette venue imprévisible et incalculable de l'autre, c'est aussi cela le savoir, et la responsabilité scientifique.

E.R : Aujourd'hui, la notion de détermination inconsciente et la thèse freudienne des trois blessures narcissiques[2]

---

1 Voir Jacques Derrida, « Le ruban de machine à écrire », in *Papier Machine,* Paris, Galilée, 2001.

2. Freud souligne que la recherche scientifique a fait subir au narcissisme humain, au moi, trois grandes vexations : une vexation cosmologique : ne plus être au centre du monde (Copernic) ; une vexation biologique : ne plus être semblable à Dieu mais à un animal (Darwin) ; une vexation psychologique (la plus douloureuse) : ne plus être le maître en sa demeure (Freud). Voir Sigmund Freud, « Une difficulté de la psychanalyse » (1917), in *L'inquiétante étrangeté et autres essais,* Paris, Gallimard, 1985, p. 181-187 ; « La fixation au trauma. L'inconscient », in *Conférences d'introduction à la psychanalyse* (1916-1917), Paris, Gallimard, 1999, p. 363-364.

font partie de notre discours. Elles sont admises. Chacun sait aujourd'hui qu'il a un inconscient, et en ce sens la psychanalyse a pris le relais de la philosophie de la conscience, de la philosophie du sujet. Elle est devenue la philosophie du sujet « décentré ». Elle a réussi à joindre deux traditions antagonistes en les modifiant l'une et l'autre, l'une par l'autre : le modèle neuro-physiologique et le modèle « spiritualiste » (l'introspection, l'invention de soi, l'exploration de l'intime). À cela, elle a ajouté un héritage clinique issu, d'un côté, de la psychiatrie (classification des maladies) et, de l'autre, des anciennes thérapeutiques de l'âme (traitement par le transfert).

Mais ce qui est encore plus nouveau aujourd'hui, me semble-t-il, c'est que ce sujet moderne et décentré ne veut rien savoir de cet inconscient dont il connaît l'existence. Il préfère s'en remettre à des machines, à des neurones, à des processus organiques, sur lesquels il n'a pas de prise. D'où mon idée de restaurer un espace de liberté pour ce sujet déterminé ou cerné de toutes parts par des machines (sociales, économiques, biologiques). Car si l'on est vraiment déterminé de tous côtés et qu'aucune faille n'est possible, on risque de remplacer le psychique par du culturel et d'instaurer, au lieu de l'universel, quelque chose qui ressemblerait non pas à de la différence ou à de l'exil, mais à des « racines », à de l'origine bien ancrée dans une souveraineté territoriale, fût-elle imaginaire. En outre, le scientisme est toujours néfaste dans le domaine politique.

Je rappellerais, à propos d'un domaine que je connais bien, que c'est toujours au nom d'une prétendue neutralité scientifique – et donc d'un scientisme – que les dirigeants de l'Association mondiale de psychiatrie refusèrent, il y a vingt-cinq ans, de dénoncer les usages abusifs de leur discipline dans l'ex-Union soviétique. C'est au nom de cette même prétendue scientificité de leur pratique et de leur théorie que des psychanalystes se rendirent complices des dictatures latino-américaines en affirmant que leur éthique leur imposait de rester neutres face aux tortures et aux atteintes aux droits de l'homme. Sous le nazisme, l'argument de la neutralité de la science a été abondamment exploité de cette manière[1]. Et aujourd'hui, on assiste à une version plus *soft* de cette attitude. On invoque fréquemment, par exemple en psychiatrie, une prétendue scientificité de l'approche des maladies mentales qui n'est rien d'autre qu'une exploitation psychique des sujets.

Quant à la manière dont aujourd'hui on retourne à une causalité purement traumatique ou organique, ou à une trace pour expliquer la névrose, alors que Freud avait abandonné cette thèse en 1897[2], j'y vois une attitude régressive. Sans nier les déterminations économiques, biologiques ou sociales, on peut laisser un certain espace au psychisme et à l'idée de liberté subjective.

J.D. : Bien sûr, mais je vois moins bien ce que vous appelez « un certain espace », et que nous voudrions en effet sauver. C'est sur les mots de sujet et de liberté que nous devons nous expliquer. Ce qui résiste, et doit résister à ce déterminisme, ou à cet impérialisme du discours déterministe, je ne l'appellerai ni sujet, ni moi, ni conscience, ni même inconscience, mais j'en ferai l'un des lieux de l'autre, de l'incalculable, de l'événement. La singularité est exposée en effet à *ce qui vient* comme autre et comme incalculable. La singularité en tant que telle (qu'elle apparaisse comme telle ou non) ne se réduit

1. Voir, à ce sujet, Élisabeth Roudinesco, *Histoire de la psychanalyse en France*, vol. 2 (1986), Fayard, 1994.

2. C'est le 21 septembre 1897, dans une lettre à Wilhelm Fliess, que Freud abandonne sa première conception de l'appareil psychique, sa *neurotica*, fondée sur la théorie dite de la séduction, laquelle suppose l'existence d'une séduction sexuelle réelle, et donc d'un *trauma*, à l'origine de toute névrose. Sigmund Freud, *La naissance de la psychanalyse* (Londres, 1950), Paris, PUF, 1956.

jamais, dans son existence même, aux règles d'un calcul machinique ni même aux lois les plus incontestables d'un déterminisme. Comment nommer cela? C'est difficile. J'ai toujours peur, au moment de nommer cela *liberté*, de reconstituer un discours philosophique qui a déjà été exposé à une certaine déconstruction (liberté comme pouvoir souverain du sujet ou indépendance du moi conscient, volonté du «cogito», et même liberté du *Dasein*, etc.).

La seule tentative, le frayage le plus convaincant pour rendre au mot ou au concept de «liberté» une vertu post-déconstructive – ce qui me paraît souvent indispensable, en particulier pour accueillir ou faire surgir ce qui vient, ce qui viendra, sous les noms d'une autre éthique, d'une re-politisation à la mesure d'un autre concept du politique, d'une transformation en cours du droit international, etc. –, je crois l'apercevoir, au moins l'apercevoir, dans certains passages de *L'expérience de la liberté* de Jean-Luc Nancy[1].

Il m'est souvent arrivé, au cours de ces dernières années, quand j'avais à nommer des choses de cet ordre – le «libre», l'incalculable, l'imprévisible, l'indécidable, l'événement, l'arrivant, l'autre – de parler de «ce qui vient».

E.R : Ce qui vient?

J.D. : Oui, ce qui imprévisiblement surgit, appelle et déborde à la fois ma responsabilité (ma responsabilité *avant* ma liberté – qu'elle semble pourtant présupposer, ma responsabilité dans l'hétéronomie, ma liberté sans autonomie), l'événement, la venue de (ce) qui vient mais n'a pas encore de figure reconnaissable – et qui donc n'est pas nécessairement un autre homme, mon semblable, mon frère, mon prochain (vous voyez tous les discours qui seraient alors remis en jeu par (ce) qui vient ainsi). Cela peut être aussi bien une «vie»

1. Jean-Luc Nancy, *L'expérience de la liberté*, Paris, Galilée, 1988.

ou même un «spectre» de forme animale ou divine sans être «l'animal» ou «Dieu», et non seulement un homme ou une femme, ni une figure sexuellement définissable selon les assurances binaires de l'homo- ou de l'hétérosexualité.

Voilà ce que peut être, ce que doit être un événement digne de ce nom, une arrivance qui me surprenne absolument et à quoi et à qui, de quoi ou de qui je ne puisse pas, je ne doive plus *ne pas répondre* – de façon aussi responsable que possible : ce qui arrive ou qui fond sur moi, ce à quoi je suis exposé, au-delà de toute maîtrise. Hétéronomie, donc, l'autre est ma loi. Ce qui fond ainsi sur moi ne vient pas nécessairement à moi pour m'élire, moi, en se présentant devant moi, de telle sorte que je le *voie venir* horizontalement, tel un objet ou un sujet anticipable sur le fond d'un horizon, d'un avenir prévisible. Il n'y a pas plus d'*horizon* pour l'autre que pour la mort. L'autre qui fond sur moi ne se *présente* pas nécessairement devant moi à l'horizontale, il peut me tomber dessus, verticalement (non pas du Très-Haut, mais de si haut!) ou me surprendre en venant dans mon dos, par derrière ou par dessous, du sous-sol de mon passé, et de telle sorte que je ne le voie pas venir, voire que je ne le voie jamais, devant me contenter parfois de le sentir ou de l'entendre. À peine.

E.R : Quelque chose comme la dimension du tragique?

J.D. : On peut l'appeler tragique avec quelques précautions. «(Ce) qui vient» excède un déterminisme mais excède aussi les calculs et les stratégies de ma maîtrise, ma souveraineté ou mon autonomie. C'est pourquoi, même si personne n'est un «sujet-libre», en ce lieu, il y a du «libre», un certain espace de liberté s'ouvre, ou en tout cas est supposé ouvert par (ce) qui vient, un *espacement* délivré, *dé-gagé* (avant et pour le gage, l'engagement, la réponse, la promesse, etc.) C'est pourquoi cette figure est liée à toutes les questions politiques de la souveraineté. C'est là que je suis exposé et heureusement, si j'ose dire, vulnérable. Là où de l'autre peut arriver, il y a « à venir », ou de l'à-venir. Avec le déterminisme dont vous parlez, il n'y a pas d'avenir.

E.R : Parce que tout serait clôturé ?

J.D. : Tout est déjà passé ou présent, et il n'y a pas d'avenir. Mais, là où vient (ce) qui reste à venir, je suis exposé, voué à être libre, et à décider, dans la mesure où je ne peux pas prévoir, prédéterminer, pronostiquer. On peut appeler cela liberté, mais avec les réserves que je viens d'esquisser. La condition de la décision (de la décision qu'*il faut*, et qu'il faut présupposer partout), c'est l'épreuve de cet indécidable dont je viens de parler sous la forme de « (ce) qui vient ». Si je sais ce qu'il faut décider, je ne décide pas.

Entre le savoir et la décision, un saut est requis, même s'il faut savoir le plus et le mieux possible avant de décider. Mais si la décision est non seulement sous l'autorité de mon savoir mais aussi *en mon pouvoir*, si elle est mon « possible », si elle n'est que le prédicat de ce que je suis et peux être, je ne décide pas non plus. C'est pourquoi je dis souvent, et j'essaie de démontrer, en quoi « ma » décision est et doit être la *décision de l'autre* en moi, une décision « passive », une décision de l'autre qui ne m'exonère d'aucune responsabilité. Proposition scandaleuse pour le bon sens et pour la philosophie, mais dont je crois qu'on peut rationnellement (je ne peux le faire ici) démontrer la nécessité inéluctable et les implications. Quand je dis « rationnellement », j'en appelle évidemment à une histoire de la raison, et donc aussi à son à-venir. À (ce) qui vient sous le nom de raison.

E.R. : La possibilité de la liberté, ce serait donc pour vous ce qui vient, ce qui serait inconnaissable : l'événement imprévisible, incalculable.

On pourrait alors penser la question des avancées de la science biologique, non pas comme un déterminisme empêchant l'exercice de la liberté subjective, mais comme quelque chose que l'on doit inclure dans cet incalculable. Je pense au clonage notamment, dont nous avons déjà parlé. Je ne partage pas, sur cette question, la position de ceux qui diabolisent la science sans comprendre que c'est le scientisme, et non pas la science, qui s'en prend si violemment à l'humanisme, à la philosophie, à Freud et à la psychanalyse. Je pense que le fantasme de fabrication d'un être humain (clonage reproductif) relève du scientisme, d'un imaginaire de la science dont il n'y a pas lieu d'avoir peur dans les circonstances actuelles[1]. Même si techniquement une telle reproduction est possible, le statut du clone ne sera pas celui que l'on imagine aujourd'hui, précisément parce que, pour exister, un clone devra être un sujet et trouver une identité singulière. À cet égard, je pense que Freud aurait été passionné par les problèmes actuels.

J.D. : C'est très compliqué, bien sûr, il faut commencer par le reconnaître. Devant une certaine imagerie, une certaine théâtralité de la reproduction identique et en série d'individus humains, je comprends que l'on soit effrayé et je m'explique ainsi les réactions immédiates et passionnelles de certains individus et responsables politiques au plus haut niveau, lesdits « sages » patentés du Comité d'éthique par exemple. La

1. Le clonage humain reproductif est une technique permettant de créer des embryons pour les réimplanter dans un utérus et donner naissance à un bébé génétiquement identique à un individu déjà né. Le clonage non reproductif consiste à fabriquer des embryons pour utiliser certaines de leurs cellules à des fins thérapeutiques et traiter des maladies comme le diabète ou l'Alzheimer sans risque de rejet. Voir à ce sujet Henri Atlan, Marc Augé, Mireille Delmas-Marty, Roger-Pol Droit, Nadine Fresco, *Le clonage humain*, Paris, Seuil, 1999. En août 2000, le gouvernement britannique a donné un avis favorable au clonage non reproductif.

« compétence » philosophique, éthique, politique ou juridique de ces « sages », leur savoir supposé (la sagesse n'est pas seulement un savoir, justement, un savoir supposé, ici moins que jamais) est le lieu même du problème. Même si (hypothèse, n'est-ce pas ?) on ne se posait aucune question sur les compétences scientifiques ou la lucidité supposée de ces « sages », nous abordons ici des zones de décision où l'idée même de compétence, de savoir, de sagesse, pour les raisons que je disais à l'instant, ont une pertinence rigoureusement insuffisante, essentiellement inadéquate. Mais, du point de vue de l'imagination, je comprends leur terreur et je peux aussi la partager. À la réflexion, je crois que, de toute façon, du clonage il y en a eu, il y en a et il y en aura. Les législations n'empêcheront pas le clonage.

Puis, si l'on examine de près ce concept de clonage – la reproduction de deux individus identiques, de deux structures de vivants identiques –, cela a toujours existé, cela se produit tout le temps dans la reproduction en général. On ne peut pas contrôler ou interdire la reproduction en général ; on ne peut dénier qu'il y a de l'identique, et qui revient, et qui se multiplie. L'identique revient tout le temps. D'une certaine manière, dans la famille, dans la langue, dans la nation, dans la culture et dans l'enseignement, dans la tradition, on cherche à reproduire en se donnant des alibis. Sans reproduction identifiante, il n'y aurait pas de culture non plus.

Enfin, il faut savoir – et là on s'approche de considérations plus réalistes, plus effectives, plus concrètes et pratiques – que la possibilité du clonage ne sera pas nécessairement exploitée à des fins terrifiantes.

E.R : Le clonage non reproductif destiné à soigner certaines maladies génétiques marque évidemment un progrès incontestable de la science.

J.D. : Absolument. Pour toutes ces raisons, on ne devrait pas aborder un tel problème en se laissant impressionner par des images. Il faut analyser aussi cette compulsion imaginative à appréhender le pire, le monstrueux (on en a eu bien des exemples dans l'histoire des sciences et des techniques), et ne pas traiter la question comme si elle était une et indissociable. Il y a différents problèmes sous ce nom de *clonage.* On ne peut pas se prononcer pour ou contre le clonage en général. Là aussi, il vaut mieux préparer une approche différenciée, progressive. Sans se laisser paralyser, sans céder à une réaction législative apeurée, à une réponse politique réactionnelle sous la forme du « tout ou rien ».

E.R : C'est ce qui a été fait, me semble-t-il.

J.D. : Les grandes décisions sont encore à venir. Qui fait quoi et avec quoi ? Du point de vue concret et législatif, il faut aborder prudemment, cas par cas, secteur par secteur, les problèmes liés à telle ou telle possibilité. Qui fait quoi avec ce pouvoir considérable ? Je ne suis pas contre le clonage *en général,* mais si une menace de reproduction d'êtres humains s'annonce, je veux dire comme une *menace* effective, massive, etc., selon des critères à déterminer, il faudra mener une guerre politique, comme on a pu le faire dans d'autres situations. Ce ne serait pas la première fois. De la reproduction, il y en a toujours eu.

Prenons par exemple le cas du dressage. Je ne pense pas seulement au dressage des animaux mais à celui de certains militants politiques. On cherche à « reproduire » des individus qui pensent la même chose, qui se conduisent de la même manière à l'égard du chef et dans la horde, selon des schémas fort bien connus. Il s'agit là aussi de clonage. Sans parler de toutes les techniques, de toutes les prothèses, de toutes les greffes, par exemple, et pas seulement dans la chose militaire et la conduite des guerres classiques et modernes.

E.R : Mais tout de même, on a affaire aujourd'hui à autre chose, à l'introduction d'un mécanisme de reproduction à l'identique dans l'ordre biologique !

J.D. : Mais où commence le biologique ? Comment se délimite-t-il ? Que va-t-on reproduire ?

E.R : Dans le débat actuel, je crois qu'il est nécessaire de distinguer le scientisme de la véritable démarche scientifique sans jamais oublier que des savants peuvent parfaitement concevoir, au nom de la science, des projets délirants[1]. J'aperçois de la barbarie dans certaines manifestations scientistes, dans les débordements comportementalistes ou cognitivistes par exemple, dans la mesure où il s'agit fondamentalement, à chaque fois, de réduire l'humain à un corps sans sujet. Il est utile à mon avis de relire, à ce propos, la fameuse conférence de Georges Canguilhem, « Le cerveau et la pensée[2] », dans laquelle il dénonce comme une barbarie toute forme de psychologie qui prétendrait s'appuyer sur la biologie et la physiologie pour affirmer que la pensée ne serait que l'effet d'une sécrétion du cerveau. Il faut à mon sens combattre les mythologies scientistes qui prétendent par exemple qu'un ordinateur bien programmé pourra un jour écrire, bien mieux que ne l'a fait Proust, *À la Recherche du temps perdu.* Je pense d'ailleurs que le récent décryptage du génome, qui montre bien que la science n'apporte aucune solution « toute faite » à l'organisation de la vie humaine, permettra aux scientifiques de critiquer eux-mêmes les dérives scientistes.

1. Soulignons par exemple que c'est au biologiste américain Hermann Joseph Muller (1890-1967), prix Nobel de médecine en 1947, que l'on doit le projet insensé de créer une banque de sperme des lauréats de prix Nobel destinée à engendrer des enfants intelligents.

2. Georges Canguilhem, « Le cerveau et la pensée » (1980), in *Georges Canguilhem. Philosophe, historien des sciences,* Paris, Albin Michel, 1992, p. 11-33.

Je suis tout de même frappée par le mélange des genres qui se produit aujourd'hui entre le domaine du « rationnel » et celui de « l'irrationnel ». Récemment, à propos du clonage, le très sérieux Congrès américain a consulté le gourou de la secte Raël (Claude Vorilhon) pour qu'il donne son avis sur la question du clonage reproductif. Or, le gourou en question, qui préconise le clonage reproductif, est l'exacte réplique de ces savants fous imaginés par la littérature fantastique. Mais c'est aussi un charlatan qui exploite financièrement et sexuellement ses adeptes.

Il a réuni cinquante femmes de sa secte disposées à recevoir un œuf reproduit cinquante fois à l'identique, et il prétend, grâce à elles, pouvoir « dupliquer » un enfant mort à l'âge de dix ans et que ses parents espèrent ressusciter. Il a d'ailleurs déjà fait réaliser l'implantation par son équipe de « savants ». Ce qui est inquiétant dans cette affaire, ce n'est pas que de tels fantasmes traversent une secte – cela a toujours existé –, c'est le fait qu'un discours délirant de ce type puisse être mis sur le même plan que celui de la science par une autorité aussi considérable que le Congrès américain : ici le scientisme et l'occultisme se rejoignent[1].

J.D. : Il ne faudrait pas que des réactions éthico-juridiques se modèlent sur cette caricature scientiste, ou se laissent enfermer dans une simple alternative : un déterminisme mécaniste, physicaliste, physiologiste, d'une part, et, d'autre part, saine et sauve, la belle liberté de la pensée humaine.

La responsabilité à prendre par quiconque, en particulier par les législateurs ou les politiques, doit répondre, ou tenter de correspondre, à ce que l'on peut savoir, scientifiquement, de la réalité – et non pas à la compulsion « scientiste » – des mécanismes de reproduction. Il y a toujours eu des phéno-

1. L'audition de Claude Vorilhon a eu lieu en mars 2001. Voir *Libération* du 30 mars 2001.

mènes de reproduction, de l'articulation entre la machine et le vivant. L'histoire de la littérature, puisque vous y faites allusion, est constituée par ce genre de choses, par des fonctions quasi machinales et automatiques, toujours à la limite du plagiat (notion aussi obscure et problématique que celle de clone). Il ne faut pas l'oublier, même si l'exemple que vous donnez du livre de Proust est caricatural.

E.R : Il me semble qu'aujourd'hui le scientisme est encore plus barbare qu'autrefois. Les partisans de ce qu'on appelle le cognitivo-comportementalisme croient réellement que l'on pourra se passer complètement un jour des concepts de sujet, d'inconscient et de conscience. Dans un débat récent que j'ai eu à ce sujet, Dan Sperber affirmait que l'on pourrait bientôt se passer réellement du sujet et ne sauver que le sujet du droit, un sujet sans affect, ni désir et surtout sans inconscient (au sens freudien)[1].

J.D. : Le droit occidental est le lieu même, un lieu privilégié en tout cas, de l'émergence et de l'autorité du sujet, du concept de sujet. S'il est maintenu dans le droit, il l'est partout. Comment sauverait-on le sujet du droit ?

E.R : Comme une survivance nécessaire à la représentation du lien social. Dans ce cadre, il s'agirait de maintenir l'existence d'un sujet de l'éthique ou de la responsabilité, dépourvu de tout ancrage dans une réalité psychique, affective, pulsionnelle. Cela n'a rien à voir, bien entendu, avec le

1. Dan Sperber écrit aussi : « Il n'existe aucune tâche intellectuelle qu'un cerveau puisse accomplir et qui demeurerait en principe hors de portée d'un ordinateur. Du moins, telle est la conviction qui anime les cognitivistes […]. Encore fruste aujourd'hui, ce modèle est indéfiniment améliorable », *in* Roger-Pol Droit et Dan Sperber, *Des idées qui viennent,* Paris, Odile Jacob, 1999, p. 19.

sujet de l'éthique dont parle Foucault[1] et qui est un sujet en train de s'inventer en se déprenant de lui-même. Dans ce que j'évoque, il y aurait, d'un côté, l'ordinateur qui viendrait remplacer la pensée et, de l'autre, les comportements et la cognition qui seraient des processus purement physiologiques ou biologiques. Il n'y aurait donc plus de place pour l'autonomie d'un psychisme relevant d'un univers symbolique, signifiant ou passionnel. L'homme serait ainsi regardé comme une machine dans un corps de chimpanzé, et sa subjectivité ne serait que le fruit d'une illusion « incorrigible » le conduisant à se croire doté d'un libre arbitre.

J.D. : Ce qui me paraît difficile, c'est de prendre en compte la possibilité de cette mécanisation extrême, étendue et extensible, en oubliant qu'il existe un point où le calcul trouve sa limite : le jeu, la possibilité du jeu à l'intérieur des machines à calculer. Par ailleurs, ce que vous appelez l'affect, c'est-à-dire le rapport du vivant à l'autre – le rapport à soi comme à l'autre –, cet affect reste, par définition, un incalculable, quelque chose d'étranger à toute machine.

E.R : C'est mon avis. Il y a de l'indécidable, comme vous le dites.

J.D. : De l'indécidable, de l'incalculable – ou plutôt, comme je le suggérais tout à l'heure, du non-calculable.

E.R : Et donc de l'inanalysable.

J.D. : Du reste, en tout cas, de ce qui, résistant à l'analyse, reste toujours à analyser. C'est sans doute par cette irréductibilité de l'affect, c'est-à-dire de l'autre et du rapport à l'autre,

1. Michel Foucault, *L'herméneutique du sujet. Cours au Collège de France, 1981-1982,* Paris, Gallimard-Seuil, 2001.

que l'on doit réintroduire, sans verser dans une idéologie réactionnaire, ce qu'on appelle aujourd'hui encore la liberté ou l'inconscient.

E.R : La passion et le conflit...

J.D. : L'autre, l'arrivée de l'autre est toujours incalculable. Cela ne manque pas de produire des effets dans la machine, mais cela ne peut pas être calculé par la machine. Il faut *penser*, c'est-à-dire ici *inventer* ce qu'il faut pour ne pas nous fermer les yeux devant la machine et devant l'extraordinaire progrès du calcul, tout en comprenant, à l'intérieur et à l'extérieur de la machine, ce jeu de l'autre, ce jeu avec l'autre. Une fois que l'on en accepte le principe et que l'on se rend à cette exposition à l'autre – donc à l'événement qui vient nous affecter, donc à cet affect qui est ce par quoi se définit la vie –, à ce moment-là, il faut s'arranger pour inventer la venue d'un discours capable de prendre cela en compte.

E.R : Ce que vous appelez l'« hospitalité[1] ».

J.D. : Par exemple. C'est peut-être en effet un des noms de la chose : accueillir, de façon inventive, en y mettant du sien, (ce) qui vient chez soi, ce qui vient à soi, inévitablement, sans invitation.

1. Jacques Derrida a abordé à de nombreuses reprises cette question de l'hospitalité : « Tout arrivant n'est pas reçu comme hôte s'il ne bénéficie pas du droit à l'hospitalité ou droit d'asile, etc. Sans ce droit, il ne peut s'introduire "chez moi", dans le "chez soi" de l'hôte (*host*), que comme parasite, hôte abusif, illégitime, clandestin, passible d'expulsion ou d'arrestation. », in *De l'hospitalité,* Paris, Calmann-Lévy, 1997, p. 57. Voir aussi *Cosmopolites de tous les pays, encore un effort!* Paris, Galilée, 1997.

E.R : Au moment de l'affaire des sans-papiers[1], vous êtes intervenu de façon spectaculaire sur ce que vous appelez le « délit d'hospitalité[2] ».

J.D. : « Délit d'hospitalité », ce fut une citation. Un mot terrible de Jacques Toubon je crois. Une famille bretonne avait hébergé, à titre amical, des amis basques en situation illégale. Or, selon la loi, rappelée par Toubon, le législateur peut poursuivre des gens qui, fût-ce à titre personnel et privé, reçoivent chez eux, à leur table ou dans leur maison, des personnes en situation illégale. Dans ce cas, il s'agissait de Basques[3]. Cette expression m'avait paru, disons, *frappante.* D'un coup, car ce fut aussi un coup, l'offre d'hospitalité était associée à un acte de délinquance.

Une rhétorique politique pouvait accoupler ces deux mots, et ce mauvais coup risquait de légitimer le pire. Pour en revenir au débat que vous ouvrez, j'oppose régulièrement l'hospitalité inconditionnelle – *hospitalité pure* ou *hospitalité de visitation,* qui consiste à laisser venir le visiteur, l'arrivant

---

1. L'affaire des « sans-papiers » commence le 18 mars 1996, au moment où quatre cent trente Africains en situation irrégulière (sans papiers d'identité), soutenus par plusieurs associations humanitaires, investissent l'église Saint-Ambroise du XIe arrondissement de Paris et entament une grève de la faim pour obtenir leur régularisation. Cet événement intervient au moment où le gouvernement d'alors, soutenu par une majorité de droite au Parlement, envisage de renforcer les « lois Pasqua-Debré » sur l'immigration adoptées en décembre 1993. D'autres actions du même genre seront menées par des immigrés soutenus par de nombreux intellectuels. L'affaire se prolongera avec l'arrivée de la gauche au pouvoir après les élections législatives de juin 1997.

2. Jacques Derrida, « Manquements du droit à la justice », intervention improvisée le 21 décembre 1996 au Théâtre des Amandiers, lors d'une manifestation de soutien aux « sans-papiers », *in* Jacques Derrida, Marc Guillaume, Jean-Pierre Vincent, *Marx en jeu,* Paris, Descartes & Cie, 1997, p. 73-91.

3. Voir Jacques Derrida, *Cosmopolites de tous les pays, encore un effort!, op. cit.*, p. 40.

inattendu sans lui demander de comptes, sans lui réclamer son passeport, à l'*hospitalité d'invitation.*

L'hospitalité pure ou *inconditionnelle* suppose que l'arrivant n'a pas été invité là où je reste maître chez moi et là où je contrôle ma maison, mon territoire, ma langue, là où il devrait (selon les règles de l'hospitalité *conditionnelle*, au contraire) se plier en quelque sorte aux règles en usage dans le lieu qui l'accueille. L'hospitalité pure consiste à laisser sa maison ouverte à l'arrivant imprévisible, qui peut être un intrus, voire un intrus dangereux, susceptible éventuellement de faire le mal. Cette hospitalité pure ou inconditionnelle, ce n'est pas un concept politique ou juridique. En effet, pour une société organisée qui possède ses lois et qui veut garder la maîtrise souveraine de son territoire, de sa culture, de sa langue, de sa nation, pour une famille, pour une nation qui tient à contrôler sa pratique de l'hospitalité, il faut bien limiter et conditionner l'hospitalité. On peut le faire parfois avec les meilleures intentions du monde car l'hospitalité inconditionnelle peut aussi avoir des effets pervers.

Cependant, ces deux modalités de l'hospitalité restent irréductibles l'une à l'autre. Cette distinction exige la référence à l'hospitalité dont nous gardons le rêve et le désir parfois angoissé, celle de l'exposition à (ce) *qui* arrive. Cette hospitalité pure, sans laquelle il n'y a pas de concept d'hospitalité, elle vaut pour le passage des frontières d'un pays, mais elle a un rôle aussi dans la vie courante : quand quelqu'un arrive, quand l'amour arrive, par exemple, on prend un risque, on s'expose. Pour comprendre ces situations, il faut maintenir cet horizon sans horizon, cette illimitation de l'hospitalité inconditionnelle, tout en sachant que l'on ne peut pas en faire un concept politique ou juridique. Il n'y a pas de place pour ce type d'hospitalité dans le droit et dans la politique.

E.R : Dans cette affaire, vous intervenez d'une manière déconstructive. D'un côté, vous acceptez parfaitement l'idée qu'il puisse exister une politique de l'immigration, c'est-à-dire un contrôle des flux migratoires, et de l'autre, à l'intérieur d'un travail très élaboré sur les mots et sur la langue, vous indiquez les limites et les illusions d'une attitude politique qui consisterait à vouloir maîtriser, par une technologie, la question de l'hospitalité en général.

Sur ce point, je vous suis complètement. Je n'ai jamais pensé qu'il fallait ouvrir toutes les frontières et ne pas contrôler les flux migratoires. Et pour autant, je n'ai pas été satisfaite de la politique de la gauche à ce sujet, bien que je la trouve meilleure que celle de la droite. Surtout, je n'ai pas apprécié que certains intellectuels de l'ultra-gauche, certes minoritaires mais soutenus par d'autres, comparent Patrick Weil à un adepte de la solution finale[1] en lui attribuant des propos qu'il n'avait jamais tenus. À ce moment-là, je me suis refusée à signer quelque pétition que ce soit sur cette question. J'ai toujours été très vigilante à l'égard de ceux qui prétendent lutter en faveur d'une cause juste avec des arguments outranciers.

1. Voir Pierre Tévanian et Sylvie Tissot, in *Mots à maux. Dictionnaire de la lepénisation des esprits,* Paris, Dagorno, 1998, p. 209 : « On ne peut s'empêcher derrière des formules comme "immigration zéro" ou "plus un seul émigré de plus", ou même derrière les mots du politologue socialiste Patrick Weil, de penser à une autre formule : "solution finale". » Ministre de l'Intérieur dans le gouvernement de Lionel Jospin, Jean-Pierre Chevènement approuva la décision prise en août 1997 de ne pas abroger les lois Pasqua-Debré mais de les modifier en appliquant une partie des recommandations faites par l'historien Patrick Weil dans le rapport que lui avait commandé le ministre à propos du code de la nationalité. En octobre 1997, Chevènement fut pris à partie par un millier d'intellectuels et d'artistes dans une pétition « réclamant la régularisation de tous les sans-papiers qui en avaient fait la demande » (voir *Le Monde* du 2 octobre 1997). Ce fut la première grande fracture entre le gouvernement socialiste et les intellectuels qui attendaient que Jospin tienne ses promesses électorales et abroge les fameuses lois.

J.D. : Une fois que l'on a circonscrit le champ de l'hospitalité conditionnelle, il devient possible de discuter une politique. À l'intérieur de ce champ, on peut encore ne pas être d'accord – c'était mon cas – avec les décisions politiques prises par Chevènement et par le gouvernement auquel il appartenait. Comme d'autres, j'ai souligné qu'il y avait beaucoup plus de place qu'on ne le disait pour accueillir plus d'étrangers, et que l'immigration n'avait pas augmenté, contrairement à ce que l'on affirmait à propos du fameux « seuil de tolérance ». Il ne fallait pas céder, par souci électoral ou autre, aux fantasmes apeurés de ceux qui se voyaient « envahis » par l'immigration maghrébine. Donc, une fois reconnue la nécessité, et les vertus, d'une hospitalité conditionnelle, le débat devenait possible et quelque chose pouvait être changé par un combat relatif, situé sur un front déterminé.

C'est pourquoi j'ai trouvé excessives les déclarations de Jean-Pierre Chevènement quand il a cru devoir accuser l'« irresponsabilité » des intellectuels qui voudraient ouvrir toutes les portes[1]. Personne n'a réclamé que l'on efface les frontières ou qu'il n'y ait plus de visas. Tenir pour irresponsables et dénoncer ceux qui luttaient pour une hospitalité plus généreuse, et non moins bien calculée, ce fut un geste choquant, exprimant la faiblesse politique d'un emportement rhétorique.

1. Voir *Le Monde* du 2 octobre 1997. Dans un texte de soutien à Jean-Pierre Chevènement publié par *Libération* le 7 octobre 1997, les pétitionnaires sont accusés de « provocation manipulatrice » et de « naïveté caritative ».

5
Violences contre les animaux

E.R. : Parmi les dérives contemporaines scientistes, il en est une qui me frappe particulièrement dans la mesure où elle mêle une perspective utilitariste et cognitiviste, un idéal juridique et une visée dite écologique (ou d'« écologie profonde »). Je pense au projet « darwinien » conçu par Peter Singer et Paola Cavalieri[1], et consistant non pas à protéger les animaux de la violence en instituant un droit des animaux, mais à accorder aux « grands singes non humains » les droits de l'homme. Le raisonnement, aberrant à mes yeux, repose sur l'idée que, d'une part, les grands singes seraient doués de modèles cognitifs leur permettant d'apprendre le langage au même titre que les hommes, et d'autre part qu'ils seraient plus « humains » que les humains atteints de folie, de sénilité ou de maladies organiques qui les priveraient de l'usage de la raison.

Les auteurs de ce projet tracent ainsi une frontière douteuse entre l'humain et le non-humain en faisant des

---

1. Paola Cavalieri et Peter Singer, *The Great Ape Project. Equality beyond Humanity*, New York, Saint Martins Press, 1994. Voir aussi les deux numéros de la revue *Le Débat*, où sont réunis des articles sur ce sujet. Notamment : Paola Cavalieri, « Les droits de l'homme pour les grands singes non humains ? », *Le Débat*, 108, janvier-février 2000, p. 156-162, et la réponse d'Élisabeth de Fontenay, « Pourquoi les animaux n'auraient-ils pas droit à un droit des animaux ? », *Le Débat*, 109, mars-avril 2000. Voir aussi Élisabeth de Fontenay, *Le silence des bêtes. La philosophie à l'épreuve de l'animalité*, Paris, Fayard, 1998.

handicapés mentaux une espèce biologique n'appartenant plus au règne de l'humain, et des grands singes une autre espèce biologique intégrée à l'humain mais supérieure à celle des félins par exemple, ou à d'autres animaux, qu'ils soient ou non des mammifères. En conséquence, les deux auteurs condamnent l'article 3 du code du tribunal de Nuremberg réclamant que toute approche thérapeutique ou expérimentale nouvelle soit précédée d'essais sur les animaux. Il y a longtemps que vous vous intéressez à la question de l'animalité, et j'aimerais avoir votre avis sur ces questions.

J.D. : La « question-de-l'animalité » n'est pas une question parmi d'autres, bien entendu. Si je la tiens pour décisive, comme on dit, depuis si longtemps, en elle-même et pour sa valeur stratégique, c'est que, difficile et énigmatique en elle-même, elle représente aussi la limite sur laquelle s'enlèvent et se déterminent toutes les autres grandes questions, et tous les concepts destinés à cerner le « propre de l'homme », l'essence et l'avenir de l'humanité, l'éthique, la politique, le droit, les « droits de l'homme », le « crime contre l'humanité », le « génocide », etc.

Partout où quelque chose comme « l'animal » est nommé, les présuppositions les plus graves, les plus résistantes, les plus naïves aussi, les plus intéressées dominent ce qu'on appelle la culture humaine (et non seulement occidentale), et en tout cas le discours philosophique prévalent depuis des siècles. De l'active conviction qui a toujours été la mienne, à cet égard, on trouve en effet des marques explicites dans tous mes textes. Dès *De la grammatologie*, l'élaboration d'un nouveau concept de la *trace* devait s'étendre à tout le champ du vivant, ou plutôt du rapport vie/mort, au-delà des limites anthropologiques du langage « parlé » (ou « écrit » au sens courant), au-delà du phonocentrisme ou du logocentrisme qui se fient toujours à une limite simple et oppositionnelle entre l'Homme et l'Animal. Je soulignais alors que les « concepts d'écriture, de trace, de gramme ou de graphème» excédaient l'opposition «humain/non humain[1]». Tous les gestes déconstructeurs que j'ai tentés à l'endroit des textes philosophiques, ceux de Heidegger en particulier, consistent à mettre en cause la méconnaissance intéressée de ce qu'on appelle l'Animal en général, et la façon dont ces textes interprètent la frontière entre l'Homme et l'Animal[2]. Dans les derniers textes que j'ai

1. «Avant même d'être déterminé comme humain (avec tous les caractères distinctifs qu'on a toujours attribués à l'homme et tout le système de significations qu'ils impliquent) ou comme an-humain, le *gramme* – ou le *graphème* – nommerait ainsi l'élément», *De la grammatologie, op. cit.*, p. 19 *sq.* Cela vaut aussi pour le discours sur la différ*a*nce. Indissociable de ce concept du gramme ou de la trace, et si «impensable» qu'elle paraisse, la différance s'étend à «la vie la mort» en général et allie l'économique et l'anéconomique au-delà des limites de l'humain. Cf. «La différ*a*nce» (1968), in *Marges de la philosophie*, Paris, Minuit, 1972 (J.D.).

2. Voir notamment *L'animal autobiographique : autour de Jacques Derrida*, Paris, Galilée, 1999. Et, dans ce volume, Jacques Derrida, «L'animal que je suis» (fragment de l'introduction à une série de quatre séances de séminaire donnés à Cerisy-la-Salle en 1997 et consacrées notamment à Descartes, Kant, Heidegger, Lévinas et Lacan. Il s'agit là d'un livre en préparation). Avant cette date, la «question de l'animal» est abordée, le plus souvent de façon directe et explicite, dans à peu près tous mes livres. Quelques exemples seulement : «Freud et la scène de l'écriture», in *L'écriture et la différence, op. cit.*, p. 294; *Glas*, Paris, Galilée, 1974, p. 138 *sq.* et *passim*; «Comment ne pas parler» et «La main de Heidegger» (en particulier le passage intitulé «De l'homme et de l'animalité»), in *Psyché, Inventions de l'autre, op. cit.*; *De l'esprit, Heidegger et la question, op. cit.*, notamment p. 27 *sq.*, p. 89; «*Che cos'è la poesia?*», in *Points de suspension, op. cit.*

Le caractère «massivement inéluctable», désormais, de la «question» «de ce que devient la vie dite "animale"» est clairement situé dans *Spectres de Marx* (*op. cit.*, p. 141). Cf. aussi «Un ver à soie», in *Voiles* (en collaboration avec Hélène Cixous, Paris, Galilée 1998). Partout où réapparaît le motif de la main ou de la «main de l'homme», ladite «question de l'animal» se trouve relancée, depuis *De la grammatologie* jusqu'à *Le toucher, Jean-Luc Nancy* (*op. cit.)* où la déconstuction de ce qui est surnommé *l'humainisme* joue, d'un bout à l'autre du livre, un rôle déterminant. (J.D.)

publiés à ce sujet, je suspecte l'appellation « Animal » au singulier, comme s'il y avait l'Homme *et* l'Animal, simplement, comme si le concept homogène de *L'*Animal pouvait s'étendre, de façon universelle, à toutes les formes du vivant non humain.

Sans pouvoir m'y engager ici de façon très aiguë, il me semble que la manière dont la philosophie, dans son ensemble, et en particulier depuis Descartes, a traité la question dite de « L'animal », est un signe majeur du logocentrisme et d'une limitation déconstructible de la philosophie. Il s'agit là d'une tradition qui ne fut pas homogène, certes, mais hégémonique, et a tenu d'ailleurs le discours *de* l'hégémonie, de la maîtrise même. Or ce qui résiste à cette tradition prévalente, c'est tout simplement qu'il y a *des* vivants, *des* animaux, et dont certains ne relèvent pas de ce que ce grand discours sur l'Animal prétend leur prêter ou leur reconnaître. L'homme en est un, et irréductiblement singulier, certes, on le sait, mais il n'y a pas L'Homme *versus* L'Animal.

D'autre part, même si depuis toujours une grande violence s'est exercée contre les animaux – on en trouve déjà la trace dans des textes bibliques que j'ai étudiés ailleurs de ce point de vue –, j'essaie de montrer la spécificité moderne de cette violence, et l'axiome – ou le symptôme – « philosophique » du discours qui la soutient et tente de la légitimer. Cette violence industrielle, scientifique, technique ne saurait être encore trop longtemps supportée, en fait ou en droit. Elle se trouvera de plus en plus discréditée. Les rapports entre les hommes et les animaux *devront* changer. Ils le *devront*, au double sens de ce terme, au sens de la nécessité « ontologique » et du devoir « éthique ». Je tiens ces mots entre guillemets car ce changement devra affecter le sens et la valeur mêmes de ces concepts (l'ontologique et l'éthique). Aussi, même si leur discours me paraît souvent mal articulé ou philosophiquement inconséquent, j'ai une sympathie de principe pour ceux qui ont, me semble-t-il, raison, et de bonnes raisons, de s'élever contre la façon dont les animaux sont traités : dans l'élevage industriel, dans l'abattage, dans la consommation, dans l'expérimentation.

Pour qualifier ce traitement, je n'utiliserais pas, malgré la tentation, le terme de « cruauté ». C'est un mot confus, obscur, surdéterminé. Au fond, qu'il s'agisse du sang (*cruor*) ou non (*Grausamkeit*), la cruauté, le « faire souffrir » ou le « laisser souffrir » pour le plaisir, voilà encore ce qui serait, comme rapport à la loi, le propre de l'homme. (À propos du droit de punir ou de la peine de mort, on se sert de ce mot d'une façon extrêmement confuse. J'étudie ailleurs l'histoire et la « logique » du lexique de la « cruauté ». Une lecture psychanalytique de la chose serait utile[1], et une lecture de l'usage psychanalytique du même mot, en particulier chez Freud.) De quelque façon qu'on la qualifie, la violence infligée aux animaux ne manquera pas d'avoir des retentissements profonds (conscients et inconscients) sur l'image que se font les hommes d'eux-mêmes. Cette violence, je le crois, sera de moins en moins supportable. Je n'utiliserai pas non plus le mot de droit, mais c'est là que la question devient compliquée. Il y a eu, avant les thèses que vous évoquez, de nombreuses déclarations sur les droits des animaux.

E.R. : Les droits des animaux pensés en quels termes ?

J.D. : Il s'agit trop souvent, et c'est, je le crois, une faute ou une faiblesse, de reproduire et d'étendre aux animaux un concept du juridique qui était celui des droits de l'homme. Cela aboutit à des naïvetés sympathiques mais intenables. Un certain concept du sujet humain, de la subjectivité humaine post-cartésienne, est pour l'instant au fondement du concept

1. Jacques Derrida a abordé la question de la cruauté dans la conférence prononcée au grand amphithéâtre de la Sorbonne, le 10 juillet 2000, à l'invitation de René Major, initiateur des États généraux de la psychanalyse. Voir *États d'âme de la psychanalyse,* Paris, Galilée, 2000.

des droits de l'homme – pour lequel j'ai le plus grand respect mais qui, en tant que produit d'une histoire et de performatifs complexes, doit être analysé, réélaboré, développé, enrichi sans relâche (l'historicité et la perfectibilité lui sont d'ailleurs essentiels).

Or, en ce qui concerne le rapport à « l'Animal », cet héritage cartésien détermine toute la modernité. La théorie cartésienne suppose, pour le langage animal, un système de signes sans réponse : des *réactions* mais pas de *réponse*. Kant, Lévinas, Lacan, Heidegger (tout comme les cognitivistes) ont à cet égard une position à peu près identique à celle de Descartes. Ils distinguent la *réaction* et la *réponse*. Avec tout ce qui dépend de cette distinction, et c'est presque sans limite. Cet héritage, quelles que soient les différences, commande pour l'essentiel, pour ce qui compte pratiquement, la pensée moderne du rapport des hommes aux animaux. Le concept moderne du droit dépend massivement de ce moment cartésien du *cogito*, de la subjectivité, de la liberté, de la souveraineté, etc. Le « texte » cartésien n'est pas la cause, bien sûr, de cette grande structure, mais il la « représente » dans une puissante systématicité du symptôme. Dès lors, conférer ou reconnaître aux « animaux » des droits, c'est une manière subreptice ou implicite de confirmer une certaine interprétation du sujet humain, qui aura été le levier même de la pire violence à l'égard des vivants non humains.

L'axiome du geste répressif à l'égard des animaux reste, dans sa figure philosophique, de type cartésien, de Kant à Heidegger, Lévinas ou Lacan, quelles que soient les différences entre ces discours. De cet axiome dépend une certaine philosophie du droit et des droits de l'homme. Par conséquent, vouloir absolument accorder, non pas aux animaux mais à telle catégorie d'animaux, des droits équivalents aux droits de l'homme, ce serait une contradiction ruineuse. Elle reproduirait la machine philosophique et juridique grâce à laquelle s'est exercée (tyranniquement, c'est-à-dire par abus de pouvoir) l'exploitation du matériau animal pour la nourriture, pour le travail, pour l'expérimentation, etc.

Une transformation est donc nécessaire et inévitable, pour des raisons conscientes ou inconscientes. Lente, laborieuse, là graduelle, ici accélérée, la mutation des rapports entre les hommes et les animaux ne prendra pas nécessairement ou seulement la forme d'une charte, d'une déclaration des droits ou d'un tribunal aux ordres d'un législateur. Je ne crois pas dans le miracle d'une législation. Il y en a déjà une, d'ailleurs, plus ou moins empirique, et c'est mieux que rien. Mais elle n'empêche pas les abattages ou les pathologies « techno-scientifiques » du marché ou de l'élevage industriel.

Bien sûr il y a des différences irréductibles, des frontières infranchissables entre tant d'espèces de vivants. Qui peut le nier sans pousser l'aveuglement jusqu'à la bêtise ? Mais il n'y a pas une seule frontière, une et indivisible, entre l'Homme et l'Animal.

E.R. : Mais où et comment faites-vous passer la limite ? Ne faudra-t-il pas revoir la notion de coupure entre la nature et la culture sur laquelle repose l'anthropologie ?

J.D. : C'est le moins qu'on puisse dire. Il existe dans le monde animal un grand nombre de structures différentes. Entre le protozoaire, la mouche, l'abeille, le chien, le cheval, les limites se multiplient, notamment dans l'organisation « symbolique », dans le chiffrage ou la pratique des signes. Si je m'inquiète d'une frontière entre deux espaces homogènes, d'un côté l'homme et de l'autre l'animal, ce n'est pas pour prétendre, bêtement, qu'il n'y a pas de limite entre les « animaux » et l'« homme », c'est parce que je soutiens qu'il y a plus d'une limite : beaucoup de limites. Il n'y a pas *une* opposition entre l'homme et le non-homme, il y a entre les différentes structures d'organisation du vivant beaucoup de fractures, d'hétérogénéités, de structures différentielles.

Entre les « singes supérieurs » et l'homme, l'écart reste sans doute abyssal, mais aussi entre les « singes supérieurs » et les autres animaux. C'est une évidence indéniable du sens commun, mais la primatologie fait d'immenses progrès dont on ne parle pas assez. Elle décrit, de façon positive et parfois bouleversante, des formes extrêmement raffinées d'organisation symbolique : travail du deuil et de la sépulture, structures familiales, évitement, sinon prohibition de l'inceste, etc. (Mais la « prohibition » elle-même, chez l'homme, interdit sans toujours empêcher, si bien que l'opposition entre évitement et interdit reste encore problématique.)

Tout cela est compliqué, c'est la co-implication même. Je ne dis pas qu'il faille renoncer à identifier un « propre de l'homme », mais on pourrait démontrer, je m'y emploie ailleurs, notamment dans l'enseignement, qu'aucun des traits par lesquels la philosophie ou la culture les plus autorisées ont cru reconnaître ce « propre de l'homme » n'est rigoureusement réservé à ce que nous, les hommes, appelons l'homme. Soit parce que des animaux en disposent aussi, soit parce que l'homme n'en dispose pas aussi sûrement qu'on le prétend (argument que j'ai déployé, notamment dans *Apories* [1], contre Heidegger, au sujet de l'expérience de la mort, du langage et du rapport à l'être *comme tel*). Cela dit, une fois encore, j'ai de la *sympathie* (et je tiens à ce mot) pour ceux qui se révoltent : contre la guerre déclarée à tant d'animaux, contre la torture génocidaire qu'on leur inflige souvent de façon au fond perverse, c'est-à-dire en élevant en masse, de façon hyper-industrialisée, les troupeaux à exterminer ainsi pour les supposés besoins des hommes ; sans parler des centaines d'espèces qui disparaissent chaque année à la surface de la terre par la faute des hommes qui, quand ils ne tuent pas assez, laissent mourir – à supposer que le droit puisse jamais s'assurer d'une différence fiable entre *faire* et *laisser mourir*!

1. Jacques Derrida, *Apories,* Paris, Galilée, 1993.

Ma sympathie va donc, certes, à ceux qui ressentent eux-mêmes une sympathie, qui se sentent en sympathie compatissante et vivante avec ces êtres vivants. Mais je ne renoncerai jamais et je ne crois pas qu'il faille renoncer à *analyser* (je l'entends en tous les sens, au sens de la psychanalyse aussi) les deux attitudes fondamentales. Je ne peux pas le faire ici en improvisant brièvement. Je ne crois pas davantage au « végétarianisme » absolu, ni à la pureté éthique de ses intentions – ni même qu'il soit tenable en toute rigueur, sans compromis et sans substitution symbolique. J'irais jusqu'à soutenir que, plus ou moins raffiné, subtil, sublime, un certain cannibalisme reste indépassable. Et bien sûr, pour répondre à votre allusion, je juge aussi ridicule que détestable la nouvelle hiérarchie qui placerait tels ou tels animaux au-dessus des handicapés humains.

E.R. : Ce qui me frappe dans ce type de dérive, c'est qu'elle met en acte une sorte de coupure entre ce qui serait humain et ce qui serait non humain. Pour faire entrer les grands singes dans l'ordre des droits de l'homme, il faudrait en exclure les malades mentaux...

J.D. : Le disent-ils vraiment ?

E.R. : Oui, même si le mot « exclusion » n'est jamais prononcé. Mais le raisonnement visant à étendre les droits de l'homme au bénéfice des grands singes présuppose cette notion de séparation, de limite, de coupure, qui aboutit finalement à un rejet[1]. Toute cette rhétorique passe par la constatation dite « cognitive » d'une part, et « utilitariste » de

1. « Nous avons toujours su, dans notre espèce, écrit Paola Cavalieri, la présence d'individus non paradigmatiques, qui sont irrévocablement dépourvus de caractéristiques jugées typiquement humaines : les handicapés mentaux, les demeurés et les séniles » (*Le Débat,* 108, art. cit., p. 158).

l'autre, d'un prétendu passage de l'humain au non-humain qui serait lié à l'existence de maladies neurologiques ou cérébrales dégénératives.

J.D. : Cela reviendrait à réintroduire, en effet, une hiérarchie proprement raciale et « généticiste ». C'est précisément ce contre quoi la vigilance ne doit jamais s'endormir.

E.R. : Mais comment concilier votre souci de compassion à l'égard des animaux avec la nécessité pour les humains de manger de la viande ?

J.D. : Il ne suffit pas de s'interdire de manger de la viande pour devenir non carnivore. Le processus carnivore inconscient a beaucoup d'autres ressources, et je ne crois pas à l'existence du non-carnivore en général. Fût-ce dans le cas de celui qui croit se contenter de pain et de vin. (Je m'en explique mieux chaque fois que je parle de la déconstruction nécessaire du « carno-phallogocentrisme[1] ».) Si même nous ne le savions pas depuis toujours, et au moins depuis deux mille ans, la psychanalyse nous l'apprendrait : les « végétariens » peuvent aussi incorporer, comme tout le monde, et symboliquement, du vivant, de la chair et du sang – d'homme ou de Dieu. Les athées aussi, ils aiment encore « manger l'autre ». S'ils aiment, du moins, car c'est la tentation de l'amour même. Une pensée ici pour la Penthésilée de Kleist[2]. Elle fut l'un des grands personnages d'un séminaire que j'avais consacré il y a des années à cela même : « manger l'autre ».

1. Cf. par exemple « Il faut bien manger ou le calcul du sujet », entretien avec Jean-Luc Nancy, in *Points de suspension, op. cit.*

2. Heinrich von Kleist (1777-1811). Écrivain et dramaturge allemand. Dans *Penthésilée,* composée en 1808, il adapte la légende antique du meurtre d'Achille par Penthésilée, la reine des Amazones, pour mettre en scène une héroïne romantique, partagée entre une intense fureur de dévoration de l'autre et une passion d'aimer qui la conduit à l'anéantissement d'elle-même.

E.R. : D'autant que d'un point de vue psychanalytique, la terreur de l'ingestion de l'animalité peut être le symptôme d'une haine du vivant poussée jusqu'au meurtre. Hitler était végétarien.

J.D. : Certains ont osé tirer argument de ce végétérianisme de Hitler. Contre les végétariens et les amis des animaux. Luc Ferry[1], par exemple. Ce réquisitoire caricatural procède à peu près ainsi : « Ah, vous oubliez que les nazis, et Hitler en particulier, furent des sortes de zoophiles[2] ! Donc aimer les animaux, c'est haïr ou humilier l'homme ! La compassion pour les animaux n'exclut pas la cruauté nazie, elle en est même le premier symptôme ! » L'argument me paraît grossièrement fallacieux. Qui peut accréditer une seconde cette parodie de syllogisme ? Et où nous conduirait-il ? À redoubler de cruauté envers les animaux pour faire la preuve d'un humanisme irréprochable ? Élisabeth de Fontenay a rappelé que parmi les philosophes de ce temps qui appelaient à reconsidérer notre traitement de la « question animale », il y avait de nombreux Juifs. Dans sa belle et riche préface aux *Trois traités pour les animaux* de Plutarque (dans la traduction d'Amyot), elle ne se contente pas de rappeler, après Hannah Arendt, que Kant était « l'auteur favori de Eichmann ». Elle répond à ceux qui dénoncent, dans la remise en cause de l'axiomatique

1. Luc Ferry, *Le nouvel ordre écologique*, Paris, Grasset, 1992 ; et Claudine Germe, *Des animaux et des hommes*, Paris, LGF, 1994. Voir aussi « Des "droits de l'homme" pour les grands singes ? Non, mais des devoirs envers eux, sans nul doute », *Le Débat*, 108, p. 163-167.

2. Jacques Derrida utilise ici le mot zoophilie dans son sens classique d'amour des animaux et non pas avec la signification que lui ont attribuée les sexologues de la fin du XIXe siècle : une relation sexuelle d'un humain avec un animal.

humaniste au sujet de l'animal, une « dérive déconstructionniste irresponsable[1]. »

Pour ma part, dans la partie encore inédite de ma conférence de Cerisy (« L'animal que je suis »), j'analyse de près (sans forcément y souscrire de bout en bout) un texte d'Adorno[2] qui prétend déchiffrer dans les notions kantiennes d'autonomie, de dignité (*Würde*) de l'homme, d'auto-destination ou d'auto-détermination morale (*Selbstbestimmung*), non seulement un projet de maîtrise et de souveraineté (*Herrschaft*) sur la nature, mais une véritable hostilité, une haine cruelle « dirigée contre les animaux » (*Sie richtet sich gegen die Tiere*). L'« insulte » (*schimpfen*) contre les animaux (« animal ! »), ou contre l'homme en tant qu'animal, ce serait un trait distinctif de l'« idéalisme authentique ».

Adorno va très loin dans cette direction. Il ose comparer le rôle que les animaux jouent virtuellement dans un système idéaliste au rôle que les Juifs jouent pour un système fasciste. Selon cette logique, maintenant bien connue, et qui d'ailleurs s'impose souvent de façon convaincante, on associerait à la figure de l'animal et du Juif celles de la femme et de l'enfant, voire du handicapé en général...

1. « Manque de chance pour ceux qui n'évoquent la *summa injuria* [allusion à une zoophilie nazie et au végétérianisme hitlérien] que pour mieux se moquer de la pitié envers la souffrance anonyme et muette, il se trouve que de très grands écrivains et penseurs juifs de ce siècle auront été obsédés par la question animale : Kafka, Singer, Canetti, Horkheimer, Adorno. Ils auront, par l'insistance de son inscription dans leurs œuvres, contribué à interroger l'humanisme rationaliste et le bien-fondé de sa décision. Des victimes de catastrophes historiques ont en effet pressenti dans les animaux d'autres victimes, comparables jusqu'à un certain point à eux-mêmes et aux leurs », *in* Préface aux *Trois traités pour les animaux,* Paris, POL, 1992, p. 71. (J.D.)

2. Theodor Adorno, *Beethoven, Philosophie der Musik, Fragmente und Texte,* Hrsg. von Rolf Tiedemenn, Francfort, Suhrkamp, 1993, p. 1323-124 (fr. 202). (J.D.)

E.R. : L'une des grandes figures du racisme, du sexisme et de l'antisémitisme a toujours été l'infériorisation de celui que l'on veut exclure de l'humain et sa stigmatisation en vertu de traits physiques qui le ramèneraient au monde de l'animalité. D'où, en effet, l'idée que le Juif serait plus « féminin » que le non-Juif, que la femme serait plus « animal » que l'homme, et enfin que le Noir serait plus « bestial » encore que tous les autres. L'idée que le handicapé serait « inférieur » à l'animal s'inscrit dans la droite ligne de ce genre de considérations.

Il me semble que l'on ne viendra jamais à bout de la pulsion de destruction, parce que, comme le souligne Freud, elle est inhérente à l'homme. Certes, il faut des interdits, sans lesquels aucune civilisation n'est possible. Mais, tout en luttant contre les violences, il faut savoir que l'on n'en viendra jamais à bout. L'interdiction de tuer l'animal me paraît impossible à mettre en œuvre dans nos sociétés, et ce n'est d'ailleurs pas souhaitable. D'une manière générale, il me semble que l'excès d'interdictions en tous genres génère souvent des violences que l'on n'attendait pas.

J.D. : Sans doute faudra-t-il toujours tuer des animaux. Et probablement des hommes aussi ! Même après l'abolition universelle de la peine de mort, si on y arrive un jour !

E.R. : Mais ce n'est pas la même chose. Peut-on mettre sur le même plan un tueur d'animaux et un meurtrier d'hommes ? Et, plus généralement, peut-on par exemple considérer qu'un zoophile (au sens de la sexologie) doit être puni par la loi au même titre qu'un pédophile ou qu'un violeur ? Il existe en droit une législation qui punit la maltraitance envers les animaux, et le droit français reconnaît même une notion de « personnalité juridique » aux animaux domestiques ou tenus en captivité, ce qui veut dire qu'ils pourraient avoir des droits et être défendus en cas d'abandon[1]. Mais je ne suis pas certaine que l'on puisse punir un humain pour des actes sexuels commis avec des animaux. Y a-t-il maltraitance dans *tous* les cas de zoophilie? Comment l'animal peut-il exprimer la violence qui lui est faite dans de tels cas?

J.D. : Kant exige qu'on trouve un moyen d'appliquer la loi du talion (impératif catégorique du droit de punir, selon lui, d'un droit de punir rationnel et intelligible *a priori*) à ceux qui sont coupables de « bestialité », non moins qu'à ceux qui violent ou pratiquent la pédérastie. Nous étudions ces textes de près dans mon séminaire sur la peine de mort. Cela ne veut pas dire qu'on tienne l'animal pour une victime. Il n'est pas lésé, lui, même si la dignité humaine ne sort pas indemne du commerce sexuel avec tel « animal ». Celui-ci n'est pas un sujet de droit (et donc de devoir) qui pourrait protester contre un « tort » et occuper la place du plaignant dans un procès.

Il y a pourtant un mot de Jeremy Bentham que j'aime souvent citer, et qui dit à peu près ceci : « La question n'est pas : peuvent-ils parler? mais peuvent-ils souffrir? » (*The question is not : can they speak? but can they suffer?*[2]). Car, oui, nous le savons et personne ne peut oser en douter. L'animal souffre, il manifeste sa souffrance. Nous ne pouvons pas imaginer qu'un animal ne souffre pas quand on le soumet à une expérimentation de laboratoire, voire à un dressage de cirque. Quand on voit passer un nombre incalculable de veaux élevés aux hormones, entassés dans un camion et envoyés directement de l'étable à l'abattoir, comment imaginer qu'ils ne souffrent pas? Nous savons ce qu'est la souffrance animale, nous la ressentons. En outre, avec l'abattage industriel, les animaux souffrent en beaucoup plus grand nombre qu'autrefois.

1. Jean-Pierre Marguénaud, « La personnalité juridique des animaux », *Recueil Dalloz*, 20e cahier, 1998, p. 205-211.

2. Jeremy Bentham, *An Introduction to the Principles of Morals and Legislation* (1789), Londres, The Athlone Press, 1970, p. 44.

E.R. : Vous partagez l'opinion d'Élisabeth de Fontenay. Mais comment faire pour concilier cette volonté de réduction de la souffrance animale avec la nécessité d'une organisation industrielle de l'élevage et de l'abattage qui permette aussi d'arracher tant d'humains à la famine ?

J.D. : Une grande désorganisation-réorganisation de la terre humaine est en cours. On peut en attendre le meilleur et le pire, bien sûr. Mais sans faire l'éloge d'un végétarianisme primaire, on peut rappeler que la consommation de la viande n'a jamais été une nécessité biologique. On ne mange pas de la viande simplement parce qu'on a besoin de protéines – et les protéines peuvent être trouvées ailleurs. Il y a dans la consommation de l'animal, comme dans la peine de mort d'ailleurs, une structure sacrificielle, et donc un phénomène « culturel » lié à des structures archaïques qui persistent et qu'il faut analyser. Sans doute ne cessera-t-on jamais de manger de la viande – ou, comme je le suggérais tout à l'heure, quelque substitut équivalent de chose carnée. Mais peut-être changera-t-on les conditions qualitatives, la quantité, l'évaluation de la quantité, ainsi que l'organisation générale du champ de l'alimentation. À l'échelle des siècles à venir, je crois à de véritables mutations dans notre expérience de l'animalité et dans notre lien social avec d'autres animaux.

E.R. : Vous pensez qu'il y a un excès ?

J.D. : Vous disiez que l'interdit excessif et hyperbolique produit des symptômes. De même, je crois que le spectacle que l'homme se donne à lui-même dans le traitement des animaux lui deviendra insupportable. Tous ces débats dont nous parlons en sont le signe annonciateur. Ce n'est plus supportable. Si vraiment on vous mettait tous les jours devant les yeux le spectacle de cet abattage industriel, que feriez-vous ?

E.R. : Je ne mangerais plus de viande ou je changerais de domicile. Mais je préfère ne rien voir, même si je sais que cette chose insupportable existe. Je ne pense pas que la visibilité d'une situation permet de mieux la connaître. Savoir n'est pas regarder.

J.D. : Mais si tous les jours passait sous vos yeux, lentement, sans vous laisser le temps de la distraction, un camion rempli de veaux sortant de l'étable pour aller à l'abattage, pourriez-vous encore, pendant longtemps, manger du veau ?

E.R. : Je déménagerais, mais vraiment, je crois que parfois, pour bien comprendre une situation et avoir le recul nécessaire, le mieux est de n'en être pas le témoin oculaire. Et puis, n'oublions pas que la gastronomie est partie intégrante de la culture ! La tradition culinaire française pourrait-elle se passer de viande ?

J.D. : Il y a d'autres ressources pour le raffinement gastronomique. La viande industrielle n'est pas le fin du fin en gastronomie. De plus en plus d'ailleurs, vous connaissez ce débat, certains préfèrent les bêtes élevées dans certaines conditions, dites plus « naturelles », sur certains prés, etc. Donc, au nom même de la gastronomie dont vous parlez, il faudra bien transformer les usages et les « mentalités ».

E.R. : La lutte de José Bové[1] contre la « mauvaise bouffe américaine » et contre McDonald's en particulier est peut-être un premier signe de ce changement. De même, l'affaire de la

1. Président de la Confédération paysanne, José Bové est le chef de file d'une lutte internationale contre la « mauvaise bouffe » liée à la globalisation de l'industrie agro-alimentaire et dont les restaurants McDonald's sont le symbole partout dans le monde.

maladie de la « vache folle[1] » devra nous inciter à d'inévitables transformations.

J.D. : Ne me demandez pas de souscrire inconditionnellement à ce qui se fait ou à ce qui se fera dans ce domaine, mais les signes comptent. Ils rappellent une mutation en cours.

E.R. : Pour en revenir à la question de l'animalité, je reste attachée à l'idée d'une certaine coupure entre l'animal et l'humain. Même s'il existe chez les grands singes des pratiques symboliques, des rituels, des attitudes d'évitement de l'inceste, toutes choses fascinantes, il me semble que la discontinuité demeure et qu'elle passe par le langage, par la conceptualisation. Toutes ces différences doivent, à mon sens, être rappelées, même si, comme le souligne Élisabeth de Fontenay, on peut, s'agissant des animaux, « leur présumer des mondes pouvant recouper celui des hommes[2] ». Qu'en pensez-vous ?

J.D. : J'ai parlé non seulement d'*une* coupure, mais de plusieurs coupures dans les grands modes de cultures « animales ». Loin d'effacer les limites, je les ai rappelées et j'ai insisté sur les différences et les hétérogénéités. Il y a une question d'échelle temporelle et historique dans la durée de ces phénomènes. Il faut la prendre en compte. Je crois comme vous qu'il y a une discontinuité radicale entre ce qu'on appelle les animaux – et en particulier les primates – et l'homme. Mais cette discontinuité ne peut pas nous faire

1. Il s'agit de l'encéphalopathie spongiforme bovine (ESB), ou maladie de Kreutzfeld-Jacob, qui s'est abattue sur les bovins élevés en Grande-Bretagne.

2. Élisabeth de Fontenay, « Pourquoi les animaux n'auraient-ils pas droit à un droit des animaux ? », art. cit., p. 153. Cf. aussi *Le silence des bêtes. La philosophie à l'épreuve de l'animalité, op. cit.* chapitre 19.

oublier qu'il existe entre différentes espèces d'animaux et d'organisations sociales du vivant d'autres discontinuités.

Dans la transformation du droit actuel, et tout en conservant l'axiomatique générale du droit humain, des progrès peuvent être faits pour l'aménagement des relations entre les hommes et les animaux dans le sens du respect maximal. À cet égard, l'évaluation ne peut être qu'*économique* (stratégie, dosage, mesure, le meilleur compromis). Je ne dis pas qu'il ne faut pas toucher à la vie animale, je dis qu'il ne faut pas, en alléguant la violence entre les animaux, dans la jungle ou ailleurs, se livrer aux pires violences, c'est-à-dire au traitement purement instrumental, industriel, chimico-génétique des vivants. Que ce traitement soit fait pour l'alimentation ou dans le cadre d'une expérimentation, il faut aménager des règles afin que l'on ne puisse pas faire n'importe quoi avec les vivants non humains.

Il faudra donc, peu à peu, réduire les conditions de la violence et de la cruauté envers les animaux, et, pour cela, sur une longue échelle historique, aménager les conditions de l'élevage, de l'abattage, du traitement massif, et de ce que j'hésite (seulement pour ne pas abuser d'associations inévitables) à appeler un *génocide*, là où pourtant le mot ne serait pas si inapproprié.

Quand j'ai abordé cette question aux États-Unis, à la Faculté de droit d'une université juive, j'ai utilisé ce mot de *génocide* pour désigner l'opération qui consiste, dans certains cas, à rassembler des centaines de milliers de bêtes chaque jour, pour les envoyer à l'abattoir et les tuer en masse après les avoir engraissées aux hormones. Cela m'a valu une réplique indignée. Quelqu'un a dit qu'il n'acceptait pas que je parle de génocide : « Nous savons ce qu'est le génocide. » Donc, retirons le mot. Mais vous voyez bien de quoi je veux parler.

À plus ou moins longue échéance, il faudrait limiter cette violence autant que possible, ne serait-ce qu'à cause de l'image qu'elle renvoie à l'homme de lui-même. Ce n'est pas la seule ni la meilleure raison, mais elle devra compter. Cette transformation prendra sans doute des siècles, mais, je le répète, je ne crois pas que l'on puisse continuer à traiter les animaux comme nous le faisons aujourd'hui. Tous les débats actuels signalent une inquiétude grandissante à ce sujet dans la société européenne industrielle.

Pour le moment, nous devons nous contenter d'aménager les règles du droit telles qu'elles existent. Mais il faudra un jour reconsidérer l'histoire de ce droit et comprendre que si les animaux ne peuvent pas relever de concepts comme ceux de citoyen, de conscience liée à la parole, de sujet, etc., ils ne sont pas pour autant sans « droit ». C'est le concept même du droit qui devra être « re-pensé ». En général, dans la tradition philosophique européenne dont nous parlons, on ne conçoit pas un sujet (fini) de droit qui ne soit pas un sujet de devoir (Kant ne voit que deux exceptions à cette loi : Dieu dont les droits sont sans devoir, et les esclaves, qui n'ont que des devoirs et non des droits). Il y va donc, encore une fois, des concepts hérités de sujet, de sujet politique, de citoyen, d'autodétermination souveraine et de sujet de droit...

E.R. : Et de conscience.

J.D. : Et de responsabilité, de parole et de liberté. Tous ces concepts (qui définissent traditionnellement le « propre de l'homme ») sont constitutifs du discours juridique.

E.R. : Ils ne peuvent donc pas s'appliquer aux animaux.

J.D. : On ne peut pas attendre des « animaux » qu'ils entrent dans un contrat expressément juridique où ils auraient, en échange de droits reconnus, des devoirs. C'est à l'intérieur de cet espace philosophico-juridique que s'exerce la violence moderne à l'égard des animaux, une violence à la fois contemporaine et indissociable du discours des droits de l'homme. Ce discours, je le respecte jusqu'à un certain point, mais je veux garder le droit, justement, d'interroger son histoire, ses présupposés, son évolution, sa perfectibilité. Aussi est-il préférable de ne pas faire entrer cette problématique des rapports entre les hommes et les animaux dans le cadre juridique *existant*.

C'est pourquoi, quelle que soit ma sympathie pour telle ou telle déclaration des droits des animaux tendant à les protéger contre la violence humaine, je ne pense pas que ce soit la bonne solution. Je crois plutôt à une approche progressive et lente. Il faut faire ce qu'on peut, aujourd'hui, pour limiter cette violence, et c'est en ce sens que la déconstruction s'engage : non pas pour détruire l'axiomatique de cette solution (juridique formelle), ou pour la discréditer, mais pour reconsidérer l'histoire du droit, du concept de droit.

E.R. : Il me semble qu'un progrès est en marche. Je pense notamment à la lutte contre la chasse et pour la préservation des espèces.

J.D. : Cette lutte est minoritaire. Je n'ai aucun goût pour la chasse, pour cette chasse-là, ni pour la corrida, mais je reconnais que du point de vue quantitatif, cela n'est rien à côté de la violence des abattoirs ou de l'élevage des poulets.

E.R. : Vous êtes contre la corrida?

J.D. : Oui, très méfiant, en tout cas, à l'endroit des désirs qui s'y engagent et des formes qu'ils se donnent.

E.R. : La corrida a pourtant inspiré de très beaux textes littéraires (ceux de Michel Leiris en particulier). Et puis le toréador risque sa vie dans l'arène. Il y a dans le principe de la corrida une lutte à mort, un tournoi, à égalité entre l'homme et l'animal, une sorte de survivance de l'époque de la chevalerie. C'est le contraire de la chasse ou de l'abattage.

Je ne pense pas que l'on doive interdire toutes les pratiques violentes à haut risque.

J.D. : Je n'ai pas dit que j'étais contre les textes de Leiris, mais contre le culte ou la culture de la corrida et autres choses semblables. Et puis je peux aimer ou admirer tels textes de Leiris sans cesser de me poser des questions sur le désir et l'expérience de Leiris lui-même, etc. Avec cette logique-là, sous prétexte que l'interdiction des violences peut conduire à l'émergence de nouvelles violences plus graves, par un effet pervers, on risque de laisser courir toutes les violences et de baisser les bras. Je pourrais vous donner beaucoup d'exemples qui vous inquiéteraient. Doit-on s'abstenir de condamner ou de dénoncer les violences racistes, antisémites, xénophobes ou sexistes sous prétexte que « refoulées » ici ou là, elles risquent de ressurgir de plus belle ailleurs ? Je ne dis pas que votre argument est sans valeur, mais on ne peut pas l'utiliser de façon systématique sans risquer de se paralyser devant quelque interdit que ce soit.

E.R. : J'ai toujours la crainte que l'on s'engage sur la voie de la construction d'une société hygiéniste, sans passions, sans conflits, sans injures, sans violences verbales, sans risque de mort, sans cruauté. Ce que l'on prétend éradiquer d'un côté, on risque toujours de le voir ressurgir là où l'on ne l'attend pas.

J.D. : Je crois comprendre et pouvoir partager votre crainte. Elle laisse entière la responsabilité à prendre quant au calcul des risques. Quelle qualité de violence peut-on ou doit-on tolérer, voire cultiver, pour éviter ce que vous appelez la « société hygiéniste », c'est-à-dire, si je vous entends bien, morte ou stérilisée ?

E.R. : Il m'arrive de penser par exemple que le droit à l'injure verbale est fondamental, et qu'il faut faire une différence entre ce que l'on peut dire, même publiquement, et ce que l'on peut écrire. D'autre part, même si je pense que des lois sont absolument nécessaires contre la diffamation, le racisme, l'antisémitisme, l'atteinte à la vie privée, etc. – elles existent, d'ailleurs, et en France, je les trouve bonnes –, il faut toujours viser à permettre, au maximum, l'expression des injures et des violences verbales. Pensons au blasphème par exemple, ou à la pornographie. Il faut à la fois faire respecter les lois limitatives et garantir la liberté d'expression la plus large[1].

J.D. : J'en suis d'accord. Mais il faut limiter autant que possible l'effet de censure des interdits légaux et lui préférer l'analyse, la discussion, la critique contre-offensive. L'espace public doit rester aussi ouvert que possible à la liberté d'expression. Je n'aime pas non plus l'image d'une société « bio », hygiéniste, aseptisée, stérilisée. C'est pour cela que j'ai commencé à dire que de toute façon, de la cruauté il y en a, il y en aura entre les vivants, entre les hommes.

E.R. : Et vous pensez que plus on limite, mieux c'est ?

J.D. : Dans ce domaine comme dans d'autres, la seule réponse est *économique* : jusqu'à un certain point, il y a toujours une mesure, une meilleure mesure à prendre. Je ne veux pas tout interdire mais je ne veux pas ne rien interdire. Je ne peux certes pas éradiquer, extirper les racines de la violence à l'égard des animaux, de l'injure, du racisme, de l'antisémitisme, etc., mais sous prétexte que je ne peux pas les éradiquer, je ne veux pas les laisser se développer sauvagement. Donc, selon la situation historique, il faut inventer la moins mauvaise solution. La difficulté de la responsabilité éthique, c'est que la réponse ne se formule jamais par un oui

1. Voir notre chapitre 7 : « De l'antisémitisme à venir ».

ou par un non, ce serait trop simple. Il faut donner une réponse singulière, dans un contexte donné, et prendre le risque d'une décision dans l'endurance de l'indécidable. Chaque fois, il y a deux impératifs contradictoires.

6

L'esprit de la Révolution

E.R. : *Spectres de Marx* est un livre auquel je suis d'autant plus sensible que vous touchez à un invariant qui m'est cher : la mélancolie de la Révolution. En 1989, j'ai publié un ouvrage, *Théroigne de Méricourt, une femme mélancolique sous la Révolution*[1], dans lequel, à travers le cas de cette femme, pionnière du féminisme en 1789 et qui a terminé sa vie internée à la Salpêtrière, j'ai essayé de montrer comment un effondrement subjectif, la plongée dans la folie, était lié à une situation historique : le passage de la Révolution à la Terreur. Bien entendu, je songeais alors à Louis Althusser, dont j'ai été très proche, et au destin de toute une génération de communistes qui, face au désastre du socialisme réel, voyaient s'effondrer leur idéal et étaient contraints de faire le deuil d'un engagement[2], sous peine de sombrer dans la mélancolie. Je suis revenue sur cette question dans *Pourquoi la psychanalyse?* en parlant de « société dépressive ».

Dans *Spectres de Marx*, dédié à Chris Hani, héros de la lutte contre l'apartheid et assassiné en tant que communiste[3],

1. Élisabeth Roudinesco, *Théroigne de Méricourt. Une femme mélancolique sous la Révolution*, Paris, Seuil, 1989.
2. Voir Élisabeth Roudinesco, *Généalogies, op. cit.*
3. Le livre porte en sous-titre : « L'état de la dette, le travail du deuil et la nouvelle Internationale ». On peut y lire : « Mais on ne devrait jamais parler de l'assassinat d'un homme comme d'une figure, pas

vous associez trois grandes « scènes » de la culture occidentale : celle où Hamlet se confronte au spectre de son père qui revient à *contretemps* pour réclamer vengeance et confier à son fils la mission de sauver le « monde du déshonneur » ; celle de la publication du *Manifeste du parti communiste,* à propos de laquelle vous commentez la fameuse phrase « Un spectre hante l'Europe : le spectre du communisme[1] » ; celle enfin de notre époque dominée par le spectre d'un communisme défait venant hanter l'avenir d'un monde unifié, celui de la globalisation et du triomphe de l'économie marchande, un monde en état de « catastrophe[2] », un monde « en phase maniaque », incapable de faire le deuil de ce qu'il prétend avoir mis à mort.

Semblable au roi assassiné qui dérange la vie d'Hamlet en marchant sur les remparts d'Elseneur, Marx est devenu un spectre pour notre société occidentale dépressive, laquelle ne cesse de clamer la mort de la Révolution sans parvenir, fort heureusement à mes yeux, à éradiquer *l'esprit* de la Révolution. Celui-ci sommeille en chacun de nous et plus on clame sa mort, plus il fait retour pour tourmenter ses adversaires (les

même une figure exemplaire dans une logique de l'emblème, une rhétorique du drapeau ou du martyr. La vie d'un homme, unique autant que sa mort, sera toujours plus qu'un paradigme et autre chose qu'un symbole. Et c'est cela même que devrait toujours nommer un nom propre [...] je rappelle que c'est un *communiste comme tel,* un *communiste comme communiste,* qu'un émigré polonais et ses complices, tous les assassins de Chris Hani, ont mis à mort il y a quelques jours, le 10 avril. Les assassins ont déclaré eux-mêmes qu'ils s'en prenaient à un communiste. »

1. Karl Marx et Friedrich Engels, *Manifeste du parti communiste* (1848), Paris, Éditions sociales, 1969 : « Un spectre hante l'Europe : le spectre du communisme. Toutes les puissances de la vieille Europe se sont unies en une Sainte-Alliance pour traquer ce spectre : le pape et le tsar, Metternich et Guizot, les radicaux de France et les policiers d'Allemagne. »

2. Jacques Derrida, *La contre-allée,* avec la collaboration de Catherine Malabou, Paris, La Quinzaine littéraire/Louis Vuitton, 1999, p. 63.

chantres du libéralisme), obsédés par la perte de leur ennemi. On a beau mettre en scène la mort du communisme, on a beau se réjouir de la mort définitive de Marx, le cadavre bouge encore et son spectre dérange le monde. Vous appelez « mélancolie géopolitique » l'état du monde et vous proposez d'effectuer une « psychanalyse du champ politique » afin d'analyser les « plaies » et les souffrances du nouvel ordre économique.

Vous choisissez Hamlet et pas Œdipe, c'est-à-dire la conscience *coupable* contre la conscience *tragique*, vous faites de la psychanalyse un instrument d'analyse politique d'un monde en ruines, et enfin vous rendez hommage, sans le dire explicitement, au dernier grand philosophe marxiste, Louis Althusser, qui a sombré dans la mélancolie.

J.D. : Une fois encore, je ne sais quel angle choisir parmi tous ceux que vous me proposez. Je prends au vol, je vole votre mot de *mélancolie*. Vous parliez alors d'Althusser. *Spectres de Marx* est peut-être aussi, en effet, un livre sur la mélancolie *en politique*, sur la politique de la mélancolie : politique et travail du deuil, quand ce qu'on appelle ainsi, « travail du deuil », réussit, ou ne réussit pas, quand il réussit mal ou paraît impossible. Depuis longtemps, je « travaille » moi-même au *deuil*, si je puis dire, ou me laisse travailler par la question du deuil, par les apories du « travail du deuil », sur les ressources et les limites du discours psychanalytique à ce sujet, et sur une certaine coextensivité entre travail en général et travail du deuil. Le travail du deuil n'est pas un travail parmi d'autres. Tout travail comporte cette transformation, cette idéalisation appropriante, cette intériorisation qui caractérise le « deuil ».

J'ai essayé d'en tirer quelques conséquences dans la situation géopolitique qui a suivi le séisme surnommé « effondrement » du modèle soviétique du communisme et ladite « mort de Marx ». Mais la « mélancolie » en question, ce « demi-échec» interminable et irréductible, cette conduite d'échec structurelle qui marque l'inconscient géopolitique de ce temps, je ne crois pas qu'il enregistre seulement le décès d'un certain modèle communiste. Il pleure, parfois sans larmes, et sans savoir, souvent dans les larmes et le sang, sur le cadavre du politique même. Il pleure le concept même du politique dans ses traits essentiels, et même dans les traits spécifiques de sa modernité (l'État-nation, la souveraineté, la forme-parti, la topologie parlementaire la mieux accréditée).

D'autre part, et je vous suis encore, sans qu'on puisse un seul instant expliquer l'une par l'autre, réduire l'une à l'autre, cette mélancolie du politique et ce que vous appelez la «mélancolie» d'Althusser restent deux histoires inextricablement enchevêtrées. Vous le rappeliez, nous avons été très proches, pendant près de quarante ans, Althusser et moi. Nous fûmes liés d'une certaine manière qui me reste encore, dans ce cas comme dans celui d'autres grands amis, parmi les plus chers, énigmatique. Liens d'amitié, certes, fidèles, et le plus souvent affectueux, voire tendres, mais parfois (de son côté, je dois à la vérité de le dire) non dénués d'agressivité, liens qui se nouèrent en profondeur au-delà du souci ou des prises de parti *politiques*, ou du moins des prises de parti déchiffrables dans le code courant du politique; car je crois que dans ce qu'elle avait de plus secret, de plus méconnaissable, du point de vue du langage politique courant, ou, comme on dit, «dominant», notre alliance était *aussi* politique. Certains des textes publiés après sa mort me paraissent l'attester. Je ne les connaissais pas, la plupart de ces textes. Ils disent tout cela mieux que je ne le ferais ici en improvisant. Et puis nous avons été collègues[1]. Nous avons habité, de façon tout aussi insolite, comme des passants patients et impatients, comme des hôtes parfois indésirables, comme une mauvaise conscience spectrale, la même étrange

1. À l'École normale supérieure de la rue d'Ulm.

« rue d'Ulm », avec ses élèves et ses lieux communs – pendant une vingtaine d'années. (Qui écrira jamais, sans céder à aucun socio-académisme, l'histoire de cette « maison » et de ses filiations ? Tâche presque impossible mais indispensable pour commencer à comprendre bien des « logiques » de la vie intellectuelle française de ce siècle.) Sans parler de ce qui a continué de nous réunir, Althusser et moi, pendant les dix dernières années terribles de sa vie. Il y faudrait plus d'un livre. Mais pour revenir à votre suggestion, il est vrai que j'ai pu faire, enfin, dans *Spectres de Marx*, un geste dont j'avais cru devoir m'abstenir auparavant. Pendant des années, pour des raisons qui deviennent mieux lisibles dans ce livre (bien qu'elles le fussent déjà autrement), je ne pouvais ni souscrire au geste althussérien (un certain retour à Marx), ni le dénoncer ou le critiquer depuis un lieu qui eût été celui de l'anticommunisme, de l'antimarxisme ou même celui du parti communiste.

J'ai donc été longtemps comme réduit au silence, un silence assumé aussi, presque choisi, mais un peu douloureux devant ce qui se passait tout près de moi. J'ai sans doute été le contemporain, et le témoin très proche, un témoin qu'on aurait tort de dire « passif » de cette aventure, mais je ne dirais pas que *Spectres de Marx* a été déterminé par la fin de cette séquence, ou encore moins par la fin de Louis Althusser. Le lien entre ces histoires, entre ces « fins d'histoire » (sinon ces « fins-de-l'histoire »), j'essaie d'en rendre compte dans de longues notes de *Spectres de Marx* sur la déconstruction, le marxisme et la psychanalyse, sur les motifs de la « fin » (« fin de la philosophie », « fin de l'histoire », etc.) qui dominaient toute une configuration des années 1950-1960, sur une certaine manière de tenter une approche psychanalytique du travail de deuil en politique.

Pourquoi la figure de Hamlet ? D'abord, j'ai privilégié dans *Hamlet* la séquence du rapport au spectre et au temps : *The time is out of joint.*

E.R. : Le temps est hors de ses gonds[1].

J.D. : Comme s'il s'agissait de partir, si l'on peut dire, de l'impossibilité de penser, ou plutôt de « concevoir » le contemporain, la synchronie : le temps est disjoint. Il y a en même temps plus d'un temps dans le temps du monde (« *time* », ici, c'est aussi l'histoire, le monde, la société, l'époque, *les temps* qui courent, etc.). Ce motif de la disjonction commande beaucoup de choses dans ce livre, et en particulier l'idée de justice. *Spectres de Marx* est peut-être d'abord un livre sur la justice, sur une justice qui ne se confond pas avec une harmonie, une proportion, un ordre. Dans *Force de loi* [2], j'avais insisté sur l'irréductibilité de la justice au droit. Là, je propose ainsi une déconstruction du concept heideggerien de justice. Cette proposition se propage partout, même si elle n'est pas très visible au premier plan : mise en cause, donc, de l'interprétation par Heidegger de la *diké*, de la *justice* comme harmonie.

Le geste de Heidegger m'importe là où il tente, disons à juste titre, de penser le juste en deçà ou au-delà du juridisme et du droit romain. Mais je m'inquiète quand son interprétation détermine ou arrête cette pensée du juste ou de la justice (*Dikè*) comme l'accord, l'ajointement, ou le réajointement (*der fugend-fügende Fug*) d'une injustice (*Adikia*) qui serait,

1. La réplique surgit au cours du dialogue entre Hamlet et le spectre. La figure du père apparaît sur les remparts d'Elseneur et dit au prince : « Venge-moi. » Hamlet se maudit d'avoir pour mission de remettre le monde à l'endroit : « De tout mon cœur, je m'en remets à vous/Et tout ce qu'un pauvre homme tel qu'Hamlet/Pourra vous témoigner d'amitié et d'amour/Vous l'aurez, Dieu aidant. Rentrons ensemble/Et vous, je vous en prie, bouche cousue./ Le temps est hors de ses gonds. Ô sort maudit/Qui veut que je sois né pour le rejointer ! » William Shakespeare, *Hamlet* (1601), traduction d'Yves Bonnefoy, Paris, Gallimard, 1957 (acte 1, scène V). *Out of joint* aura été traduit par : 1) le temps est hors de ses gonds ; 2) le monde est à l'envers ; 3) le temps est détraqué ; 4) cette époque est déshonorée. Cf. *Spectres de Marx*, p. 43 *sq.*

2. Jacques Derrida, *Force de loi*, Paris, Galilée, 1994.

elle, désajointée, disjointe, *out of joint (aus den Fugen, Un-Fug)*. Un tel réajointement revient, selon Heidegger, qui justement y tient, à penser la justice à partir de l'être comme présence (*als Anwesen*), c'est-à-dire, comme toujours chez Heidegger, à partir du *logos* ou du *legein*, d'une force de rassemblement (*Versammlung*) et d'accord. Il me semble au contraire qu'au cœur de la justice, de l'*expérience du juste*, une disjonction infinie réclame son droit, et le respect d'une irréductible dissociation : pas de justice sans interruption, sans divorce, sans rapport disloqué à l'altérité infinie de l'autre, sans expérience criante de ce qui reste à jamais *out of joint*[1].

L'intérêt que je porte dans ce livre à la figure de Hamlet, comme à son expérience « spectrale », il se trouve aussi appelé par le privilège de la relation père/fils, par cette *installation* masculine de la différence sexuelle. Problématique de la différence sexuelle, analyse de ce puissant privilège, de ce privilège du pouvoir même, de ce privilège de la loi comme autorité du père, tout cela communique, à travers tout le livre, avec les scènes de famille, la guerre des frères ou des fils devant l'héritage du père (Marx/Stirner, « le mauvais frère » ou le « mauvais

1. Cf. *Spectres de Marx*, notamment p. 49-57. « Au-delà du droit, et plus encore du juridisme, au-delà de la morale, et plus encore du moralisme, la justice comme rapport à l'autre ne suppose-t-elle pas au contraire l'irréductible excès d'une disjointure ou d'une anachronie, quelque *Un-Fuge*, quelque dislocation "*out of joint*" dans l'être et dans le temps même, une disjointure qui, pour risquer le mal, l'expropriation et l'injustice (*adikia*) contre lesquels il n'est pas d'assurance calculable, pourrait seule *faire justice* ou *rendre justice* à l'autre comme autre ? Un *faire* qui ne s'épuiserait pas dans l'action et un *rendre* qui ne reviendrait pas à restituer ? [...]. Ici [...] se jouerait le rapport de la déconstruction à la possibilité de la justice [...]. Ici s'annoncerait toujours la déconstruction comme pensée du don et de l'indéconstructible justice, la condition indéconstructible de toute déconstruction, certes, mais une condition qui est elle-même *en déconstruction* et reste, et doit rester, c'est l'injonction, dans la disjointure de l'*Un-fug* » (« Injonctions de Marx », p. 55-56). (J.D.)

fils» de Hegel par exemple[1]), la question du fétichisme et du «sexe du fétiche»[2].

Hamlet, c'est aussi la machine du refoulement en politique. La spectralité commande non seulement la problématique du deuil, mais celle de la technique, des médias, de la réalité virtuelle et donc de la prise en compte, dans la réflexion psychanalytique et politique, d'une logique générale de la spectralité.

On ne peut pas prétendre rendre raison d'une réalité politique sans prendre en compte cette virtualité spectrale. J'analyse tous les *fantômes*, et en particulier la manière dont Marx lui-même a voulu *chasser* le fantôme (le traquer et l'éloigner *à la fois*), quand il rappelle à la société européenne combien elle redoute le spectre du communisme. Dans son débat avec Max Stirner[3], il reproduit la crainte panique devant la spectralité, et sa critique de l'idéologie est aussi une critique du revenant.

J'ai essayé non seulement d'être fidèle à un concept retors de l'héritage, mais à l'un des «esprits de Marx», un esprit inspiré par une idée de justice irréductible à tous les échecs du communisme. Ce livre a été écrit peu après la chute du mur de Berlin, mais je me suis toujours refusé à symétriser le totalitarisme nazi et le totalitarisme soviétique. Et cela, même si je crois que le *goulag*, figure de la violence soviétique, égale au moins la barbarie nazie.

J'ai vu récemment aux États-Unis une sorte de documentaire qui montre un groupe de Russes émigrés en France pendant la Révolution. Rappelés par le régime soviétique

---

1. *Ibid.*, p. 197 *sq.*
2. *Ibid.*, p. 265, par exemple.
3. Max Stirner (1806-1856). Philosophe allemand de la gauche hégélienne, auteur d'un livre, *L'unique et sa propriété* (1844), Lausanne, L'Âge d'homme, 1972, qui sera attaqué avec véhémence par Marx dans *L'idéologie allemande* (1845), Paris, Gallimard, Bibliothèque de la Pléiade, 1982, *Œuvres complètes*, vol. III, p. 1037-1325.

(dans les années 1980, je crois) sous un prétexte fallacieux, ils sont invités à se réinstaller dans leurs pays où de belles promesses leur sont prodiguées, et ils ont d'ailleurs envie de revenir. Ils sont alors pris dans des traquenards épouvantables. Victimes des pires perversions policières, ils finissent tous au *goulag*.

Mais si je crois qu'il ne faut pas céder à la symétrisation, ce n'est donc pas pour signifier que le *goulag* serait moins « grave » que la *Shoah*. La comparaison cesse d'être juste à partir du moment où l'on prend en compte un fait indéniable et massivement évident : à l'idée communiste, à l'idéal de justice qui a guidé et inspire encore tant d'hommes et de femmes communistes, tous étrangers à quoi que ce soit du genre « goulag », on ne fera jamais correspondre, en parallèle, en analogue ou en équivalent, voire en opposé comparable le moindre « idéal » nazi de la « justice ». Qu'on respecte ou non, d'un respect éthique ou politique, ce que j'appelle ici un peu vite un « idéal de justice », on *doit absolument* reconnaître ce qui, en essence, sépare cet « idéal » « communiste » de ce qui aura mis en mouvement le nazisme. Une fois qu'on aura assumé ce devoir absolu, devoir de la pensée qui est elle-même « justice », alors on pourra compliquer les choses et se poser toutes les questions requises sur le sens et l'histoire de cette « idée », de cet « idéal », sur l'histoire comme histoire de l'idée, sur l'histoire de l'histoire et du communisme, et autres questions fondamentales du même genre. Ce serait là une autre phase et une autre face du même devoir absolu.

E.R. : Je suis d'accord en tous points avec vous et nous devons donc être vigilants face à tous les historiens qui prétendent établir l'équivalence des deux idées en réduisant d'ailleurs le communisme au stalinisme. Au départ, le communisme n'a pas le même projet que le nazisme qui vise d'emblée à la destruction génocidaire.

J.D. : Du côté « communiste », le mal totalitaire a pris la forme, terrifiante il est vrai, d'une *corruption* du projet – ou de « l'idéal ». Mais la corruption d'un dessein n'est pas le dessein, même dans l'hypothèse où le dessein se serait laissé originairement pervertir. Le totalitarisme nazi, au contraire, ce fut le dessein même *comme* perversion, la perversion accomplie. Quelque question que je continue de devoir me poser à ce sujet, mon respect est donc intact pour l'« idée » communiste (je le marque dans *Spectres de Marx* avec la nécessité d'une critique déconstructive inlassable de la logique capitalistique). Les questions qui demeurent, même les plus radicales et les plus inquiètes, les plus nécessaires, sont d'un autre ordre que celles qui concerneraient le mal nazi, l'énigme « nazie ». La dissymétrie n'est pas, hélas, entre les faits et les déchaînements de la cruauté ; elle est ailleurs, dans l'interprétation d'un *ailleurs à venir* (appelez cela comme vous voudrez, pour l'instant, idéologie, idéal, idée, etc.).

Même à l'époque où j'étais plus que réservé devant le Parti communiste comme devant certains de ceux qui tentaient de rompre avec lui, j'ai toujours – et c'est ce qui m'a réduit au silence –, respecté, j'oserais dire partagé, à ma manière (inquiète et réservée) cet idéal.

Mais si l'on veut sauver la Révolution, il faut transformer l'idée même de Révolution. Ce qui est périmé, vieilli, ridé, impraticable, pour mille raisons, c'est un certain théâtre révolutionnaire, un certain processus de prise de pouvoir auquel on associe en général les Révolutions de 1789, de 1848 et de 1917. Je crois à la Révolution, c'est-à-dire à une interruption, à une césure radicale dans le cours ordinaire de l'Histoire. Il n'existe pas de responsabilité éthique, d'ailleurs, ni de décision digne de ce nom qui ne soit, par essence, révolutionnaire, qui ne soit en rupture avec un système de normes dominant, voire avec l'idée même de norme, et donc d'un savoir de la norme qui dicterait ou programmerait la décision. Toute responsabilité est révolutionnaire, puisqu'elle cherche à faire l'impossible, à interrompe l'ordre des choses à partir d'événements non programmables. Une Révolution ne se programme pas. D'une certaine façon, comme le seul événement digne de ce nom, elle excède tout horizon possible, tout *horizon du possible* – donc de la puissance et du pouvoir.

E.R. : Le destin des révolutionnaires de 1793 est fascinant. Tout se passe en effet comme si progressivement, dans ce temps non programmable, ils prenaient conscience, sans pouvoir arrêter la machine, que la Terreur finirait par les atteindre à leur tour. Ces hommes sont des héros qui, à partir du moment où ils commettent le régicide, se savent condamnés au même sort que le souverain auquel ils ont coupé la tête. Ils savent qu'ils vont mourir de cette mort violente qu'ils mettent en œuvre avec la guillotine pour accoucher d'une nouvelle société dont on rêve qu'elle sera juste et moins violente. Mais ils sont en même temps déterminés par un destin qui leur échappe et dont ils ne savent rien.

L'image la plus représentative de cette épopée, c'est la simultanéité entre la manière dont la Convention vote les lois les plus modernes, fondatrices de la République, alors que la guillotine fonctionne à plein à deux pas de l'Assemblée. Il y a bien une logique dans cette histoire, mais une logique non calculable, une logique du projet révolutionnaire dont on trouve par exemple la trace dans cette fameuse phrase de Bertrand Barrère que je cite souvent à propos de la création de l'asile (23 messidor an II) : « Mettez donc au-dessus de la porte des asiles des inscriptions qui annoncent leur disparition prochaine, car, si la Révolution finie, nous avons encore des malheureux parmi nous, nos travaux révolutionnaires auront été vains. » Il s'agit ainsi de penser la fin de l'enfermement asilaire au moment même où l'on invente l'asile qui n'est lui-même que le projet anticipé de sa propre fin. Tout l'esprit de la Révolution est contenu dans ces mots. En ce sens, contrairement à ce que dit François Furet, la Terreur n'est pas déjà contenue dans 1789 et 1793 n'est pas, par anticipation, une sorte de préfiguration de la révolution d'Octobre (1917). Il y a d'ailleurs de très belles pages de Michelet à ce sujet[1].

J.D. : Il faudrait ici relire (autrement), sur la Terreur, le texte de Maurice Blanchot dans *La part du feu* [2], « La littérature et le droit à la mort ». Ce texte est à la fois fort et fort équivoque. Il fut écrit, date lourdement signifiante, en 1947-1948, un siècle après le cri de Victor Hugo contre la peine de mort, et l'année même où une nouvelle Déclaration universelle des droits de l'homme proclamait le droit à la vie (sans condamner explicitement la peine de mort, pour ne pas heurter la souveraineté des États). Dans mon séminaire sur la peine de mort, j'en propose une double lecture, aussi minutieuse et exigeante que possible. Je ne peux la reconstituer ici dans tous ses plis, il y faudrait des heures. En un mot, dans une logique dont le principe appartient à une tradition à la fois kantienne et hégélienne, Blanchot associe l'idée même du droit à la nécessité ou à la possibilité de la peine de mort, et même (de façon cette fois non kantienne) de la Terreur[3]. Sans réduire la forte singularité de ce texte, il faut

1. François Furet, *Penser la Révolution française,* Paris, Gallimard, 1978. Jules Michelet, *Histoire de la Révolution française,* Paris, Gallimard, Bibliothèque de La Pléiade, 1952, 2 volumes.

2. Maurice Blanchot, *La part du feu,* Paris, Gallimard, 1949.

3. « Tel est le sens de la Terreur. Chaque citoyen a pour ainsi dire droit à la mort : la mort n'est pas sa condamnation, c'est l'essence de son droit ; il n'est pas supprimé comme coupable, mais il a besoin de la mort pour s'affirmer citoyen et c'est dans la disparition de la mort que la liberté le fait naître. En cela, la Révolution française a une signification plus manifeste que toutes les autres. La mort dans la Terreur n'y est pas le seul châtiment des factieux, mais, devenue l'échéance inéluctable, comme voulue, de tous, elle semble le travail même de la liberté dans les hommes libres. Quand le couteau tombe sur Saint-Just et sur Robespierre, il n'atteint en quelque sorte personne. La vertu de Robespierre, la rigueur de Saint-Just, ne sont rien que leur existence déjà supprimée, la présence anticipée de leur mort, la décision de laisser la liberté

aussi y reconnaître l'héritage croisé de Sade et de Mallarmé, là où la question de la littérature se déploie dans cet espace révolutionnaire. L'essence de la littérature, son origine ou sa possibilité, ce serait aussi ce droit à la mort, d'où le mouvement proprement révolutionnaire de la littérature, d'où l'analogie entre l'acte littéraire, « le Dernier Acte », et l'action révolutionnaire[1]. N'oublions pas que tout cela communique avec un immense éloge de Sade, « écrivain par excellence », homme de « toutes les contradictions », celui qui a senti, plus « vivement » que tout autre, que « la souveraineté était dans la mort », et celui dont l'œuvre « jouit d'elle-même comme de l'absolue souveraineté ». Blanchot nomme ici la « cruauté », la « folie » et le « sang »[2]. Mais n'oublions pas non plus, et cela reste à penser, que Sade était pourtant opposé à la peine de

---

s'affirmer complètement en eux et nier, par son caractère universel, la réalité propre de leur vie. Peut-être font-ils régner la Terreur. Mais la Terreur qu'ils incarnent ne vient pas de la mort qu'ils donnent mais de la mort qu'ils se donnent » (*ibid.*, p. 322-323). (J.D.)

1. « Moments fabuleux en effet : en eux parle la fable, en eux la parole de la fable se fait action. Qu'ils *tentent* l'écrivain, rien de plus justifié. L'action révolutionnaire est en tous points analogue à l'action telle que l'incarne la littérature : passage du rien à tout, affirmation de l'absolu comme événement et de chaque événement comme absolu [...]. L'écrivain se reconnaît dans la Révolution. Elle l'attire parce qu'elle est le temps où la littérature se fait histoire. Elle est sa vérité. Tout écrivain qui, par le fait même d'écrire, n'est pas conduit à penser : je suis la révolution, seule la liberté me fait écrire, en réalité n'écrit pas [...]. La littérature se regarde dans la révolution, elle s'y justifie, et si on l'a appelée Terreur, c'est qu'elle a bien pour idéal ce moment historique, où "la vie porte la mort et se maintient dans la mort même" pour obtenir d'elle la possibilité et la vérité de la parole » (*ibid.*, p. 322-324). Dans ce langage hegeliano-mallarméen, Blanchot décrit ici une *tentation*, et c'est pourquoi je souligne le mot « tentent ». Blanchot parle ici de ce qu'il appelle, à la page précédente, « une autre tentation ». Pour être juste avec la redoutable équivocité de ce texte, il faut prendre en considération le statut et la destinée de telles « tentations », celles de Blanchot et celles qu'il analyse. J'essaierai de le faire ailleurs. (J.D.)

2. *Ibid.*, p. 324.

mort. C'est Lacan qui, justement, le rappelle, en y voyant, en y clairvoyant, dirais-je, dans une ellipse, le refus d'un certain christianisme[1].

E.R. : Robespierre aussi était hostile à la peine de mort[2].

J.D. : Et Saint-Just. Blanchot ne s'intéresse pas à cette mutation à l'intérieur de la Révolution. Avant la Révolution, et encore au début de la Constituante, Robespierre s'élève contre la peine de mort, puis il vote la mort du roi. La question de la Terreur reste donc plus ouverte que jamais. Mais au début, tout cela était imprévisible pour les acteurs. À la différence de Robespierre, Kant, lui, critique Beccaria[3] et reste un partisan inconditionnel de la peine de mort – mais justement à l'exception absolue de ce qui touche au souverain. Nous voyons ainsi se dessiner un véritable chiasme entre ces deux figures, Kant et Robespierre, une inversion presque symétrique des trajectoires et des logiques (je l'étudie dans mon séminaire).

Après avoir écrit publiquement, encore au début de la Constituante, qu'il était hostile à la peine de mort en général, Robespierre s'est converti, si l'on peut dire, à la peine de mort, au moment de condamner et de faire exécuter le monarque « dans les formes » (ce qui paraît inadmissible à

1. « [...] Sade n'est pas assez voisin de sa propre méchanceté, pour y rencontrer son prochain. Trait qu'il partage avec beaucoup, et avec Freud notamment. Car tel est bien le seul motif du recul d'êtres, avertis parfois, devant le commandement chrétien.

Chez Sade, nous en voyons le test, à nos yeux crucial, dans son refus de la peine de mort, dont l'histoire suffirait à prouver, sinon la logique, qu'elle est un des corrélats de la Charité », Jacques Lacan, « Kant avec Sade », in *Écrits*, *op. cit.*, p. 789. (J.D.)

2. Voir notre chapitre 10 : « Peines de mort ».

3. Cesare Beccaria (1738-1794). Philosophe et économiste italien, auteur d'un traité intitulé *Des délits et des peines* (1764). Il fut à l'origine de la réforme du droit pénal en Europe (Paris, GF-Flammarion, 1991).

Kant, et plus injustifiable qu'un assassinat du souverain). La suite, ce fut non seulement la Terreur et les charrettes, mais la remise de l'abolition à plus tard, à près de deux siècles plus tard (!), par la Convention, en 1795 (le 26 octobre, 4 Brumaire an IV) : « À partir du jour de la publication de la paix générale, la peine de mort sera abolie dans la République française. »

On retrouve ici la grande question de la cruauté. Au début de l'Assemblée constituante, on pouvait croire que l'abolitionnisme allait triompher. Il était majoritaire dans les comités de constitution et de législation criminelle. Les Constituants connaissaient bien la question, ils étaient souvent lecteurs de Beccaria. Parmi eux, Robespierre, qui est un éloquent abolitionniste. Il déclare en effet que la peine de mort est essentiellement injuste, qu'elle n'est pas la plus répressive ou la plus efficace des peines, et qu'elle multiplie les crimes beaucoup plus qu'elle ne les prévient.

Logique et leçon bien apprise de Beccaria. L'allusion à la *cruauté* de la peine de mort est parfois littérale. Après avoir évoqué les erreurs judiciaires, « tristes témoignages de la barbare témérité de vos lois pénales », Robespierre l'abolitionniste ajoute : « Gardez-vous de confondre l'efficacité des peines avec l'excès de la sévérité [...]. Tout seconde les lois modérées ; tout conspire contre les lois cruelles. » Et la peine de mort, pour lui, est la peine la plus cruelle. « L'excès de la sévérité » est « cruel ». La cruauté vient d'un excès de sévérité. Elle est la sévérité excessive.

Mais après une longue discussion, le procès-verbal de la Constituante archive le maintien de la peine de mort – décision prise « presque à l'unanimité » : « La question principale mise aux voix, l'Assemblée décide presque à l'unanimité que la peine de mort ne sera pas abrogée. »

Après quoi, on limite, si c'est une limite, à 32 les cas de peine de mort dans le Code de 1791, autour de deux grands types de délit : attentat contre la chose publique, attentat contre les personnes et les biens de particuliers, le progrès consistant à condamner la torture et à limiter la peine de mort à la simple privation de la vie (sans souffrance cruelle ! et c'est tout le discours sur la guillotine, peine douce et égalitaire, plus démocratique que la torture) : « Tout condamné à mort aura la tête tranchée. »

N'oublions pas que, après l'exécution du roi « dans les formes », le lendemain même, Condorcet ose proposer encore l'abolition de la peine de mort, l'abolition partielle, il est vrai, et non politique. Il le fait sans retard après l'exécution du roi, comme si, double hypothèse, *ou bien* le traumatisme, voire le remords inconscient avait été encore assez vif et intense pour que Condorcet espère être entendu (on pense aux fils et aux frères de la horde primitive après la mise à mort du père), *ou bien*, mais les deux hypothèses ne sont pas contradictoires, la mort du souverain ayant accompli l'essentiel du parricide, on pouvait désormais se passer de la peine de mort. Logique profonde. Elle donne à penser, car de cette Révolution et de cette Terreur, qui ne va pas tarder à suivre, on date les premières Déclarations des droits de l'homme. Et c'est cette Révolution que Kant célébrera justement au nom de l'idée du droit et des idées des droits de l'homme dont l'âme est « pleine ».

Au lendemain de l'exécution du roi, Condorcet avance prudemment : « Abolissez la peine de mort pour tous les délits privés, en nous réservant d'examiner s'il faut la conserver pour les délits contre l'État. » Proposition refusée comme d'autres analogues, chaque année, en 1793, en 1794, en 1795. Le Tribunal révolutionnaire de Paris et les tribunaux spéciaux hors de Paris font exécuter plus de 17 000 condamnés à mort. Il y eut aussi des exécutions hors « des formes », dirait Kant, sans jugement, et on parle de 35 000 à 40 000 personnes exécutées ou assassinées sans jugement.

Révolution dans la Révolution, donc, et l'exemple de Victor Hugo atteste une exigence de discernement entre plus d'un sens et plus d'un temps de ladite Révolution française[1]. Quand il s'élève contre la peine de mort, si souvent et avec tant d'éloquence, il le fait toujours au nom du « Tu ne tueras point » ou de l'« inviolabilité de la vie humaine », mais aussi au nom des *Évangiles contre l'Église*, mais aussi au nom de la Révolution, de l'*esprit de la Révolution*, contre la Terreur[2]. Il ne propose pas seulement d'élever une statue à Beccaria (« Élever une statue à Beccaria, c'est abolir l'échafaud[3] »), il divise le temps même de la Révolution. La Révolution est une, dit-il, mais n'est pas une. On n'a pas le droit de la traiter comme un bloc indivisible. C'est la Convention qui, tout en inaugurant la Terreur, aura instauré la guillotine, mais c'est cette même Convention qui annonce que « À partir du jour de la publication de la paix générale, la peine de mort sera abolie dans la République française ». Formule extraordinaire. Qu'est-ce que c'est que ce temps-là ? On peut dire, d'une certaine manière, comme je le suggérais il y a un instant, que tout cela a pris des siècles.

Actuellement, une certaine paix est établie en Europe post-révolutionnaire, dans cette Europe dont rêvaient les révolutionnaires. Mais cela confirme que la peine de mort est abolie non pas tant pour des raisons de principe pur (celles auxquelles Kant, nous devrions en reparler, prétend sans cesse reconduire le débat, et seul contre tous ceux qui, pour ou contre la peine de mort, invoquent toujours des raisons d'utilité ou d'inutilité, de sécurité ou d'exemplarité dissuasive, selon une logique des moyens et des fins, etc.), mais parce qu'elle ne serait plus « ni utile ni nécessaire ».

---

1. Lors d'un débat à l'Assemblée en 1848, Victor Hugo avait déclaré à propos de la peine de mort en matière politique : « L'abolition doit être simple, pure et définitive. »

2. Cf. en particulier ses *Écrits sur la peine de mort,* Arles, Actes Sud, 1979-1992, pp. 13, 99, 247.

3. *Ibid.,* p. 219.

C'est le mot et c'est la logique de Beccaria[1], qui s'opposait à la peine de mort de façon en somme assez équivoque, voire utilitariste. Il la tenait aussi pour insuffisamment cruelle, moins cruelle en tout cas et donc moins dissuasive que la peine de travaux forcés à perpétuité. Cette équivoque n'est pas levée, il y en a tant d'autres encore et un discours abolitionniste de pur principe reste à élaborer (c'est ce que je tente de préparer dans mon séminaire, après avoir pris acte du fait hautement signifiant qu'aucun discours philosophique *en tant que tel*, et dans sa systématicité philosophique, n'avait jamais condamné la peine de mort).

Une « déconstruction » de ce qui est le plus hégémonique en philosophie devrait donc passer par la « déconstruction » de la peine de mort, de tout ce dont elle est solidaire – à commencer par un certain concept de la souveraineté –, de tout son échafaudage (comme du discours sur ce qu'on appelle « l'animal »). Car d'une certaine manière, c'est après avoir atteint un certain état de sécurité et de pacification que l'Europe abolit, prétendument pour des raisons de principe, la peine de mort. Actuellement, aucun pays ne peut entrer dans la Communauté européenne s'il ne suspend pas la peine de mort. Nous devrons reparler des États-Unis, je suppose[2]. Ce sont ces durées (à la fois très longues et très courtes, selon l'échelle choisie, mais y a-t-il une échelle pour la mort ?) qu'il faut étudier dans leur enchevêtrement.

E.R. : Freud n'avait aucune sympathie pour la Révolution française, alors qu'il admirait Cromwell et que dans *Totem et tabou*, il affirme qu'à l'origine de toute société, il y a un acte

1. Cesare Beccaria, *Des délits et des peines*, *op. cit.*, § XXVIII, « De la peine de mort », p. 126 (« Mais si je prouve que cette peine n'est ni utile ni nécessaire, j'aurai fait triompher la cause de l'humanité »). Robert Badinter a écrit une belle préface à ce livre et placé cette phrase en exergue à son dernier ouvrage, *L'abolition*, Paris, Fayard, 2000. (J.D.)

2. Voir notre chapitre 7 : « Peines de mort ».

de meurtre, un acte réel et nécessaire de meurtre du père, suivi d'une sanction permettant la revalorisation symbolique de la place du père. Par ailleurs, il était abolitionniste et il a chargé Theodor Reik de s'en expliquer pour lui. J'ai remarqué qu'il a pris le risque de condamner la peine de mort, non pas comme citoyen, mais au nom de la psychanalyse, en l'engageant *en tant que telle*, ce que les philosophes n'ont pas fait d'après vous. Par ailleurs, dans le procès de Louis XVI, on « suspend la justice ». Il ne s'agit pas de juger le roi, dit Robespierre, mais de l'exécuter[1]. Il me semble que le régicide est nécessaire pour que vienne ensuite l'abolition.

J.D. : Deux discours concurrents s'autorisèrent à justifier ce régicide. L'un consiste à tenir le roi pour un ennemi de la nation : cet étranger, on le supprime alors, on le « raccourcit », comme on tue à la guerre le soldat d'un autre pays belligérant. La Révolution est une guerre qui protège son État-nation. Selon l'autre discours, la Révolution étant en cours ou ayant déjà eu lieu, Louis Capet devait être jugé comme un citoyen français parmi d'autres. Traître à son pays, ce citoyen méritait la mort. Les deux logiques ne se ressemblent pas.

1. Sigmund Freud, *Totem et tabou. Quelques concordances entre la vie des sauvages et celle des névrosés* (1913), Paris, Gallimard, 1993. Et Theodor Reik, *Le besoin d'avouer* (Vienne, 1926-1928, New York, 1958), Paris, Payot, 1973. « Si l'humanité continue à dénier, déclare Freud, à la peine de mort son caractère de meurtre sanctionné par la loi, c'est parce qu'elle s'est toujours refusée jusqu'ici à regarder la réalité en face, à reconnaître l'existence de la vie affective inconsciente. Ma position vis-à-vis de la peine capitale n'est donc pas dictée par des raisons humanitaires, mais par la reconnaissance de la nécessité psychologique de l'interdit universel : tu ne tueras point [...]. J'affirme être un adversaire résolu du meurtre, qu'il se présente sous la forme d'un crime individuel ou de représailles exercées par l'État. » Voir aussi Élisabeth Roudinesco, « Freud et le régicide. Éléments d'une réflexion », *Revue germanique internationale,* 14, 2000, p. 113-126; et préface à la réédition de Theodor Reik, *Le psychologue surpris,* Paris, Denoël, 2001.

Mais cette équivoque est partout, comme à la frontière poreuse qui séparera toujours, dans le concept obscur de guerre, la guerre civile, la guerre nationale et cette « guerre des partisans » dont parle Schmitt. La modernité de cette « guerre des partisans » commence très tôt. Cette équivoque empoisonne toutes les abolitions de la peine de mort qui se limitent, évidemment, au droit pénal national et n'interdisent jamais de tuer légalement « à la guerre ». Il y va en somme d'un concept comme celui d'« ennemi public », qui est au centre du *Contrat social*, lorsque Rousseau y justifie, non sans pli et sans remords, le principe de la peine de mort.

Je ne sais pas s'il *fallait* exécuter ou ne pas exécuter le roi. Kant pensait que rien n'était pire et plus ruineux pour les fondements de la souveraineté que l'exécution du monarque « dans les formes ». *En tant que tel*, par définition, le souverain ne peut passer en jugement sans détruire le principe et le fondement de l'État. Kant donnait l'exemple de Charles Ier et de Louis XVI, et allait jusqu'à juger moins injustifiables l'assassinat sans procès ou l'abdication du roi. Voilà ce qui change à cet égard aujourd'hui : la possibilité nouvelle de juger un chef d'État, un ancien chef d'État, ou de le convoquer devant un tribunal international, c'est, dans une certaine mesure, fort compliquée d'ailleurs, la remise en cause du principe même de souveraineté.

Mais ce qui est certain (et je suppose que c'est ce que vous soulignez dans « l'idée du régicide nécessaire »), c'est que, si injustifiable que ce régicide paraisse dans cette logique, si inadmissible que puisse paraître la Terreur, ces actes furent *en fait* (je souligne l'énigme de ce *fait*) le prix à payer pour un grand nombre d'acquisitions majeures, de « progrès » indéniables : par exemple les Déclarations des droits de l'homme dans leur développement historique, avec tout ce qui en dépend (les concepts de droit à la vie, de crime contre l'humanité, de génocide, l'idée ou l'esquisse d'un Tribunal pénal international, etc.) ou l'ensemble des principes révolutionnaires qui sont intégrés à tels discours juridico-politiques universels de la modernité.

Oui, je suis *pour* l'abolition inconditionnelle de la peine de mort, à la fois pour des *raisons de principe* (j'insiste sur ce point : par principe et non pour des raisons d'inutilité ou d'exemplarité douteuse, j'en parlais tout à l'heure) et pour des *raisons du cœur* (notion que, ailleurs, dans mon séminaire, j'essaie de soustraire, comme celle de compassion, à une simple sentimentalité pathétique, et que je voudrais allier aux « raisons de principe ». Je ne peux pas m'en expliquer ici sans de trop longs détours).

Mais, *en fait*, j'y reviens, est-ce que le roi est mort ? *En fait* ? Est-ce que cette mise à mort a eu lieu ? Pour reprendre la distinction kantienne, fut-ce un assassinat ? ou bien un jugement et une exécution « dans les formes » ? En fait, si l'exécution d'un souverain en tant que tel, et « dans les formes », est une contradiction interne et n'est pas seulement injustifiable mais impossible, la question reste ouverte. Un corps du roi a certes été mis à mort. Un des deux corps du roi, Louis Capet, a été mis à mort. Mais la Restauration a-t-elle jamais pris fin ? La structure monarchique et la figure du souverain ont-elles jamais disparu dans l'histoire des Républiques françaises ?

Avec son droit de grâce et la représentation de la souveraineté nationale qu'il incarne, un président de la République élu est une espèce de roi. Sans même convoquer toute l'imagerie de l'Élysée et de la monarchie actuelle, il n'est pas sûr que le roi soit mort. Un certain corps du roi[1] a dû être mis à

1. Ernst Kantorowicz, *Les deux corps du roi. Essai sur la théologie politique au Moyen Âge* (1957), Paris, Gallimard, 1989. Cette conception féodale de la royauté suppose que le roi possède deux corps, l'un naturel et soumis aux passions et à la mort, l'autre politique. Les membres de ce corps sont les sujets du royaume, incorporés à ce corps politique dont le roi est la tête. Immortel, ce deuxième corps du roi, le corps politique, se prolonge bien au-delà de la mort réelle du souverain.

mort, en fait, mais cela ne veut pas dire que le spectre de la monarchie – du père souverain comme condition de l'unité de l'État-nation – ait trouvé là sa fin. C'est la théorie des deux corps du roi et la tradition démocratique de l'idée théologico-politique de la souveraineté qu'il faudrait reconsidérer ici.

E.R. : La question, comme je l'ai souligné en avançant l'idée du régicide nécessaire, c'est qu'il a fallu l'exécution du roi pour qu'ait lieu ensuite l'abolition de la peine de mort[1].

J.D. : Deux siècles plus tard, et sous une pression qui fut pour une part internationale. Nous entrons dans un débat compliqué sur la peine de mort. Son abolition légale (qui s'étend depuis une dizaine d'années à la majorité des États dans le monde, sauf aux États-Unis, en Chine et dans bon nombre de pays arabo-musulmans) ne signifie pas la fin de la mise à mort décrétée, organisée, institutionnalisée en général. Sans parler de la limite instable entre le « faire-mourir » et le « laisser-mourir ». C'est pourquoi, dans le discours abolitionniste – auquel je souscris d'une certaine manière –, il y a des inconséquences qu'il faut déconstruire. C'est à l'intérieur d'un État souverain – aujourd'hui la France ou l'Europe en tant que Communauté européenne – que l'on abolit un certain type de mise à mort légale, mais on va continuer à tuer, à mettre à mort, dans certaines situations : la guerre par exemple. La notion de guerre, j'y insiste, est liée à un concept très obscur et de plus en plus dogmatique. Aucun État abolitionniste n'a jamais décrété que l'extermination des soldats ennemis était un acte illégal, illégitime ou sanctionné par la loi. Pas plus que la mise à mort par « légitime défense ».

1. En France, la peine de mort a été abolie le 30 septembre 1981 grâce à la lutte menée par Robert Badinter, avocat devenu garde des Sceaux sous la présidence de François Mitterrand. Voir Robert Badinter, *L'abolition, op. cit.*

E.R. : Il me semble pourtant impossible de rétablir la peine de mort en Europe.

J.D. : Et si, dans une situation de guerre civile ou de *quasi*-guerre civile! Où ça commence, la guerre civile? où ça finit? Si on considère qu'à l'intérieur il y a des « ennemis publics », pourquoi ne pas les tuer, « à la guerre comme à la guerre »? Aujourd'hui, des policiers tuent des délinquants quand ils se considèrent en état de légitime défense. Et ils sont innocentés s'ils sont censés l'avoir prouvé. La question est donc bien celle d'une limitation de la souveraineté de l'État et du concept de guerre. Qu'est-ce qu'une guerre civile? Qu'est-ce qu'un ennemi public?

E.R. : Vous avez abordé cette question à propos de Carl Schmitt[1].

J.D. : Tout à l'heure, vous parliez du régicide comme de la nécessité d'une exception, en somme. Or oui, on peut se référer provisoirement à Carl Schmitt (quoi qu'on pense de lui, ses propos sont toujours utiles à une problématisation du « politique » et du « juridique », je m'en suis expliqué dans *Politiques de l'amitié*). Il dit en effet qu'un souverain se définit par sa capacité à décider de l'exception. Est souverain celui qui décide effectivement de l'exception. Les révolutionnaires ont décidé qu'à ce moment-là il fallait suspendre la justice et, pour faire le droit, pour faire droit à la Révolution, suspendre l'État de droit. Schmitt donne aussi cette définition de la souveraineté : avoir le droit de suspendre le droit, ou l'État de droit. Sans cette catégorie d'exception, on ne peut pas comprendre la souveraineté. Aujourd'hui, la grande question est bien partout celle de la souveraineté. Omniprésent à notre discours et à nos axiomes, sous son nom ou sous un autre,

1. Jacques Derrida, *Politiques de l'amitié, op. cit.*

proprement ou par figure, ce concept est d'origine théologique : le vrai souverain, c'est Dieu. Le concept de cette autorité ou de cette puissance a été transféré au monarque dit de « droit divin ». La souveraineté a été ensuite déléguée au peuple, en démocratie, ou à la nation, avec les mêmes attributs théologiques que ceux attribués au roi et à Dieu. Aujourd'hui, partout où l'on prononce le mot de souveraineté, cet héritage demeure indéniable, quelque différenciation interne qu'on y reconnaisse.

Comment le traiter ? On en revient ici à la question de l'héritage dont nous sommes partis. Il faut déconstruire le concept de souveraineté, ne jamais oublier sa filiation théologique et se tenir prêt à la mettre en question partout où elle s'exerce. Cela suppose une critique inflexible de la logique de l'État et de l'État-nation. Et pourtant, d'où la redoutable responsabilité du citoyen et de l'héritier en général, dans certaines situations, l'État, sous sa forme actuelle, peut résister à certaines forces que je considère comme plus menaçantes. Ce que j'appelle ici « responsabilité », c'est ce qui dicte la décision d'être ici *pour* l'État souverain, là *contre* lui, pour sa déconstruction (« théorique et pratique », comme on disait) selon la singularité des contextes et des enjeux. Il n'y a là aucun relativisme et aucune renonciation à l'injonction de « penser » et de déconstruire l'héritage. Cette aporie est en vérité la condition même de la décision et de la responsabilité – s'il y en a.

Je pense par exemple à la coalition incohérente mais organisée de forces capitalistiques internationales qui, au nom du néo-libéralisme ou du marché[1], s'empare du monde dans des conditions telles que la forme « État », c'est ce qui peut

1. « Ce que vous appelez "mondialisation" est une stratégie de dépolitisation au service d'intérêts politiques particuliers » (Jacques Derrida, *Politiques de l'amitié, op. cit.*, p. 182). Cette phrase est une « feinte rhétorique », une reconstitution par Jacques Derrida du discours schmittien, voir *ibid., op. cit.*, p. 181 *sq.*

encore le mieux résister. Pour le moment. Mais il faut réinventer les conditions de la résistance. Une fois de plus, je dirais que selon les situations, je suis antisouverainiste *ou* souverainiste – et je revendique le droit d'être antisouverainiste ici et souverainiste là. Qu'on ne me fasse pas répondre à cette question comme on appuie sur le bouton d'une machine assez primitive. Il y a des cas où je soutiendrais une logique de l'État mais je demande à examiner chaque situation pour me prononcer. Il faut aussi reconnaître qu'à exiger de ne pas être inconditionnellement souverainiste, d'être souverainiste à certaines conditions, on remet déjà en cause le principe de souveraineté. La déconstruction commence là. Elle exige une dissociation difficile, presque impossible mais indispensable entre *inconditionnalité* (justice sans pouvoir) et *souveraineté* (le droit, le pouvoir ou la puissance). La déconstruction est du côté de l'inconditionnalité, même là où elle paraît impossible, et non de la souveraineté, même là où elle paraît possible.

E.R. : L'invention du terme de *souverainisme* est récente. Il désigne ceux qui s'opposent à la délégitimation de l'État-nation au profit d'une communauté européenne à laquelle, progressivement, seraient dévolus tous les attributs de la souveraineté. Derrière cette apparente « désouverainisation », si j'ose dire, opère un processus de transfert de la souveraineté : on passe de la théocratie à la monarchie puis à la république. On finit donc toujours par déléguer la souveraineté à un autre système, qui l'incarne à son tour[1].

1. Jean Bodin (1530-1596), juriste et historien français, fut le premier à énoncer une théorie de la souveraineté comme « fondement de l'être de la République ». Partisan de la monarchie, il s'appuya sur la philosophie platonicienne pour dénouer le lien ente la religion et la politique afin de séculariser l'idée républicaine. Voir *Les six livres de la République* (1576), t. 1, Paris, Fayard, « Corpus des œuvres de philosophie en langue française », 1986.

J.D. : On a pris conscience du fait que la question de la souveraineté était décisive. Non seulement du point de vue politique ou du point de vue du droit international et du rapport entre les États. Cela vaut aussi pour la souveraineté du sujet. Durant les années dont nous parlions tout à l'heure, je m'intéressais au concept de souveraineté mis en œuvre par Georges Bataille, lequel opposait à la maîtrise hégélienne une sorte de souveraineté impliquant l'expérience de la perte dans l'extase, le rire ou l'errance[1]. Relisant aujourd'hui d'une autre manière ces textes de Bataille, je me demande si, malgré la différence qu'il marque entre la maîtrise et la souveraineté, ce dernier mot n'entretient pas encore, notamment dans la logique sacrificielle que Bataille y assume, une tradition théologico-politique fort équivoque. Je me servirais désormais de ce lexique de façon beaucoup plus prudente.

E.R. : Observons l'évolution du concept de *nation.* Dans le discours des révolutionnaires, il s'agissait d'une idée neuve chargée d'espérances, une subversion de la féodalité qui

1. Ce motif de la souveraineté apparaît en particulier dans *L'expérience intérieure* et les *Conférences sur le non-savoir* de Georges Bataille (*Œuvres complètes,* t. V, VII, VIII, Paris, Gallimard, 1973, 1976, 1976). Je l'analyse dans « De l'économie restreinte à l'économie générale, Un hegelianisme sans réserve », notamment au sous-chapitre intitulé « L'époque du sens : maîtrise et souveraineté », in *L'écriture et la différence, op. cit.*, p. 373 *sq.* « Étant à la fois plus et moins qu'une maîtrise, la souveraineté est tout autre. Bataille en arrache l'opération à la dialectique. Il la soustrait à l'horizon du sens et du savoir. À tel point que malgré ses traits de ressemblance avec la maîtrise, elle n'est plus une figure dans l'enchaînement de la phénoménologie » (p. 376). Ce mouvement se complique encore. Plus loin, on lit : « En *doublant* la maîtrise, la souveraineté n'échappe pas à la dialectique [...]. Loin de supprimer la synthèse dialectique, elle l'inscrit et la fait fonctionner dans le sacrifice du sens. Risquer la mort ne suffit pas si la mise en jeu ne se lance pas, comme chance ou hasard, mais s'investit comme travail du négatif. La souveraineté doit donc sacrifier encore la maîtrise, la *présentation* du sens de la mort » (p. 382-383). (J.D.)

déboucha sur l'enthousiasme de Valmy, sur l'idée que le peuple tout entier devait défendre ses frontières, non pas contre les étrangers mais contre la reconstitution des féodalités. Et puis l'idéal de la nation s'est ensuite en partie transformé en un nationalisme porteur de xénophobie, de haine de l'étranger.

J.D. : Comment trouver la bonne limite entre la réaffirmation de la nation – je n'ai rien contre ce terme –, et le nationalisme, qui est une forme très moderne du combat pour la survie, voire l'expansion de l'État-nation ? Le nationalisme, aujourd'hui, c'est toujours un *État*-nationalisme, une revendication zélée, c'est-à-dire *jalouse,* vindicative, pour une nation constituée en État souverain. Les difficultés commencent là, mais je ne suis pas sûr qu'un nationalisme ne soit pas déjà à l'œuvre, si discrètement que ce soit, dès le seuil de la plus sympathique conscience nationale, de la plus innocente affirmation de l'appartenance à telle communauté nationale, culturelle, linguistique. D'où la difficulté d'y échapper. Faut-il y échapper, d'ailleurs ? Ne doit-on pas plutôt, comme je serais tenté de le penser, et comme j'ai tenté de le dire ailleurs[1], l'engager dans une autre expérience de l'appartenance et une autre logique politique ?

E.R. : Ce qui est bouleversant dans *Spectres de Marx,* c'est que vous redonnez espoir en la Révolution à une époque où tout désir de révolution, où tout fantasme d'un idéal révolutionnaire, est sommé d'être refoulé, en tant qu'il serait honteux.

J.D. : C'est un espoir un peu sombre...

1. Notamment dans *L'autre cap* et dans *Le monolinguisme de l'autre, op. cit.*

E.R. : Je ne trouve pas. *Spectres de Marx,* c'est l'anti-*Livre noir du communisme*[1], lequel condamne par avance à la criminalité le projet même d'une révolution en réduisant toute l'histoire du communisme, y compris celle de milliers de militants dans le monde, morts pour cet idéal, à une affaire de comptabilité. Ainsi tous ceux qui se seraient réclamés du communisme, tous ceux qui auraient adhéré à des partis communistes pendant cinquante ans, dans tous les pays du monde, seraient passibles d'un tribunal d'épuration pour avoir collaboré à une entreprise « criminelle ».

Réduire le communisme aux crimes commis par les régimes qui se réclamaient du socialisme réel, réduire le communisme au *goulag* comme nous l'avons dit, cela me paraît effrayant. Un exemple : un de mes amis, professeur à l'ancienne Université de Berlin-Est, mais dont le père avait été un héros communiste de la lutte antinazie, mort pour la France dans la Résistance, s'est vu accusé récemment de collaboration avec l'ancien régime parce qu'il était le fils d'un militant pro-soviétique. Or lui-même avait été persécuté pour son hostilité au régime de l'Allemagne de l'Est. Ces situations sont fréquentes. Voilà à quoi mène l'identification du communisme à un crime.

J'ajouterais bien sûr que le dévoiement d'un idéal ou d'une espérance est la pire des choses. C'est comme une mise à mort de l'imaginaire. Et il faudra un jour écrire l'histoire de cette tragédie et de ses différents refoulements. En ce sens – et en ce sens seulement – ce qui est arrivé au communisme avec le *goulag* est la pire des catastrophes. Avec le nazisme, tout était déjà dit, le pire était déjà là, dans le projet même.

---

1. Stéphane Courtois, Nicolas Werth, Jean-Louis Panné, Andrzej Paczkowski, Karel Bartosek, Jean-Louis Margolin, *Le Livre noir du communisme. Crimes, terreur, répression,* Paris, Robert Laffont, 1997. C'est dans la préface de Stéphane Courtois que la criminalisation du communisme est la plus évidente, ce qui a conduit certains auteurs du livre à prendre leurs distances...

J.D. : Mon livre va ici aussi à contre-courant. Il mise toujours sur le contretemps, certes, mais aussi sur l'héritage et donc sur la mémoire. Il compte sur la mémoire et sur l'histoire. Quant aux crimes dont vous parlez, la mémoire et l'histoire (l'histoire de l'historien) ne doivent jamais se séparer, même si elles ne se réduisent pas l'une à l'autre. Il faut répondre et rendre compte, si possible, donc tenter de *savoir*, d'analyser et de ne pas oublier.

E.R. : Il n'est pas question de les oublier mais de les analyser de façon cohérente et sans confusion. L'adéquation du communisme et du nazisme, dont nous parlions tout à l'heure, conduit à affirmer de façon insidieuse que le fascisme et l'antifascisme seraient également en symétrie, puis que le racisme et l'antiracisme (ou néo-antiracisme, selon la formule consacrée) seraient eux aussi en symétrie, aussi fanatiques l'un que l'autre, et se nourrissant l'un de l'autre. On trouve cette thèse dans *Le passé d'une illusion* de François Furet[1], et surtout chez Paul Yonnet qui, à coups d'anticommunautarisme, d'anticommunisme exacerbé et de critiques du multiculturalisme, n'a pas hésité en 1993 à accuser le « néo-antiracisme » de SOS-Racisme de chercher à occuper la place du « mythe marxiste et de l'espérantisme prolétarien[2] » afin de promouvoir une « exigence d'extinction de l'identité française[3] ». On en perçoit également des traces chez Pierre-André Taguieff[4], dont les ouvrages sur le racisme font par ailleurs autorité.

1. François Furet, *Le passé d'une illusion. Essai sur l'idée communiste au XXe siècle*, Paris, Robert Laffont/Calmann-Lévy, 1995.

2. Paul Yonnet, « Sur la crise du lien national », *Le Débat*, 75, mai-août, 1993, p. 138.

3. Paul Yonnet, *Voyage au centre du malaise français*, Paris, Gallimard, 1993, p. 15. Les thèses de ce livre ont été critiquées, notamment par Laurent Joffrin dans « Quand l'intelligentsia soutient Le Pen », *Le Nouvel Observateur*, 14 janvier 1993.

4. Pierre-André Taguieff, *L'effacement de l'avenir*, Paris, Galilée, 2000.

Aujourd'hui, une nouvelle vulgate se répand : avoir été antifasciste au nom du communisme, ou parce que l'on appartenait à un parti communiste durant l'entre-deux-guerres ou pendant la guerre de 1939-1944, ce serait la même chose que d'avoir été fasciste. De même, le militantisme antiraciste, avec ses inévitables simplifications, serait aussi dangereux que le racisme. Je ne pense rien de semblable, même si je reste vigilante face à toutes les dérives dont nous avons déjà parlé.

Vous, vous proposez un programme que j'appellerais volontiers d'éveil des consciences. Vous proposez de créer une nouvelle Internationale pour lutter contre les dix plaies du nouvel ordre mondial (chômage, exclusion des exilés, guerres économiques, trafics d'armes, ethnicisme – fondé sur le sol et le sang –, pouvoir des États fantômes – mafias, drogues), et vous avancez l'idée d'une « Déclaration sur l'horreur de l'état du monde », qui fait écho au titre du livre de Viviane Forrester, *L'horreur économique*[1].

Bref, tandis que le monde s'unifie sous la bannière du néo-libéralisme et que tous ceux qui ont cru à l'idéal d'une société communiste sont contraints d'en faire le deuil, vous inventez une nouvelle opposition.

J.D. : Mais j'hésiterais à me servir à ce sujet, comme vous venez de le faire, du mot « programme ». Il implique un savoir des normes, une autorité préalable qui, disposant de ce savoir, dicterait les décisions et les responsabilités (les annulant ainsi d'avance et du même coup). Il faut des programmes, des effets secondaires de programme, une économie et une stratégie programmatiques, mais en première ou dernière instance, ce qu'il y a à faire s'invente ou s'inaugure, et donc advient sans programme.

1. Viviane Forrester, *L'horreur économique*, Paris, Fayard, 1998. Le titre est emprunté à un poème d'Arthur Rimbaud.

Je parle d'une nouvelle Internationale là où des solidarités se cherchent, et se cherchent des figures inédites, à travers l'humanité entière, aujourd'hui, contre ces plaies. Ces formes originales que je ne saurais pas définir moi-même, il est pourtant clair que ce ne sont plus les formes étatiques d'un parti, d'une Internationale des partis ou du parti. Je ne suis pas opposé à l'existence des Partis en général, ils sont encore nécessaires, et sans doute pour assez longtemps encore, mais la forme « Parti » n'est plus la forme majeure de la lutte politique. L'Internationale dont je parle n'est donc pas l'Internationale du Parti communiste ou d'un Parti quelconque. Mais j'ai gardé ce mot, avec une majuscule, pour saluer la mémoire de ce qui, n'étant plus, aura été un grand signe…

À travers tous les soubresauts actuels, on trouvera mille symptômes de cette situation, qu'il s'agisse de la guerre du Golfe, du Kosovo, des combats comme celui qu'on associe en France au nom de José Bové (par exemple). Ces turbulences signifient que quelque chose, une nouvelle forme d'alliance, un nouveau style de la « pratique » se cherche. L'idée même de programme politique, je me demande, entre autres réserves, si elle ne paie pas encore un tribut essentiel à un concept périmé du politique.

La question du « programme », nous l'avons d'ailleurs abordée avec les thèmes de l'événement, de l'altérité, de l'imprévisibilité. Ce qui se trouve en cours de « déconstruction », sans doute est-ce le concept même du politique, depuis ses origines grecques et à travers ses mutations. Ce qu'on appelle le politique ne peut plus être lié, dans son concept même, comme il l'a toujours été, à une présupposition du lieu, du territoire – et de l'étatique. Carl Schmitt souligne que le politique ne se réduit pas à l'étatique, même si l'étatique reste encore une forme privilégiée, un enjeu fondamental du politique. On voudrait continuer de penser, mais c'est de plus en plus difficile, que le politique c'est de l'étatique, et qu'il est lié à un territoire irremplaçable, à une communauté nationale. Or c'est cela même qui se *disloque* aujourd'hui, et se délocalise, en raison notamment de la transformation techno-scientifique et techno-économique du champ mondial. Il est devenu impossible de penser comme on le faisait auparavant la question du lieu, du lieu politique en particulier, du lieu *du* politique et de l'avoir-lieu politique.

À travers le nouveau régime des télécommunications, on n'est plus où l'on croyait être. Il y a quelquefois plus de proximité entre un Japonais et un Français qu'entre chacun d'eux et son voisin d'immeuble ou de village. Il suffit de prendre en compte, pour s'en rendre compte, le téléphone mobile, l'Internet, le passage par une langue hégémonique, ou la vitesse des communications à la Bourse, etc. L'état du marché financier peut être modifié en une fraction de seconde. Cette dislocation générale dissocie le champ politique du champ territorial et national. Un nouveau concept du politique est en train de se forger. Avant de parler de « programme politique », il faut donc savoir ce qu'on entend par « le politique ».

Je reviens un instant à la question de l'hospitalité. L'idéal cosmopolitique de Kant, pour lequel j'ai le plus grand respect, supposait encore que le citoyen fût citoyen du monde « en tant que citoyen », c'est-à-dire en tant que sujet d'un État-nation. Lorsque Kant définit les conditions de l'hospitalité universelle[1], il se réfère néanmoins à une multiplicité d'États qui ne feront jamais un État universel. Ces États, et leurs sujets citoyens, doivent définir les lois de l'hospitalité. Ils doivent faire respecter ces règles et donc poser des limites à l'accueil du citoyen étranger : pour un temps bref, comme visiteur et non pas comme résident (à savoir pour un temps au contraire plus long, etc.). Ce concept d'hospitalité cosmopolitique, tout respectable qu'il est, et toujours perfectible,

1. Kant, *Vers la paix perpétuelle* (2e section, 3e article définitif sur la paix perpétuelle). « Le droit cosmopolitique doit se restreindre aux conditions de l'hospitalité universelle », traduction de J.-F. Poirier et Françoise Proust, Paris, Flammarion, 1991, p. 93. (J.D.)

me paraît encore lié à une figure de la citoyenneté de l'État-nation, celle qui se trouve en voie de dislocation, de transgression, de transformation[1].

Quand je parle de démocratie à venir – cette chose qui peut paraître un peu folle ou impossible – je pense à une démocratie qui ne serait plus liée de façon essentielle à la citoyenneté. Là encore, je reviens à la même contradiction apparente : je ne suis pas contre la citoyenneté, elle est nécessaire et il faut même lutter pour que certains êtres humains, qui en sont privés, puissent enfin l'acquérir. Mais les droits de l'homme doivent aussi être étendus au-delà de la citoyenneté. Tel est « l'esprit » des Déclarations des droits de l'homme (au-delà des déclarations des droits de l'homme *et du citoyen*), même si cet « esprit » reste, dans son inspiration, entravé par l'état de la lettre ou la lettre de l'État.

E.R. : Comment peut-on faire ?

J.D. : Cela ne peut pas se faire d'un jour à l'autre par une seule décision. Il faut que se développe cette « nouvelle Internationale », cet engagement (qui n'est pas nécessairement réciproque, dans la symétrie des droits et des devoirs) entre les hommes, je dirais même, inséparablement, entre les vivants (avec les « animaux » !), et puis, inséparablement, entre les vivants et les morts, et encore entre les vivants et ceux qui sont à naître. Cela ne s'arrête donc pas à des frontières État-nationales ou à des contrats de citoyenneté, même si cela ne les efface ni ne les disqualifie nécessairement.

Il faut bien sûr de l'identité, il faut de l'identité citoyenne, mais à certains moments, l'impératif catégorique excède la responsabilité du citoyen en tant que tel. Vous me posiez la question de l'humanitaire. Je salue la logique humanitaire

---

1. Voir Jacques Derrida, *Cosmopolites de tous les pays, encore un effort !, op. cit.*

dans son « esprit ». Pourtant, je me méfie d'elle quand il lui arrive d'être contrôlée par certains États au service de calculs à court ou long terme, parfois tout simplement au service du marché. Tout en sauvant des populations, telles « grandes puissances » tentent parfois d'installer ou de protéger ainsi une hégémonie. Économique ou militaire.

Restons donc aussi vigilants que possible à l'égard des alibis humanitaires et des politiques suspectes qui instrumentalisent les « droits de l'homme ». Mais comment s'opposer à l'idée même de l'humanitaire, au projet d'une organisation non gouvernementale se portant au secours d'hommes et de femmes en détresse ? Cette idée n'est pas, elle n'est plus, elle n'a jamais été (Schmitt, dans un autre esprit, le soulignait) une idée « politique » au sens traditionnel du terme. Il faut donc demander à voir chaque fois : qui fait quoi au nom de l'humanitaire ? Quels sont les rapports entre certains États souverains puissants – ce sont presque toujours les États-Unis – et l'ONU quand des États imposent la logique de leurs intérêts à des organisations non gouvernementales ou multigouvernementales, ou bien résistent, au contraire, c'est aussi souvent le cas, à la logique du droit international pour sauvegarder les intérêts de leur État-nation et de leur souveraineté ?

E.R. : Autrement dit, vous suggérez que l'on prenne position au « cas par cas », sans poser a priori *un* principe fondateur.

J.D. : Il y a *un* principe, mais dans sa mise en œuvre, on doit tenir compte de la singularité du contexte et du moment. Au nom d'un même principe je ne prendrai pas la même décision dans des moments différents. Je m'opposerais à telle opération humanitaire dans un cas, et je la soutiendrais dans un autre. Encore une fois, rien de relativiste ou d'opportuniste à cela.

E.R. : C'est en vertu de cette démarche que vous incluez l'œuvre de Freud dans vos analyses : la singularité d'un sujet, même déconstruit, cela existe et cela résiste à toute forme de construction a priori[1].

J.D. : Bien sûr, la singularité résiste, elle reste. Parfois elle résiste même à son assignation à « subjectivité » (à tous les sens du terme : sujet comme substance identique à soi, sujet de l'inconscient, sujet de la loi, sujet citoyen ou sujet de droit, etc.)

E.R. : À propos de singularité, vous êtes revenu à l'esprit de Marx par le biais de l'Afrique du Sud et pour rendre hommage à un homme exceptionnel, Nelson Mandela, qui a passé près de trente ans de sa vie en prison et a stupéfié le monde entier par son génie réconciliateur et sa sérénité. Vous dites de lui : « Admirable Mandela [...], Admiration de Nelson Mandela comme on dirait la passion de Nelson Mandela, double génitif, celle qu'il inspire et celle qu'il ressent. Elles ont le même foyer, elles s'y réfléchissent[2]. » En outre, comme je l'ai dit, vous réveillez l'esprit de la Révolution en dédiant votre livre à un militant communiste sud-africain.

J.D. : Chris Hani a été assassiné quelques jours avant que je prononce et lui dédie la conférence sur « les spectres de Marx ». Militant de l'African National Congress[3] (ANC), il était l'un des leaders du South African Communist Party[4] (SACP).

---

1. Voir notre chapitre 9 : « Éloge de la psychanalyse ».

2. Jacques Derrida, « Le dernier mot du racisme » (1983), et « Admiration de Nelson Mandela ou les lois de la réflexion » (1986), in *Psyché, op. cit.*

3. L'ANC a été fondé en 1912.

4. Chris Hani a été assassiné le 10 avril 1993 par un Afrikaner membre d'une organisation d'extrême droite. Le meurtrier avait agi seul et visait à faire échouer les négociations entre l'ANC et le gouvernement, négociations qui devaient aboutir aux premières élections « multiraciales », puis à la victoire de l'ANC. Il fut dénoncé par une femme blanche d'origine afrikaner.

E.R. : Mandela m'apparaît comme l'une des grandes figures de la modernité d'aujourd'hui. Il est l'héritier de la pensée occidentale qu'il a retournée contre les oppresseurs, d'abord en fondant le premier cabinet d'avocats noirs de Johannesburg, puis en devenant l'un des principaux responsables de l'ANC, et enfin en passant plus de vingt-sept ans en prison sans devenir fou[1].

J.D. : Immense figure en effet. Il a payé le prix le plus élevé. J'ai pu visiter la cellule où il a vécu dans des conditions épouvantables[2]. Il en est sorti avec une sérénité extraordinaire, et il a même engagé des négociations avec le pouvoir blanc *contre* l'avis de ses camarades de combat. Sans pouvoir entrer dans le détail de ce qui s'est appelé, sous la présidence de l'archevêque Desmond Tutu, la *Commission Vérité et Réconciliation* (nous l'avons étudiée de près dans un séminaire), je dirais que Mandela a milité pour qu'une amnistie soit proclamée aussi bien pour les militants de l'ANC exilés que pour les Blancs soupçonnés du pire. Il a pensé que le corps de la nation sud-africaine ne pourrait survivre qu'à cette condition. Mais à supposer que cette condition de survie soit nécessaire, il n'est pas sûr qu'elle soit suffisante.

Jusqu'ici, Mandela a réussi à sauver la société sud-africaine du désastre imminent, mais je dois dire avec une certaine tristesse que ce grand moment, cette figure à tant d'égards

1. Nelson Mandela a rédigé clandestinement ses souvenirs lors de son incarcération au pénitencier de Robben Island. Voir *Un long chemin vers la liberté*, Paris, Fayard, 1998 : « J'avoue être un peu anglophile. Quand je pensais à la démocratie occidentale et à la liberté, je pensais au système parlementaire britannique » (p. 315).

2. « La prison ne vous vole pas seulement votre liberté, elle essaie aussi de vous déposséder de votre identité. Chacun porte le même uniforme, mange la même nourriture, suit le même emploi du temps. C'est par définition un état purement autoritaire qui ne tolère ni indépendance, ni individualité » (*ibid.*, p. 346).

exemplaire appartiennent déjà au passé. Mandela s'est retiré et l'Afrique du Sud traverse de fortes turbulences. Les problèmes les plus graves ne sont pas réglés. Mandela a dû faire des choix politiques sans doute inévitables et qui consistent, pour l'essentiel, à ne pas toucher à la propriété, à laisser le pays exposé au marché mondial. La pauvreté, l'insécurité, les inégalités, le fossé qui demeure entre les Noirs et les Blancs (l'exode de plus en plus probable de ces derniers), voilà autant de signes inquiétants.

Mandela aura cependant réussi à incarner aux yeux du monde une cause qui a non seulement mobilisé des forces irrésistibles, mais accéléré une prise de conscience. Au travers de ces luttes, on a mieux compris l'internationalité des enjeux et des combats. Cette mobilisation mondiale n'aurait pu prendre une telle ampleur si l'apartheid n'avait pas été définie « crime contre l'humanité » par l'ONU. Ce fut un véritable levier juridique, ce qui permit à tous les États démocratiques du monde d'exercer une pression sur le pouvoir blanc : pression politique, sanctions économiques. L'apartheid a pu être abolie[1] grâce aussi à la mobilisation des partisans de Mandela. Mais tous les pays qui investissaient leurs capitaux en Afrique du Sud ou qui fournissaient des armes au pouvoir blanc – comme la France par exemple – ont été gênés par les sanctions économiques. Ils ont alors considéré que la démocratisation serait plus favorable au marché.

De cette conjonction de principes et d'intérêts, Mandela a su fort bien tirer parti. Il est à la fois un homme de principes et de réflexion, un stratège et un grand tacticien. Il est parvenu à retourner contre le pouvoir blanc ses propres principes.

E.R. : Mais comment a fait Mandela pour ne pas devenir fou après vingt-sept ans de prison ? C'est l'une de mes grandes interrogations. Comment a-t-il fait pour ne pas se

1. En juin 1991.

laisser enfermer dans la temporalité immobile du phénomène carcéral ?

J.D. : Cette question m'obsède aussi. Comment a-t-il pu résister ? Pour répondre d'une telle exception, on peut suivre et voir se croiser plusieurs lignes. Mandela lui-même dit sa dette filiale : l'image de son père gravée en lui depuis sa petite enfance, comme une douce et inflexible loi, l'éducation reçue de sa mère. J'ai aussi été attentif, bien sûr, dans les séances du séminaire que je lui ai consacrées, à l'épisode de la circoncision, qu'il décrit en détail dans ses Mémoires[1]. Dans la tradition xhosa, on ne devient un homme qu'après l'accomplissement de ce rite, à l'âge de seize ans. C'est ainsi dans son héritage psycho-fantasmatique que l'individu Nelson Mandela (surnom dont il raconte aussi comment il lui fut donné à l'école) a dû trouver cette force hors du commun. Le champ est libre pour une analyse du cas personnel. Un capital psychique a dû se constituer à la naissance ou dans son enfance, et se déterminer à travers tous les traits que nous connaissons à ce héros politique qui a étonné le monde et sans lequel on a du mal à imaginer l'histoire de l'Afrique du Sud depuis cinquante ans. Mais une fois que l'on a dit cela, et même tenté d'expli-

1. Nelson Mandela raconte la mort de son père survenue quand il avait neuf ans : « Je me souviens non d'avoir éprouvé un grand chagrin, mais de m'être senti abandonné. Si ma mère était le centre de mon existence, je me définissais à travers mon père. Sa mort changea toute ma vie d'une façon que je ne pouvais soupçonner à l'époque [...]. Ma mère et moi, nous ne parlions jamais beaucoup mais nous n'en avions pas besoin. Je n'ai jamais douté de son amour ni de son soutien » (*op. cit*, p. 22-23). Riche aristocrate de la tribu des Thembus, le père de Mandela perdit sa fortune et son titre, et fut dépossédé, à la suite d'une querelle, d'une partie de ses revenus. Il eut treize enfants de ses trois épouses. Nelson était le fils aîné de Noséki, la troisième épouse, issue du clan amaMpemvu. Dans le système polygame de la nation des Xhosas, à laquelle appartenaient les parents de Nelson Mandela, on pratiquait la circoncision et chaque épouse était dotée d'une ferme (un kraal) qui leur permettait de ne pas cohabiter les unes avec les autres.

quer ainsi une constitution physique exceptionnelle, il faut analyser toute cette histoire politique, là où elle fut et reste plus grande que ce grand homme, et plus forte que sa force.

D'ailleurs Mandela s'est longuement exprimé à ce sujet : *et* sur son enfance heureuse, ses années d'apprentissage, l'exercice de son métier d'avocat, *et* sur la manière dont il s'est inscrit, engagé dans la tempête de ce devenir politique, dans les luttes qui travaillent le corps de l'Afrique du Sud depuis le début du siècle, avant même l'instauration officielle de l'apartheid et du racisme d'État. Dans sa jeunesse il avait participé à des mouvements très organisés de protestation contre l'oppression, mouvements auxquels étaient mêlés des Blancs, chrétiens ou juifs, et des gens d'Église. Durant toute cette période de sa vie, avant le grand procès au cours duquel il s'est défendu lui-même[1], Mandela n'était menacé ni dans sa vie ni dans son autorité. Les choses sont devenues terrifiantes pour lui quand il a été emprisonné pour longtemps. Là encore, il faut prendre en compte la diachronie d'une existence : l'emprisonnement était certes sévère, inhumain parfois, mais des contacts étaient possibles avec l'extérieur et ses conditions de détention ont changé au cours des années, surtout vers la fin.

Quelque temps avant sa libération, en 1990, alors que les premières négociations s'esquissaient, les conditions d'emprisonnement furent allégées. Les contacts avec l'extérieur lui ont permis de survivre pendant cette longue période carcérale, et les images qui lui revenaient depuis l'étranger l'aidaient à poursuivre le combat. Cela dit, on reste encore saisi devant la stature de cet homme, devant ce que plus que jamais on peut appeler sa grandeur. C'est aussi un homme grand, souriant, séduisant, séducteur sans doute.

---

1. Accusé de haute trahison en 1956, avec vingt-neuf autres militants, Mandela prit la décision, lors de son procès de 1961, de se défendre lui-même. Il obtint un verdict de non-culpabilité puis entra ensuite en clandestinité. Arrêté de nouveau, il passera vingt-sept ans en prison, de 1963 à 1990.

J'ai rencontré Mandela dans sa maison et il m'a expliqué cela lui-même. Il a connu des moments terribles mais, en même temps, il était parvenu à instituer une sorte d'université dans la prison, avec une dizaine de détenus politiques qui s'enseignaient les uns les autres et organisaient de véritables cours.

Quand je l'ai vu il y a deux ans, il avait plus de quatre-vingts ans déjà, il venait de se remarier et paraissait heureux comme un jeune homme au seuil d'une nouvelle vie. Quelques instants avant notre rencontre, il avait reçu Yasser Arafat pendant trois ou quatre heures (hélicoptères, police, gardes du corps, grande pompe, etc.). Il restait frais, disponible et de belle humeur, comme s'il commençait sa journée, prêt à parler de tout, de la prison mais aussi de la France, jouant à se plaindre de ne plus pouvoir décider seul de ses voyages (« Plus de liberté de mouvement, je suis en prison, désormais, et voilà mon geôlier, dit-il en désignant son principal collaborateur »). Il m'a aussi demandé des nouvelles de Danielle Mitterrand. Et puis : « Sartre est-il encore vivant ? »

E.R. : Pour clore ce chapitre, j'aimerais que nous évoquions à nouveau le souvenir de Louis Althusser. Comme vous, je l'ai beaucoup aimé. Mon livre sur Théroigne de Méricourt fut une manière pour moi de parler de lui comme je l'ai dit. Il a été le dernier grand lecteur de l'œuvre de Marx, l'éveilleur d'un esprit de la Révolution *réinventé* en quelque sorte. Traversé par la folie, il sombrait dans la mélancolie au fur et à mesure de l'effondrement du communisme. Il a profondément marqué mon propre itinéraire, et ses écrits posthumes, notamment son autobiographie ou sa correspondance[1], l'éclairent d'une lumière nouvelle : il a pressenti,

1. Louis Althusser, *Pour Marx*, Paris, Maspero, 1965 ; *L'avenir dure longtemps*, suivi de *Les faits*, Paris, Stock/IMEC, 1992 ; *Lettres à Franca* (1961-1973), Paris, Stock/IMEC, 1998.

comme Hugo, le calme angoissant d'un « moment crépusculaire » dans l'histoire de l'Europe. Vous n'avez pas commenté son œuvre comme vous l'avez fait pour celles de Lacan, de Foucault ou de Lévi-Strauss. J'ai pourtant l'impression que dans *Spectres de Marx,* il est présent à chaque page.

J.D. : *Spectres de Marx* peut en effet être lu, si l'on veut, comme une espèce d'hommage à Louis Althusser. Salut indirect mais surtout amical et nostalgique, un peu mélancolique. La question est ouverte à l'analyse. J'ai écrit ce livre en 1993, donc trois ans après la mort d'Althusser – et, bien entendu, il peut être lu comme une parole à lui adressée[1], une façon de « survivre » ce que j'ai vécu avec lui, à ses côtés. Il était à la fois proche et lointain, allié et dissocié. Mais qui ne l'est pas ? Vous me demandez de parler de quelque chose, de quelqu'un qui a occupé une si grande place dans ma vie. Pour donner la mesure extérieure des choses, je l'ai connu quand je suis entré à l'École[2], en 1952 – il était « caïman » –, il n'enseignait pas, il était souvent malade sans que je sache alors de quoi. Il souffrait, en tout cas, et m'a dit une fois qu'il s'agissait d'une affaire rénale. Il m'a manifesté beaucoup d'amitié et soutenu dans mon travail. Je n'avais aucune idée de ce qui se passait.

E.R. : Vous n'avez rien perçu ?

J.D. : Durant ces années-là, je ne savais absolument rien. Plus tard, quand j'ai commencé à enseigner à la Sorbonne,

1. Louis Althusser est mort le 22 octobre 1990.

2. « Caïman » et professeur à l'École normale supérieure (ENS) de la rue d'Ulm, Louis Althusser a enseigné la philosophie à des générations d'élèves. Voir Yann Moulier-Boutang, *Louis Althusser, une biographie,* Paris, Grasset, 1992. Sur l'enseignement de Louis Althusser à l'ENS et sur ses relations avec Lacan et la psychanalyse, voir Élisabeth Roudinesco, *Jacques Lacan, op. cit.*

entre 1960 et 1964, Althusser m'a invité à faire des cours à l'École – avant que je ne devienne moi-même « caïman » – et là, il m'a parlé de « dépression ». J'ai bien compris alors que ses absences étaient liées à des séjours en institution psychiatrique. À partir de ce moment-là, nous nous sommes beaucoup vus. Il m'a encouragé de façon décisive par son jugement philosophique. Quand je lui ai envoyé le manuscrit de l'*Introduction à l'origine de la géométrie de Husserl,* ma première publication, il m'a écrit une lettre extraordinaire. Il n'était pas un spécialiste de Husserl, mais comme certains marxistes de son entourage, ou, d'autre part, autrement, comme son camarade d'école Tran-Duc-Tao, il percevait (stratégiquement) une alliance possible entre l'idéalisme transcendantal de Husserl, notamment dans sa dimension génétique et épistémologique, et une nouvelle problématique marxiste. Je n'étais pas loin de le penser aussi, quoique d'une autre façon. Avec Jean Hyppolite[1], il m'a invité à venir rue d'Ulm où j'ai enseigné alors qu'il était absent (en 1964). Ce fut ensuite un compagnonnage professionnel qui a duré plus de vingt ans.

Une grande affection nous unissait, ponctuée de moments difficiles de toutes sortes, en particulier à cause de ses exils. J'allais régulièrement lui rendre visite dans diverses institutions psychiatriques des environs de Paris. Nous avions peu de discussions philosophiques approfondies, mais j'ai assisté à certaines séances qui ont donné lieu à *Lire le Capital*[2]. Nous

1. Traducteur de la *Phénoménologie de l'esprit* de Hegel (1939-1941), Jean Hyppolite (1907-1968) a joué un rôle fondamental dans l'enseignement de la philosophie en France, comme directeur de l'ENS et comme professeur au Collège de France. Il a été également l'interlocuteur de Lacan. Voir Jacques Derrida, « Ponctuations : le temps de la thèse », in *Du droit à la philosophie,* Paris, Galilée, 1990, p. 439-459.

2. *Lire le Capital,* en collaboration avec Étienne Balibar, Roger Establet, Pierre Macherey, Jacques Rancière (1965), Paris, PUF, collection « Quadrige », 1996.

avions les mêmes élèves. En 1968-1969 nous avons fait venir Bernard Pautrat, un ancien élève et un ami commun, et tous les trois, tous les mardis, nous nous retrouvions dans la même salle pour écouter les leçons des « agrégatifs ». Louis était en général plus accessible et plus affectueux quand il était « déprimé » que dans les périodes, disons, « maniaques ». Après la tragédie de novembre 1980[1], je fus pendant longtemps le seul autorisé à aller le voir.

E.R. : Moi, je l'ai connu en 1972, et je le voyais souvent. Il m'a beaucoup encouragée à écrire même s'il ne partageait pas les critiques que je vous avais adressées[2]. Il était en désaccord sur le fond. Nous avons eu de nombreux échanges sur la psychanalyse, il me faisait lire et corriger ses textes, parce que, disait-il, il ne connaissait pas suffisamment bien les œuvres de Freud et de Lacan. Pourtant, par sa souffrance et par son intelligence, il percevait dans ces textes des choses nouvelles[3]. J'ai toujours eu le sentiment qu'il ne pouvait faire ni le deuil du communisme, ni le deuil de l'échec du communisme. Il y avait quelque chose de mystique dans sa manière de vouloir à tout prix restaurer la vigueur théorique du marxisme à une époque où le parti oscillait entre une ligne politique social-démocrate, sans doute inévitable, et le repli sectaire.

J.D. : En mai 1968, il allait très mal. Il devait régler ses rapports avec ceux de ses anciens élèves qui étaient en train

1. Le 16 novembre 1980, Louis Althusser annonce à son médecin qu'il a étranglé sa femme Hélène Rytmann. Il bénéficiera de l'article 64 du Code pénal de l'époque. Voir Louis Althusser, *L'avenir dure longtemps, op. cit.*

2. Voir notre chapitre 1 : « Choisir son héritage ».

3. Louis Althusser, *Écrits sur la psychanalyse,* Paris, Stock/IMEC, 1993. Sur la place de Louis Althusser dans la psychanalyse en France, voir Élisabeth Roudinesco, *Histoire de la psychanalyse en France,* vol. 2, *op. cit.* et *Jacques Lacan, op. cit.*

d'aller au bout des choses et qui essayaient de l'entraîner vers la Gauche prolétarienne. Je pense notamment à Benny Lévy et à Robert Linhart. Il était très tourmenté et il a quitté l'École à ce moment-là. Avant sa mort, j'ai donné un entretien sur lui aux États-Unis, qui a été publié dans un livre américain intitulé *L'héritage d'Althusser*. C'est la seule fois où j'ai longuement évoqué ma relation avec lui. Longuement mais insuffisamment, bien sûr. Ce livre n'a jamais été publié en français[1].

E.R. : Il avait une conception de la philosophie qui n'était pas la vôtre, mais vous aviez la psychanalyse en commun. En outre, il existait une proximité : la passion de l'enseignement – ce que vous appelez le « mal d'école » –, et la place accordée à la langue, au commentaire et à l'inconscient.

J.D. : Quand nous parlions de sujets philosophiques, il ne se posait pas en marxiste, il ne cherchait pas à aborder ce sujet avec moi. Nous parlions de textes dont il pensait, m'interrogeant à ce sujet, qu'ils m'étaient plus familiers qu'à lui et qui le fascinaient plus qu'on ne le croit généralement : Heidegger, Artaud, Nietzsche. Après sa mort, en lisant certains de ses écrits, j'ai mieux compris, j'ai parfois découvert ce qu'il pensait de moi et comment il percevait mon chemin, comment il me lisait (notamment autour de la question de l'*alea*, de l'événement, d'une certaine tradition matérialiste non marxiste, du côté de Démocrite, de Lucrèce, etc.)

Oui, c'est donc très tard, et souvent après sa mort, que j'ai perçu ce à quoi il était le plus attentif dans mon propre itinéraire et dont il ne me parlait pas directement. Il y a eu beaucoup d'évitements, nous avons été proches et en même

1. Jacques Derrida, « *Politics and Friendship. An Interview with Jacques Derrida* », in *The Althusserian Legacy*, édité par Ann Kaplan et Michael Sprinker, Londres, Verso, 1993.

temps nous parlions toujours d'autre chose que des grands enjeux philosophico-politiques. Il y avait quelque chose de virtuel dans notre relation et peu de débats organisés. Si l'on se réfère à ses écrits, on en trouve la trace. Il y multiplie les allusions à notre amitié, à tout ce qui nous a gardés plus proches, souvent, que je ne l'ai parfois cru moi-même.

E.R. : Dans sa correspondance, et notamment dans ses lettres à Franca Madonia[1], il parle beaucoup de vous. Vous faisiez partie des « siens » ; un peu à part car vous n'étiez pas communiste, mais il sentait en vous quelque chose de fraternel.

1. Louis Althusser, *Lettres à Franca (1961-1973), op. cit.*

7

De l'antisémitisme à venir

E.R. : Pour ouvrir ce nouveau chapitre, j'aimerais évoquer avec vous quelques souvenirs personnels. Dans la *Contre-Allée* – et dans *Circonfession*[1] – vous parlez de votre père, voyageur de commerce, représentant en vins et spiritueux pour la maison Tachet, dont le patron était issu d'une « bonne famille » – catholique et traditionnelle[2]. Il vivait comme un homme soumis et humilié, il sentait l'anéthol parce qu'il représentait une marque d'anisette. Vous semblez dire de lui ce qu'il disait de son propre père : « mon pauvre père ». Un père juif donc, que vous commencez à accompagner dans ses voyages à l'âge de dix-huit ans. Vous vous regardez ensuite vous-même comme juif, maghrébin et colonisé, puis marrane[3], contraint de rester « fidèle à un secret que vous n'avez pas choisi ».

1. *Jacques Derrida*, par Geoffrey Bennington et Jacques Derrida, Paris, Seuil, 1991. La partie rédigée par Jacques Derrida s'intitule *Circonfession* et celle de Geoffroy Bennington *Derridabase.*

2. Né à El Biar près d'Alger, Jacques Derrida est venu en France en 1949.

3. Marrane signifie « porc » en espagnol. Ce terme méprisant fut utilisé à partir du début du XVe siècle pour désigner, en Espagne et au Portugal, les Juifs convertis et leurs descendants. En tant que convertis de force, les marranes menaient une double vie en restant secrètement fidèles à leur religion. Chaque fois qu'ils le purent, ils émigrèrent, et c'est à Amsterdam, surnommée la « Jérusalem hollandaise », que de nombreux marranes purent retourner au judaïsme.

Or, cette figure du père humilié, du père juif humilié par les chrétiens, est centrale chez Freud. Jakob Freud était marchand de textiles. Un jour, il raconta à son fils l'histoire fameuse des temps difficiles de la judéité. À cette époque lointaine, il n'avait pas su se rebeller après qu'un antisémite eut jeté son bonnet de fourrure dans le caniveau. À cette scène d'humiliation racontée par Jakob, Freud substitua une autre scène, tirée de l'histoire romaine, celle où Hannibal promet à son père Amilcar de le venger de ses ennemis[1]. Ainsi Freud s'identifia-t-il à la figure d'un conquérant sémite soucieux de prendre sa revanche et de fonder un nouvel empire centré sur l'exploration du rêve et de l'inconscient[2].

Freud a bâti sa théorie du complexe d'Œdipe à partir de la nécessité de revaloriser symboliquement la fonction paternelle, à une époque où l'autorité patriarcale était en train de se défaire en Occident. On sait aussi qu'en accédant à une culture gréco-latine, les fils de la bourgeoisie commerçante juive viennoise «dépassaient» leurs pères, devenaient «autres» socialement et intellectuellement[3].

Quant à Lacan, il s'est trouvé dans une situation comparable du point de vue qui nous occupe ici. Issu d'une famille de la bonne bourgeoisie catholique commerçante, il fut confronté très tôt à l'humiliation que subissait son père (Alfred) de la part de son grand-père (Émile), véritable tyran domestique. Lacan en éprouva une sorte de haine pour les turpitudes familiales, tout en cherchant, lui aussi, dans sa rencontre avec l'œuvre freudienne, à restaurer une fonction symbolique de la paternité à travers la construction d'un

1. Sigmund Freud, *L'interprétation des rêves* (1900), Paris, PUF, 1967, p. 174.

2. Sur la conception «hannibalienne de la psychanalyse» et sur l'identification de Freud au général sémite, voir mon *Histoire de la psychanalyse en France,* t. 1, *op. cit.,* p. 107.

3. Voir Carl Schorske, *Vienne, fin de siècle, op. cit.*

concept étrange : le Nom-du-Père[1]. De votre côté, plutôt que de revaloriser la fonction symbolique du père, vous proposez de déconstruire le paternalocentrisme occidental et son corollaire : le phallocentrisme.

J.D. : Pour mille raisons, je ne sais pas jusqu'où je pourrais vous suivre dans ces analogies ou dans ces distinctions. Ni si l'on peut comparer mon père à ces autres figures paternelles, chez Freud ou chez Lacan. Votre « quant à Lacan », j'adore. Je ne suis pas certain non plus que l'expérience de l'humiliation de mon père soit liée à sa judéité, du moins pour ce que j'en ressentais alors, adolescent. Implicitement, oui, sans doute, mais de façon bien indirecte.

Ma compassion pour mon père fut infinie. À peine scolarisé, à l'âge de douze ans, il dut commencer à travailler dans l'entreprise des Tachet où son propre père avait déjà été un modeste employé. Après avoir été une sorte d'apprenti jusqu'à l'âge adulte, mon père devint représentant de commerce : toujours au volant de sa voiture. Parfois, je l'accompagnais dans ses tournées, je conduisais pour lui quand je pouvais le faire. À chaque hôtel, à chaque café, à chaque épicerie, il s'arrêtait pour prendre des commandes, et je le voyais toujours dans le personnage du demandeur : à l'égard de ses clients mais aussi du patron dont le paternalisme autoritaire m'irritait autant que sa bienveillance. J'y ressentais surtout de la condescendance. L'un des nombreux prénoms de mon père, Charles, fut sans doute celui du grand-père Tachet (quel nom de famille, n'est-ce pas ? On pense à la tache de je ne sais quel péché originel).

À ce moment-là, je ne pensais pas à quelque « question juive ». Il y avait le patron et l'employé, le riche et le pauvre, et même dans la famille je voyais en mon père la victime d'un sombre rituel. Obscur, cruel et fatal. Le mot de « sacri-

1. Voir Élisabeth Roudinesco, *Jacques Lacan, op. cit.*

fice» revenait sans cesse : «Il se sacrifie pour nous.» Il le disait parfois lui-même. Pendant toute mon adolescence, j'ai souffert avec lui, j'accusais le reste de la famille de ne pas reconnaître ce qu'il faisait pour nous. C'était cela, l'expérience du «père humilié» : homme de devoir avant tout, ployé sous l'obligation. Voûté. Il l'était, voûté, sa démarche, sa silhouette, la ligne et le mouvement de son corps en étaient comme signés. Le mot «voûté» s'impose d'autant plus à moi que je n'ai jamais pu le dissocier de ce destin : mon père travaillait en un lieu qui n'avait pas d'autre nom que «les voûtes», sur le port d'Alger.

Dans *La contre-allée* ou ailleurs, il m'arrive de me comparer à un représentant de commerce qui s'épuise à transporter ses valises, et à «vendre» sa marchandise sur quelque marché académique et culturel. Mais les choses sont plus compliquées, vous vous en doutez, et la transaction plus perverse, plus contrebandière, mais laissons. Peut-être, j'aime aussi penser ça, peut-être que je venge mon père en introduisant un principe de désordre dans ce «commerce», dont j'organiserais simultanément le procès. Pour rendre justice au père, disons en riant, avec l'ami Hamlet, *to set it right*!

Quand l'antisémitisme d'État s'est déchaîné en Algérie, en 1940-1942, mon père fut reconnaissant envers ses patrons de nous avoir protégés, de l'avoir gardé, lui, à leur service, alors qu'ils auraient pu, comme certains les pressaient de le faire, et comme ils en avaient le droit, renvoyer cet employé juif. Je me sentais humilié de le voir inondé de respectueuse gratitude envers ces gens pour lesquels il avait travaillé pendant quarante ans et qui «consentaient» généreusement à le «garder». Il travaillait beaucoup, il travaillait tout le temps, il ne prenait jamais de vacances. Sans aller jusqu'à dire que je m'identifiais virtuellement à lui (mais comment ne pas le faire, au fond, si peu que ce soit, dès qu'on se met à comprendre et à compatir?), je voyais sans doute en lui une figure exemplaire de la victime : méconnu par la « famille », exploité par la « société ».

E.R. : La question du père humilié est donc centrale dans votre critique du paternalocentrisme. Et il me semble que l'expérience personnelle joue toujours un rôle dans ce genre de démarche, d'une façon ou d'une autre.

J.D. : Je n'ai jamais songé à associer cette expérience du père humilié (humilié par un « paternalisme » !) à une quelconque réhabilitation de la figure paternelle ou, inversement, à quelque déconstruction du paternalocentrisme. Mon indignation à l'égard des patrons et même de ma mère, dont j'ai souvent cru, enfant, qu'elle ne reconnaissait ni ne partageait assez les souffrances de notre père, ce fut d'abord, ce fut aussi une compassion. J'étais celui qui pouvait comprendre les souffrances d'un père – qui d'ailleurs préférait souvent se confier à moi, dès mon adolescence. Chaque fois que nous étions seuls ensemble, il venait à moi du fond de son silence, il me prenait à témoin de l'incompréhension ou de l'indifférence des autres. Il est vrai que cette expérience a été à peu près contemporaine de celle de l'antisémitisme. J'ai été chassé du lycée Ben Aknoun en 1942, et au-delà d'une mesure « administrative » anonyme à laquelle je ne comprenais rien et que personne ne m'a expliquée, la blessure fut autre, elle ne cicatrisa jamais : l'insulte quotidienne des enfants, mes camarades de classe, les gamins dans la rue, et parfois les menaces ou les coups de poing contre le « sale Juif » que, dirais-je, je me trouvais être...

Il n'est pas facile pour moi d'articuler ensemble, comme vous m'y invitez, cette expérience personnelle et les gestes déconstructifs en direction de Freud et du patriarcat ou, comme vous dites, du paternalocentrisme. À l'égard de mon père, ce fut un mélange équivoque de compassion et d'hostilité. Mon père manquait d'autorité tout en étant coléreux et je regrettais qu'il vînt sans cesse se plaindre à moi. Parfois, et plus tard sans doute, j'ai dû, mais les choses sont obscures et difficiles à décrire ici, prendre le parti de ma mère, contre mon père.

E.R. : Pour en venir maintenant au cœur de ce qui nous occupera dans ce chapitre, la question de l'antisémitisme, il nous faut bien constater que, dans les années 1970, elle se posait avec moins d'acuité qu'aujourd'hui. J'appartiens à une famille juive beaucoup plus assimilée que la vôtre, beaucoup plus assimilationniste en tout cas, et j'ai l'impression que l'interrogation sur l'identité juive, même si elle a toujours existé, est revenue en force chez les intellectuels français assimilés vers 1980, avec la chute des engagements associés aux grands systèmes de pensée. Ces systèmes, pour y rester fidèles sans sombrer dans le dogmatisme, il a fallu, nous l'avons dit, les déconstruire. Mais, ce faisant, le danger d'un enfermement catégoriel ou identitaire s'est précisé au fil des années.

J.D. : Comment oser encore *faire face*, de façon abrupte, à la question de l'antisémitisme ? De l'antisémitisme chez nous, aujourd'hui ? Doit-on y faire face comme s'il était encore non seulement près de nous mais *devant nous*, à la fois présent et encore à venir ? L'antisémitisme a-t-il encore un visage et un avenir ?

Il est vrai que la forme même de mes questions reste imprudente. Elle semble supposer que « devant nous », si près de nous soit-il, et même chez « nous », il nous reste, l'antisémitisme, à vous et à moi, à d'autres aussi, extérieur ou étranger. Je crains que personne ne puisse prétendre ici à l'immunité. Pour ma part, je tente toujours, peut-être avec un succès inégal, de me surveiller sévèrement dans l'autorisation que je risque parfois de me donner, Juif ou tenu pour tel, et donc prétendument insoupçonnable d'antisémitisme, au moment de poser des questions critiques, ou parfois radicalement « déconstructives », au sujet du judaïsme (religion ou culture), de la judéité, du motif de l'élection, de telle dimension communautaire, de la fondation de l'État d'Israël, surtout, ou de sa politique depuis un demi-siècle.

Ma vigilance, je crois pouvoir le dire, fut sans repos, depuis l'âge de dix ans, à l'égard du racisme et de l'antisémitisme. Je dois pourtant avouer que c'est seulement *aujourd'hui même*, qu'avec d'autres, je suis comme pris de vertige devant une évidence, nouvelle pour moi : la société française reste accueillante au retour des vieux démons, en particulier dans des milieux et dans des lieux de l'espace public qui en étaient, croyais-je, préservés.

Revenons un instant en Algérie. Le système scolaire y était, du moins en principe, en droit, absolument identique à celui de la « métropole » : mêmes normes, mêmes valeurs, même modèle linguistique. Cette école se voulait républicaine (plus « républicaine » que « démocrate » !) et la « République » peut être, on le sait, plus « colonialiste », c'est-à-dire expansionniste au nom de valeurs universelles, que la « démocratie », pour peu que nous tenions encore à cette opposition artificieuse et fragile. Cette école républicaine excluait bien entendu toute référence, j'oserais presque dire toute allusion à l'Algérie et à la langue arabe. Elle tendait aussi à exclure les Algériens eux-mêmes ! À l'école primaire, certes, il y avait à peu près autant de jeunes Algériens que de jeunes Français « de souche », mais dans la grande majorité des cas, les premiers ne poursuivaient pas leur scolarité. Ni au lycée, ni, encore moins, à l'université.

Quand j'ai été chassé du lycée de Ben Aknoun, mes parents m'ont inscrit « en ville » au lycée Maïmonide, surnommé « Émile Maupas », du nom de la rue, derrière la cathédrale d'Alger, à la limite de la Casbah, où tous les professeurs juifs de la région, eux-mêmes exclus sans un murmure de protestation de leurs collègues (comme en « métropole » !), se sont regroupés pour fonder un lieu d'enseignement destiné à tous ces parias. Je m'y suis donc retrouvé, mais j'en garde un souvenir sombre et malheureux. C'est là, je crois, que j'ai commencé à reconnaître, sinon à contracter ce mal, ce malaise, ce mal-être qui, toute ma vie, m'a rendu inapte à l'expérience « communautaire », incapable de jouir d'une appartenance quelconque.

Car cela s'est sans doute fixé, en apparence, à ce moment-là, sur et contre une frénésie fusionnelle « juive ». Mais je suppose que la menace devant laquelle je fuyais à tout prix et à toutes jambes (j'ai, par exemple, caché à mes parents que, pendant près d'un an, j'avais « séché » les cours du lycée Maïmonide) venait de plus loin. Elle était, elle reste générale et multiforme. De la même façon, j'avais déserté, un an auparavant, le milieu des scouts et éclaireurs de France (très français, pétainiste même) vers lequel un instituteur zélé m'avait poussé...

E.R. : Vous dites dans *La contre-allée* que vous ne vouliez pas appartenir à la communauté juive. Vous détestiez le mot communauté, comme vous détestez aujourd'hui, autant que moi, l'ethnicisme, le communautarisme. Vous parlez d'ailleurs, à propos de cette triple identité (juive/maghrébine/française), d'identité dissociée.

J.D. : D'un côté, j'étais profondément blessé par l'antisémitisme. Cette blessure ne s'est d'ailleurs jamais fermée. En même temps, paradoxalement, je ne supportais pas d'être « intégré » dans cette école juive, dans ce milieu homogène qui reproduisait, contresignait, en quelque sorte, de façon réactive et vaguement spéculaire, à la fois contrainte (sous la menace extérieure) et compulsive, la terrible violence qui lui était faite. Cette autodéfense réactive fut certes naturelle et légitime, irréprochable même. Mais j'ai dû y ressentir une pulsion, une *compulsion* grégaire qui répondait de façon trop symétrique, qui *correspondait* en vérité à une *expulsion.*

Double souffrance donc, cruauté divisée, blessure dont le saignement prend peut-être sa source encore plus loin, plus tôt. Elle sera venue depuis toujours donner son cours et sa forme (« ma » forme) à tout ce qu'on pourrait raconter, à tout ce que je pourrais, moi, écrire au titre du « roman de formation ». Car c'est peut-être aussi une reconstruction, une histoire, une fiction que je me raconte. Tant de travail reste à faire...

E.R. : Même si je sais que l'on ne peut pas réduire les productions conceptuelles à des éléments de la vie subjective, je ne suis pas loin de penser que s'agissant de la construction d'une identité, il existe un lien entre elles, une sorte de « relation œdipienne ».

J.D. : Bien sûr. Mais il faut trouver les médiations les plus justes et les plus fines, les plus singulières aussi. Tâche redoutable...

E.R. : Aujourd'hui, il me semble difficile de ne pas réfléchir à cette question, à la fois pour se détourner de la tentation communautaire et pour conserver quelque chose – un reste – d'une sorte de « sentiment de la judéité »...

J.D. : Ce « sentiment » reste chez moi obscur, abyssal, instable surtout. Contradictoire. À la fois très puissant et labile. Comme si une profondeur de mémoire m'autorisait à oublier, peut-être à dénier le plus archaïque, à me distraire de l'essentiel. Cette distraction active, voire énergique, me détourne alors de ce qui reste sans doute le plus « constitutif » en moi. Elle m'en divertit au point que je le trouve parfois, aussi bien, inconsistant, accidentel, superficiel, extrinsèque. Rien pour moi ne compte plus que ma judéité qui pourtant, à tant d'égards, compte si peu dans ma vie. Je sais bien que de telles déclarations paraissent contradictoires, voire privées de sens commun. Mais elles ne le seraient qu'aux yeux de qui ne saurait dire « je », d'une seule pièce, qu'en expulsant hors de soi toute altérité, toute hétérogénéité, toute division, voire toute altercation, toute « explication » avec soi. Je ne suis pas seul avec moi-même, pas plus qu'un autre, je ne suis pas *un seul*. Un « je » n'est pas un atome indivisible.

Sans m'engager plus loin dans cette voie trop fréquentée, j'ajouterai deux ou trois choses – pour me limiter à cette judéité dont nous parlons en ce moment. *D'une part,* cette division, cette déhiscence (plus d'un et plus de deux et plus de trois, au-delà de toute arithmétique et de toute calculabilité, etc.), c'est ce autour de quoi je travaille tout le temps, depuis toujours. Cette incalculable multiplicité intérieure, c'est mon tourment, justement, *mon travail,* mon *tripalium,* ma passion et mon labeur. C'est aussi ce qui, me travaillant au corps et à l'âme, me fait sans doute travailler, comme de nombreux textes l'attestent[1], me donne à réfléchir *et* à mon appartenance *et* à ma non-appartenance au judaïsme. *D'autre part,* je ne crois pas que cette division ou cette non-identité à soi reste purement ou exemplairement juive ; mais qui osera prétendre qu'elle n'est pas *aussi* très juive ?

Enfin, et je dirais *surtout,* je revendique cette division déracinante, je ne la tiens pas pour un mal absolu. On en souffre, mais elle émancipe. Comme la condition d'un regard un peu éveillé, elle interrompt bien des sommeils dogmatiques. La rupture d'appartenance me donne souvent la chance, par exemple, d'un jugement plus juste, moins injuste, sur la politique des communautés auxquelles je suis

1. Cf., notamment, *Circonfession, Le monolinguisme de l'autre, La contre-allée, op. cit.* Et : « Un ver à soie », in *Voiles* (en collaboration avec Hélène Cixous), Paris, Galilée, 1998. (J.D.)

censé appartenir et à l'égard desquelles je veux rester plus vigilant que jamais – qu'il s'agisse de l'Europe, de la France, d'Israël ou de la diaspora juive. Je tiens à rester aussi libre que possible pour les critiquer quand il le faut. Sans céder à aucun chantage à l'appartenance communautaire. Aussi libre que dans les moments où, sans céder non plus à aucune intimidation, fût-elle virtuelle, j'évalue l'action ou la politique de communautés ou d'États auxquels je *ne suis pas* censé appartenir. Il est souvent très difficile, vous le savez, de résister à toutes ces pressions que j'appelle « chantages » au parti pris. Il est parfois presque impossible, dans la confusion générale que ces chantages organisent, de s'en tenir à des jugements complexes, à des énoncés prudents et différenciés, à des attendus stratifiés. C'est particulièrement vrai, et parfois désespérant, autour de questions toujours tragiques et infernales : la *Shoah,* Israël, la Palestine, etc., bien que je ne veuille pas, une fois de plus, tout recentrer autour de ce foyer, comme s'il était seul et unique, je veux dire « plus unique » qu'un autre. Comme chaque meurtre, comme chaque blessure, tous les désastres de ce temps (exterminations, génocides, expropriations et déportations de masse, etc.) sont irréductiblement singuliers.

À propos de désastre historique, retournons pour un instant à l'Algérie, si vous le voulez bien. L'antisémitisme y a toujours sévi, chose bien connue, il fut virulent pendant l'Occupation, puis latent et diffus après la guerre. Eh bien, quand je suis arrivé pour la première fois en France métropolitaine à l'âge de dix-neuf ans, j'ai cru que j'allais cesser d'en souffrir. J'ai naïvement pensé qu'en France, et surtout dans le milieu intellectuel ou académique, l'antisémitisme n'avait aucune chance. Cette illusion a duré, je ne m'en suis pas vraiment défait, même s'il lui arrive d'être brutalement interrompue pas des « réveils » (je me dis alors : « Attention, tu dors, mais en réalité, l'antisémitisme veille, il a l'art du déguisement, même chez toi ! »). Et puis je me rendors peut-être pour d'autres rêves, bons ou mauvais. Jusqu'au prochain sursaut, parfois violent.

E.R. : Comment avez-vous pris connaissance du génocide des Juifs, de la réalité des camps, de ce que, depuis le film de Claude Lanzmann, on appelle la *Shoah ?*

J.D. : Assez tard. Pendant la Deuxième Guerre mondiale, en Algérie, l'antisémitisme s'est donc déchaîné dans la vie courante et dans la législation. Le Gouverneur général a fait du zèle. Il a anticipé ou aggravé certaines mesures prises par Vichy, notamment pour ce qui touchait à l'Éducation nationale et à la fonction publique. Malgré tout ce qui nous arrivait de ce côté, je ne savais pas, à cet âge, nous ne savions pas (en tout cas dans le milieu qui fut le mien) ce qui s'était passé ou se passait encore en Europe. Comme beaucoup, je n'ai pris la mesure du mal, je n'en ai mesuré la démesure, si je puis dire, que plus tard, et de façon progressive.

E.R. : Par des textes, par des paroles ou par des images ?

J.D. : Il y a eu des films (sans doute, et pour une part seulement, *Nuit et brouillard* [1]) et toutes sortes de textes. Cela fut lent et progressif. Je ne me rappelle plus tout le cheminement de cette prise de conscience. Qu'en tout cas j'ai toujours dissociée, injustement d'ailleurs, de ce qui avait pu se passer en Algérie, comme s'il s'agissait là de deux mondes, de deux histoires, de deux communautés privées de communication. Ce qui est absurde, bien sûr, d'un certain point de vue. Mais cette disparité n'est pas insignifiante, j'aimerais pouvoir mieux l'analyser un jour.

1. Film réalisé en 1956 par Alain Resnais avec un commentaire de Jean Cayrol.

J'étais adulte en tout cas quand j'ai commencé à « savoir ». J'avais plus de vingt ans et j'habitais Paris. Ensuite, bien sûr, comme tout homme un peu éveillé, j'ai tenté, au moins, de « penser » la chose, non seulement de la « penser » mais d'« y » penser, comme beaucoup d'autres, d'« y » penser en son lieu, là où cette chose *a eu lieu*, indéniablement, là-bas, là-bas comme ici, mais *avant nous*. C'est arrivé, irréversiblement. Cet avoir-lieu justement résiste à la pensée, à une pensée qui croirait penser en assimilant, en réappropriant, en s'habituant. En subjectivant. En intériorisant dans un travail de deuil qui toujours tend à *immuniser*, à dénier ce qu'il idéalise, car on peut aussi idéaliser, c'est-à-dire sacraliser le pire.

E.R. : Progressivement, donc, vous avez eu l'illusion que l'antisémitisme avait disparu. Et nous sommes très nombreux à l'avoir pensé...

J.D. : Lorsque, comme d'autres, j'ai été horrifié par un certain renouveau de l'antisémitisme lié à la progression de l'extrême-droite en France[1], je n'ai jamais cru – c'était probablement mon illusion – que la société française pouvait devenir antisémite de façon dangereuse. Je voyais bien les gesticulations grimaçantes de certains groupes, de tel parti, et, comme d'autres, j'étais prêt à les dénoncer. Mais je ne pensais pas que la société, que quelque chose comme la « culture » de ce pays, pouvait se laisser envahir par cet antisémitisme ordinaire, dont nous venons de voir quelques soubresauts typiques avec l'affaire Renaud Camus[2].

1. Fondé par Jean-Marie Le Pen, le Front national, parti d'extrême-droite, représentait 1 % de l'électorat français en 1981 et 15 % en 1997. Il a implosé en décembre 1999 du fait de ses divisions internes, cessant ainsi de jouer un rôle électoral majeur dans les relations politiques entre la droite et la gauche.

2. Sur l'affaire Renaud Camus, on consultera la note 2 p. 51 de notre chapitre 2 : « Politiques de la différence ».

E.R. : Aujourd'hui, tout se passe comme si l'antisémitisme s'était à nouveau banalisé, bien à l'abri d'une bonne conscience dénégative. En témoigne le redoutable discours que j'appellerais d'« antisémitisme inconscient » et qui consiste à condamner radicalement la *Shoah* tout en revendiquant le droit de « critiquer » les Juifs « en tant que juifs » et de les « comptabiliser ». Or, la prétendue « critique » n'est que la mise au goût du jour d'une forme ancienne d'antisémitisme fondée sur l'affirmation que les Juifs sont « trop nombreux » dans telle ou telle profession, qu'ils s'organisent en « lobbies », aux fins d'influencer l'opinion ou de la déstabiliser, etc. Dans ce discours, la fameuse « comptabilité » du nombre des Juifs dans tel ou tel secteur travaille évidemment comme une incitation à la discrimination.

Il y a deux ans, à l'occasion d'un sondage, les Français se déclaraient racistes à hauteur de 70 %, tout en s'affirmant hostiles à toute forme de discrimination[1]. Il s'agit là d'une dénégation au sens freudien, une manière d'exprimer de façon négative une pensée dont on refoule le contenu, un *je sais bien mais quand même*, selon la célèbre formule d'Octave Mannoni : « Je sais bien que les Juifs ont souffert, mais quand même ils exagèrent[2]. » Ou encore : « Je suis certes raciste, mais je ne veux pas que l'on persécute les Noirs, même si je ne souhaite pas les fréquenter, et bien que, quand même, je puisse comprendre qu'il ne faut pas trop les maltraiter », etc.

J.D. : Quand l'antisémitisme se répand, fût-ce sous cette forme typée, méprisable mais assez facile à déchiffrer, ses « effets pervers », comme on dit, sont nombreux. Le premier, c'est qu'on risque d'hésiter alors à critiquer quoi que ce soit

1. Sondage réalisé par la Commission consultative des droits de l'homme et publié le 15 mars 1999.

2. Octave Mannoni, *Clefs pour l'imaginaire ou l'autre scène*, Paris, Seuil, 1969.

de la politique d'Israël ou de telle communauté juive. Il y a toujours quelqu'un pour vous soupçonner de collusion indirecte, au moins, avec cet antisémitisme rampant. Pour ne pas parler de négationnisme ! Comme je le suggérais à l'instant, je ne peux même plus alors me dire, tranquillement : « Heureusement, je suis juif, cela me permet de ne pas être trop vite accusé, quand je m'inquiète des fondements de l'État d'Israël et de sa politique, de l'opinion de tel ou tel Juif ou groupe de Juifs, de telle ou telle initiative de la communauté juive. » C'est là un piège qu'il faut neutraliser. À tout prix ! Car c'est un piège *mortel,* je pèse mes mots. C'est la mort programmée de la moindre lucidité, de toute responsabilité (intellectuelle, éthique, politique).

Il faut se débattre et se battre contre ceux qui disposent (de) ces pièges. Il faut s'opposer à eux, fût-ce en prenant le temps, en donnant ou en imposant le temps de discours compliqués et d'argumentations stratifiées. Car je ne veux pas dénier à quiconque (ni d'ailleurs m'en priver moi-même) le droit de critiquer Israël ou telle communauté juive sous prétexte que cela risque de ressembler ou d'être utile à un antisémitisme. Je reconnais la difficulté, mais si le mot de *courage* (intellectuel ou autre) garde du sens, c'est justement dans cette situation piégée, devant des tentatives d'intimidation qui viennent de tous les côtés. Car nous sommes encerclés, le piège est un véritable siège. Le pire, à mes yeux, du côté où je me trouve, c'est l'appropriation et surtout l'instrumentalisation de la mémoire historique. Il est possible et nécessaire, sans le moindre antisémitisme, de dénoncer cette instrumentalisation, par exemple ce calcul proprement stratégique (politique ou autre) qui consisterait à *se servir* de l'holocauste, à l'utiliser à telle ou telle fin. On peut juger cette fin contestable, ou détestable la stratégie qu'elle commande, sans dénier le moins du monde la réalité de cette monstruosité passée, à savoir l'holocauste dont certains voudraient ainsi s'emparer et se servir.

On doit donc inlassablement, me semble-t-il (c'est en tout cas ma règle ou ma maxime), sans jamais se laisser intimider, combattre *à la fois* toute forme de négationnisme *et* refuser l'exploitation d'une tragédie sans fond, d'une tragédie pire que toute tragédie (je veux dire encore « grecque » dans sa figure), et qui n'appartient à personne. Artisanale ou industrielle, l'instrumentalisation commence très vite et très tôt. Elle s'impose alors partout, inéluctablement. Elle le fait parfois de façon grossière et sans déguisement, parfois aussi sous un masque respectable, de façon plus noble et raffinée, par exemple en exposant les traits marqués d'un visage figé dans la douleur imperturbable, si l'on peut dire, du témoin légitime, aussi attitré que s'il en venait à professionnaliser un rôle. Cette stratégie peut aussi envahir la rhétorique, les diplomaties de toutes sortes, le marché et même le marché de l'art. Il n'est pas toujours facile de la percevoir. Mais s'il faut être constamment en alerte pour la discerner, il n'en faut pas moins, du même coup, sans attendre, analyser l'antisémitisme, voire le négationnisme qui pourrait aussi vite en prendre prétexte pour se donner bonne conscience. Ces deux maux vont de pair, ils s'alimentent et se confortent l'un l'autre. Si inconfortable que cela reste, j'en conclus donc qu'il faut résister simultanément à l'un comme à l'autre. Sans relâche et sans faiblesse.

E.R. : On ne doit pas céder là-dessus. Et n'oublions pas que l'antisémitisme, même inconscient, se dévoile par une manière particulière de parler des Juifs, une certaine façon d'écrire. On peut parfaitement s'opposer à la politique israélienne et soutenir la cause palestinienne, ou encore critiquer un certain discours intégriste ou sioniste sans pour autant sombrer dans l'antisémitisme. Il n'est d'ailleurs pas besoin d'être juif pour s'autoriser à critiquer ce qu'il y a d'insupportable dans certains discours pro-israéliens. C'est bien parce que je sais que le discours antisémite est toujours reconnaissable à sa langue, à ses mots, à sa rhétorique, à une certaine logique, à un certain raisonnement, que je ne me sens pas coupable des critiques que j'adresse à des Juifs ou à des non-Juifs dont je ne partage pas les opinions. Pour les mêmes raisons, il me semble indispensable de condamner les manifestations d'antisémitisme qui se développent, voire se cultivent, dans les pays en guerre contre Israël, jusqu'à reproduire des thèses négationnistes[1].

J.D. : Je crois qu'il faut en effet redoubler de vigilance devant un endoctrinement anti-israélien qui évite rarement l'antisémitisme. Vous me l'accorderez, c'est là un lieu où, moins que jamais, nous ne devrions nous contenter de « partager des opinions ». Je ne veux pas avoir à ce sujet ce qu'on appelle une « opinion ». Voyez l'histoire du « lobby juif ». L'expression se trouve, là encore, importée sans précaution depuis un lieu, une langue, une culture, des mœurs ou des usages politiques qui n'affectent pas nécessairement l'expression « lobby » de connotations suspectes. *Lobbying* peut être, aux États-Unis, une activité courante et légitime. À l'importation de certains locutions idiomatiques, quand elles sont virtuellement dangereuses, il faudrait peut-être appliquer le « principe de précaution » que l'on réserve aujourd'hui aux « animaux » ou aux produits toxiques !

L'importation de l'expression « lobby » (comme d'ailleurs celle du *politically correct* dont nous avons parlé), je ne la crois jamais innocente et transparente. Cela dit, pourquoi ne pas reconnaître qu'il y a, dans la société civile, quelque chose comme des « lobbies », des groupes de pression de toutes sortes, juifs entre autres, des rassemblements de personnes qui, mandatées ou non, à l'intérieur ou à l'extérieur d'une institution, s'efforcent de protéger ce que, à tort ou à raison,

1. À ce sujet, on se reportera à la suite du chapitre et à la note 1 de la page 215.

ils interprètent comme les intérêts ou la juste mémoire d'une communauté ? Certains, dans ou hors de cette communauté, peuvent à leur tour s'y reconnaître ou les désavouer.

On peut donc, me semble-t-il, critiquer ou regretter, dans certains cas, l'action de tels groupes – par exemple juifs. Des Juifs peuvent aussi, et doivent parfois s'inquiéter des initiatives de tels groupes sans être suspects d'antisémitisme. Mais l'importation, l'usage *précipité et compulsif* de l'expression « lobby », en France, et même de la part de quelqu'un qu'on voudrait ne pas tenir pour antisémite, je crois, pour dire le moins, qu'on ne peut pas ne pas y déceler, le plus souvent, un gage donné à l'antisémitisme. Le symptôme peut être plus ou moins grave selon les cas, selon le contexte, selon la scène rhétorique ou politique. Chaque fois il faut se demander « qui dit quoi ? », dans quelle situation et avec quel statut. La même expression ne signifie ou ne produit pas la même chose selon qu'elle est dans la bouche d'un président de la République ou d'un Juif racontant une histoire juive.

Une anecdote. Il y a quelque temps, quelqu'un que je ne connais pas m'appelle au téléphone. Du Centre de documentation juive : « Mon fils fait une thèse sur Israël à la Sorbonne. Il a appris que vous vous trouviez à Tel-Aviv il y a deux ans et que vous aviez fait un "discours" dont la presse israélienne a rendu compte. Il voudrait se le procurer. » Je n'ai pas donné de conférence à Tel Aviv, lui dis-je, mais y ai exposé, devant un très large public, et au cours d'une discussion, ce que je pensais de la situation et des enjeux politiques, et notamment ce que je désapprouvais de la politique israélienne. Je l'ai fait prudemment, poliment, je crois, mais franchement et fermement. N'ayant pas, hormis une brève introduction, de trace lisible de cette improvisation, je dis à mon interlocutrice que si son fils s'intéresse à ce que je pense d'Israël, il trouvera ce qu'il cherche dans tel ou tel texte. En gros, ajoutai-je, bien que les conditions de la fondation de l'État d'Israël demeurent pour moi une ruche de questions douloureuses que je ne pourrais exposer au téléphone (et même si l'on tient pour acquis que tout État se fonde, que toute fondation même se fonde, sans pouvoir par définition se justifier, dans la violence), j'ai mille raisons de croire qu'il *vaut mieux,* tout compte fait, et pour l'intérêt du plus grand nombre, y compris des Palestiniens, y compris des autres États de la région, tenir cette fondation-ci, malgré sa violence originaire, pour désormais irréversible – à la condition que s'installent des relations de bon voisinage soit avec un État palestinien doté de *tous* ses droits, au sens le plus plein du terme « État » (du moins pour ce qu'il en reste aujourd'hui, de ce sens plein et de la souveraineté en général – autre grave question que je dois laisser de côté au moment de rapporter brièvement, dans un entretien, un entretien téléphonique), soit, au sein du même « État » « souverain » et bi-national, avec un peuple palestinien libéré de toute oppression ou de toute ségrégation intolérables. Je n'ai aucune hostilité particulière et de principe à l'endroit de l'État d'Israël, mais j'ai presque toujours jugé sévèrement la politique des gouvernements israéliens à l'égard des Palestiniens. Je l'ai souvent dit publiquement, en particulier à Jérusalem, par exemple, il y a assez longtemps, dans une conférence, cette fois, dont le texte est publié en plus d'une langue, à l'époque où l'on parlait de « territoires occupés[1] », etc. Après quelques phrases de ce type, j'ai entendu, à l'autre bout du fil : « Ah bon, je m'en doutais. »

Je ne sais pas ce qu'elle en a conclu mais j'ai aussitôt ajouté, à peu près : « Je suis juif, vous le savez sans doute, je peux ressentir une profonde compassion, voire une certaine solidarité avec les habitants de cette région et avec les victimes histo-

1. Jacques Derrida, « Interpretations at war, Kant, le Juif, l'Allemand », in *Phénoménologie et politique,* Mélanges offerts à Jacques Taminiaux, Bruxelles, Ousia, 1989 ; et *Adieu à Emmanuel Lévinas, op. cit.*

riques (juives et palestiniennes) des atrocités de ce temps. Mais je tiens à conserver le droit de critiquer toutes les politiques gouvernementales, y compris celles des grandes puissances, dès avant et depuis la fondation de l'État d'Israël. Je ne crois céder à aucun antisémitisme en disant cela, et j'ose même, comme je l'ai écrit ailleurs, être alors plus fidèle que jamais à un héritage, à une exigence de justice que certains, à tort ou à raison, n'hésitent pas à tenir pour essentiellement juive. Mais je m'en suis expliqué ailleurs et je ne peux pas aborder ici ces redoutables problèmes, pas au fond ou de front. »

E.R. : En vous écoutant, il me vient que, dans mon enfance, certaines personnes de ma famille maternelle, issues de la grande bourgeoisie dite « israélite », et protestante (pour la branche paternelle) disaient à propos des émigrés récents d'Europe orientale : « Il y a les Juifs et les métèques. » Ils se considéraient eux-mêmes comme des Juifs « israélites » (ou « nobles »), revendiquaient souvent une appartenance à l'Église réformée, et traitaient de « métèques » les Juifs orientaux qu'ils assimilaient à une sous-catégorie de juifs. Et j'ai souvent eu le sentiment que mon père, qui était un Juif oriental ashkénaze, immigré de Roumanie, souffrait de cela au point de vouloir dissimuler sa propre judéité. Il a d'ailleurs toujours affirmé que « c'était un malheur d'être juif » et que, surtout, je ne devais pas « épouser un Juif ». Lui-même avait fini par penser, notamment après la *Shoah*, que les Juifs devaient absolument s'assimiler et ne plus être juifs. On retrouve ici la fameuse « haine de soi juive[1] ».

Cet assimilationnisme allait de pair avec le souci de dire toute la vérité sur la *Shoah*. Dans mon enfance, on me parlait sans cesse des chambres à gaz et des horreurs du

1. Le terme de « haine de soi juive » a été inventé par Theodor Lessing dans un essai publié en 1930 : *Der Jüdische Selbsthass*. Voir Jacques Le Rider, *Modernité viennoise et crise de l'identité, op. cit.*

nazisme. J'ai appris très tôt tous les détails de l'extermination à laquelle, à une exception près, tous les membres de ma famille avaient échappé. Gaullistes et antipétainistes de la première heure, ils furent tous résistants (actifs ou passifs) et donc très vigilants face au danger de déportation. Se sentant moins juifs que républicains et assimilés, ils refusèrent de porter l'étoile jaune, marque d'infamie, et eurent recours à de faux certificats de baptême. Mais du coup, après la guerre, la haine de soi juive fut exacerbée. Mieux valait ne pas être juif, *ne plus jamais* être juif, puisque l'extermination pouvait toujours recommencer, puisque la haine du Juif était éternelle, interminable. Je reçus donc le baptême – un *vrai baptême* – et fut élevée dans la *vraie* religion catholique, alors que mon père était athée et ma mère solidement anticléricale. C'est par son entrée dans la psychanalyse qu'elle a pu répondre ensuite à mes nombreuses interrogations, et c'est grâce à elle sans doute – et donc à la psychanalyse – que j'ai fini par comprendre de quelle étrange judéité j'étais l'héritière. Quant à mon père, je lui dois, non pas cette assimilation qu'il a tant désirée pour moi, mais un véritable goût pour l'Italie, pour la peinture et pour l'art en général, que la religion catholique a su nourrir pendant des siècles.

J.D. : La haine de soi, rien de plus juif, dit-on, de plus « exemplairement » juif ; mais c'est le plus souvent un Juif qui le dit. Comme toujours, la logique exemplariste conduit ces propos à l'abîme : si rien n'est plus juif que la haine de soi, quiconque se hait commence à ressembler à un Juif, et cette figuralité emporte tout. Si vous me permettez de le rappeler encore, je me suis partout acharné à traquer, et pour cela à formaliser, cette logique et cette rhétorique exemplariste[1], avec tous ses enjeux politiques.

1. Cf. notamment *Shibboleth – pour Paul Celan*, Paris, Galilée, 1992, et *Le monolinguisme de l'autre, op. cit.*

E.R. : Je crains que l'antisémitisme à venir ne soit de cet ordre. On risque d'assister, sur fond de tragédie de la *Shoah,* à des disputes *entre* Juifs qui recourront, pour alimenter leurs querelles, au vocabulaire de la haine de l'autre, procurant ainsi un immense bonheur aux véritables antisémites. Récemment, Esther Benbassa, titulaire de la chaire d'histoire du judaïsme moderne à l'École pratique des hautes études, a été accusée par un journaliste de soutenir, *en tant que séfarade,* les positions de Renaud Camus et du rabbin intégriste Ovadia Yossef[1]. Elle avait soulevé les questions que nous évoquons ici[2]. Ses positions étaient discutables – et je ne les partage pas – mais elles ne furent pas discutées par le journaliste qui se livra à une attaque sauvage.

Comme vous le savez, en France, contrairement à ce qui se passe aux États-Unis, il est interdit de diffuser des textes antisémites ou racistes, même au titre de documents accompagnés de commentaires savants. On peut néanmoins imaginer que soit possible une réédition de *La France juive* d'Édouard Drumont[3] ou des pamphlets antisémites de Louis-Ferdinand Céline, dans un contexte précis, avec un commentaire critique. Cela ne s'est pas fait, mais je n'y suis pas a priori hostile, même si je comprends qu'un éditeur puisse préférer s'abstenir.

Ce qui est en tout cas, à juste titre, réprimé par la loi de 1972[4], à laquelle les éditeurs et les auteurs sont tenus de se

---

1. Chef du *Shas,* parti ethnico-religieux israélien, Ovadia Yossef a déclaré que les victimes de la *Shoah,* en majorité des ashkénazes, étaient en réalité la réincarnation de « mauvais Juifs ».

2. Esther Benbassa et Maurice Szafran, *Libération* des 11 et 16 septembre 2000.

3. Edouard Drumont (1844-1917). Journaliste et pamphlétaire français, chef de file de l'antisémitisme le plus violent de la fin du XIXe siècle et auteur, en 1886, de *La France juive,* qui servira de bible à tous les auteurs de l'extrême-droite antisémite de l'entre-deux-guerres.

4. La loi de 1881, qui régit en France la liberté d'expression, a été complétée en 1972 par un texte nouveau. On lit notamment : « Est

soumettre, c'est la publication d'écrits *actuels* ouvertement antisémites ou racistes, ou d'écrits *anciens* à caractère ouvertement antisémite ou raciste. Si les écrits anciens sont publiés tels quels ou accompagnés de commentaires eux-mêmes antisémites, ils tombent sous le coup de la loi. Mais il va de soi que s'il s'agit d'une édition critique, le juge ne condamnera pas, puisque dans ce cas, on n'aura pas affaire à une incitation à la haine raciale.

Il y a par ailleurs, dans le corpus littéraire français, toutes sortes d'écrits *anciens* qui, sans être ouvertement ou exclusivement antisémites, sont ponctués de passages antisémites, racistes, xénophobes, misogynes, homophobes, etc. Je pense notamment au *Journal* d'André Gide, à celui des frères Goncourt, aux écrits de Léon Bloy, et à bien d'autres textes encore. Allons-nous les expurger au nom d'une censure rétroactive et « politiquement correcte[1] », comme ont pu le craindre certains défenseurs de Renaud Camus ? Certainement pas. Brandir une telle menace revient à masquer le problème auquel nous sommes confrontés aujourd'hui : les auteurs antisémites *actuels,* ceux qui publient *ici et maintenant,* utilisent la dénégation, la dérision, parfois même l'introspection critique pour faire passer leur antisémitisme.

J.D. : Quand ils en appellent à la « haine raciale », est-ce que ces écrits peuvent être publiés à frais d'auteur, sans la médiation et donc sans l'accord d'un éditeur ?

considérée comme un délit la provocation à la discrimination, à la haine ou à la violence à l'égard d'une personne ou d'un groupe de personnes en raison de leur origine ou de leur appartenance ou de leur non-appartenance à une ethnie, une nation, une race ou une religion déterminée » (article 24). À cela s'ajoutent la diffamation (article 32) et l'injure (article 33) envers les mêmes personnes.

1. Sur la question du « politiquement correct », on se reportera au chapitre 2 du présent ouvrage : « Politiques de la différence ».

E.R. : Rien ne l'interdit, mais ils n'en tombent pas moins sous le coup de la loi de 1972.

J.D. : Pensez-vous qu'il faudrait l'autoriser ?

E.R. : Non, bien sûr. En France, la manifestation publique du racisme et de l'antisémitisme est sinon interdite, du moins réprimée par la loi comme un délit justifiant des poursuites pénales. Mais, je le répète, nous sommes confrontés aujourd'hui à autre chose : à la manifestation d'un antisémitisme inconscient, masqué, détourné, qui ne relève ni de la loi ni de la responsabilité consciente.

J.D. : Une fois encore, nous devrions prendre acte (et pour y travailler sans fin) de ce fait massif : le droit en général, le droit pénal et la criminologie en particulier n'ont pas encore intégré la simple *possibilité* de quelque chose comme la psychanalyse. Ils n'ont même pas été effleurés par des « concepts » freudiens[1]. Je dis *possibilité* et je laisserai « concepts » entre guillemets car un travail aussi périlleux, incertain, imprévisible reste à faire du côté de la psychanalyse, en direction de l'axiomatique même du droit européen.

Devant des déclarations explicites et violentes d'antisémitisme, on suppose que leur auteur en a l'intention consciente, la volonté explicite : il sait ce qu'il veut dire, il le dit librement, il en prévoit et en souhaite les conséquences possibles, il en est donc responsable, on a le droit de le punir. Mais certains affirmeront qu'il n'a pas voulu dire cela, précisément, pas cela exactement, qu'il voulait en vérité, dans un espace rhétorique ou littéraire dont le statut reste

1. Nous abordons la question de la pertinence des concepts freudiens au chapitre 9 de ce livre : « Éloge de la psychanalyse ». Voir aussi Jacques Derrida, *États d'âme de la psychanalyse, op. cit.*

incertain, manifester autre chose, etc. Et que d'ailleurs, chaque manifestation d'antisémitisme, de racisme, de cruauté en général, reste un symptôme. Or qu'est-ce qu'un symptôme ? Peut-on juger un symptôme ? Le faire comparaître devant la loi ? Vous savez que l'on peut déceler des traces d'antisémitisme dans des discours où les Juifs ne sont même pas nommés. Alors a-t-on le droit de juger le symptôme ? Comment rapporter un symptôme à un sujet, comment l'attribuer, comme un prédicat, à un sujet du droit ?

E.R. : En droit, on ne peut pas juger coupable un sujet atteint d'un tel symptôme. Dans ce cas, les seules armes sont la critique et la vigilance.

J.D. : Il y a un point où la question de la culpabilité déborde l'espace juridique. Même si l'on s'autorisait à le juger coupable (du point de vue moral ou politique), aurait-on le droit de poursuivre devant la loi quelqu'un qui présente seulement des « symptômes » de racisme ? J'en doute. Et tant qu'on n'aura pas délimité rigoureusement – ce n'est pas demain la veille – ce concept de symptôme (et, corrélativement, celui d'acte ou de passage à l'acte), eh bien, les axiomes du droit pénal resteront grossiers et primitifs, quels que soient d'ailleurs leur raffinement apparent et leur sophistication « technique ». Ils risquent fort de ressembler un jour à des productions humaines aussi « préhistoriques » que des haches de pierre taillée (avec lesquelles on pouvait d'ailleurs faire des choses étonnantes, mais qui ne souffrent pas la comparaison avec, par exemple, la télé-chirurgie, la micro-informatique ou le téléphone portable).

Freud tient pour indéracinables les pulsions de mort et de destruction, la « cruauté » originaire du « sadisme » ou du « masochisme ». Il a lui-même quelques difficultés à en tirer logiquement des conséquences éthiques ou politiques quant à ce qu'il appelle la culture ou la civilisation[1]. Il croit et il ne croit pas à un progrès. Je le vois comme un homme des Lumières qui n'arriverait pas à y croire, aux Lumières. Son discours à ce sujet m'a toujours paru instable et équivoque. Peut-être ne peut-il en être autrement. Nous en reparlerons sans doute. Mais si l'on ne veut pas s'abandonner passivement à cette confusion (par exemple sous le prétexte que cette agressivité et cette haine de l'autre, voire de l'autre en soi, ne peuvent pas être éradiquées), alors il faut à la fois repenser les héritages et tout « reprendre à zéro » – et du côté de la psychanalyse et du côté du droit, de la morale et de la politique. Si l'on appelle cela « déconstruire », il ne faut pas y chercher des « thèses » ou des réponses prêtes. L'à-venir ne se laisse pas ici réduire. Et c'est le signe que ces tâches restent bien, en un sens de ce mot qui doit être sujet à la même réélaboration, « historiques ».

En deçà ou au-delà des « thèses », étranger aux propositions ou aux positions, le « il faut » de ces tâches et de cet avenir ne s'annonce pas seulement, il vient sur nous, il vient s'imposer à nous de façon *inconditionnelle.* Voilà le premier événement. À partir de cet inconditionnel, j'essaie de *penser la pensée,* à savoir l'expérience de la condition, de la conditionnalité, l'ex-position d'une limite, l'exposition *à* une limite – si instable et difficile à déterminer soit-elle – entre le conditionnel et un inconditionnel que je voudrais distinguer de la souveraineté de quelque sujet que ce soit, Dieu, le prince, le monarque ou le peuple, comme de tout pouvoir, par exemple performatif (je m'en explique ailleurs[2].)

Je n'ai donc pas, à proprement parler, de *thèse* à proposer. Seulement une croyance, peut-être naïve : je voudrais

1. Cf. Sigmund Freud, *Malaise dans la culture* (1930), *Œuvres complètes,* XVIII, Paris, PUF, 1994, p. 245-333.

2. En plusieurs lieux, et notamment dans *L'université sans condition,* Paris, Galilée 2001. (J.D.)

pouvoir faire, modestement, l'analyse critique ou déconstructive de ce qui « ne va pas », de ce qui devrait *venir* et reste à penser et à faire – une distinction, penser et/ou faire, à laquelle je ne crois pas trop non plus, mais pour m'en expliquer, il me faudrait du temps.

Par exemple, dans le cas dont nous parlons[1] (cas mineur en lui-même mais grave pour ce qu'il révèle d'un certain état de la culture et de l'espace public français, voire européen), ce qui « ne va pas », et ne va jamais bien, c'est un certain rapport entre la justice et le droit. Il faut, certes, *lutter* contre ce dont tel mauvais livre est le signe inquiétant, il faut tout faire pour s'y opposer *publiquement* et pour *justifier* notre opposition : en parlant, en écrivant, en analysant, en argumentant, en protestant, en *démontrant,* en visant bien. Mais en visant quoi ? Eh bien par exemple, tous les tics bien connus de l'antisémitisme ordinaire ou de la xénophobie « vieille France », la vieillerie littéraire aussi, l'inculture profonde et la niaiserie sociale, « sociologique » même, de quelqu'un qui prend de grands airs sans avoir ouvert les yeux sur la tradition même dont il se réclame et sur les codes qui le programment depuis si longtemps, comme un jouet d'enfant. Mais surtout, car le livre et l'auteur me paraissent mériter moins d'attention vigilante que l'« accueil » qui leur est fait, il faudrait se demander ce qui se passe dans notre espace public quand un éditeur et un certain nombre d'« intellectuels » ferment les yeux sur ces phrases aussi hideuses que grotesques, ou même volent au secours d'un livre ou d'un auteur que visiblement ils n'ont pas *lu*, pas *su* lire, pas *pu* lire ou pas *voulu* lire (quatre possibilités souvent indémêlables, dans de tels cas, et l'analyse devrait partir de là).

Cela dit, faire front, publiquement, contre cette marée, ce n'est pas interdire une publication. Je comprends ce qui,

1. Sur l'affaire Renaud Camus, on consultera de nouveau la note 2 page 51 de notre chapitre 2 : « Politiques de la différence ».

dans telle ou telle situation, a pu motiver la loi Gayssot ; mais l'interdiction d'une publication me paraît injustifiable. Par principe mais aussi en raison des effets pervers qu'une telle mesure risque toujours de produire, surtout à un moment où la transformation technique de l'espace public la rend plus inopérante que jamais.

Et de surcroît, au-delà de ce combat que je juge, hors de tout recours juridique, nécessaire, je ne serais prêt à « condamner » Renaud Camus (dont j'avoue que la personne et l'œuvre m'intéressent peu) que si j'étais sûr qu'il savait, comme on dit, ce qu'il fait, qu'il comprenait son propre héritage, qu'il connaissait l'histoire, l'histoire de son pays, de la littérature, de l'antisémitisme, de l'antisémitisme dans la littérature française, etc., et que donc il voulait dire, « librement », en conscience, ce qu'il a mis sur le marché. Or le moins que je puisse dire, c'est que je n'en suis pas sûr. Je crois le personnage rusé et calculateur mais aussi, comme cela arrive presque toujours, naïf, peu exercé, disons, pour faire vite, à l'auto-analyse. Au moins celle de son inconscient social. Nous naviguons encore dans les mêmes parages : droit pénal, criminologie et psychanalyse, tout reste à réinventer.

E.R. : J'aurais plutôt tendance à refuser l'introduction de la dimension de l'inconscient dans le discours juridique. En principe, on ne juge quelqu'un que sur ses actes et, dans le domaine pénal, si un criminel n'a aucune conscience de son acte, il est renvoyé au discours psychiatrique. S'agissant de la loi de 1972, elle me semble satisfaisante, dans la mesure même où elle résout le problème que vous posez. Elle permet en effet de *ne pas avoir à interdire* une publication, de ne pas avoir à la retirer après-coup de la vente, puisqu'elle contraint l'auteur, consciemment ou inconsciemment antisémite, à limiter la manifestation de ses symptômes, dès lors qu'il s'agit d'une expression publique et écrite. Autrement dit, c'est l'auteur qui doit se soumettre à la loi pour éviter à l'éditeur (l'auteur n'étant alors que son « complice ») d'être poursuivi devant les tribunaux. D'ailleurs, quand un auteur signe un contrat, il s'engage *de facto* à respecter la loi de 1972. Et dans l'affaire dont nous parlons, l'éditeur aurait dû imposer à l'auteur d'honorer sa signature. Mais encore fallait-il pouvoir déceler les traces d'un antisémitisme et d'un racisme énoncés sous cette forme dénégative.

Cette limite imposée par la loi n'a rien à voir avec une quelconque censure telle qu'elle existe dans les régimes dictatoriaux ou intégristes, où l'écrivain risque sa vie ou la prison pour refus de s'incliner devant l'arbitraire. L'existence de la loi et l'obéissance à la loi comme limite imposée à la jouissance me semble être le contraire d'un code de la censure.

Cela fait vingt ans que je réfléchis à ce rapport entre le droit et l'écriture. Dans mon travail d'historienne, je me suis moi-même confrontée à la nécessité d'intérioriser la loi, puisque je traitais de la période contemporaine et qu'il ne pouvait être question ni de diffamer, ni d'injurier quiconque, ni de porter atteinte à la mémoire des morts ou à la vie privée des vivants, etc. Et pourtant il était impensable que je passe sous silence des événements importants, au nom d'une histoire pieuse ou pour obéir à des injonctions abusives. Il m'a donc fallu rechercher les mots justes et déployer une narration suffisamment riche pour restituer les turpitudes, les passions, l'héroïsme, l'abjection ou les vies quotidiennes des acteurs de l'histoire : ni détruire, ni abaisser, ni idéaliser, ni mentir, ni « tout dire ». Il y a donc un équilibre à trouver, et le seul moyen d'y parvenir c'est de donner un statut narratif à l'histoire que l'on raconte : une histoire qui n'est pas une fiction mais qui est racontée comme une fiction, avec les moyens de l'écriture romanesque.

Dans le même ordre d'idées, j'ai tendance à penser que plus un écrit est antisémite, plus il est faible littérairement[1]. Sans doute parce qu'il tend à se replier sur lui-même et à devenir l'expression d'une idéologie simpliste, clôturée, et en tout cas contraire à ce qui me semble être l'essence de la littérature : une textualité polysémique, sujette à une multiplicité d'interprétations et de lectures possibles. Vous l'avez montré, vous qui êtes un grand lecteur de la littérature contemporaine, notamment d'Artaud, de Bataille, de Paul Celan, de Jean Genet, de Francis Ponge, de James Joyce, de Philippe Sollers, d'Hélène Cixous et de Michel Deguy[2].

Ainsi, contrairement à ce que l'on entend parfois, je trouve que dans ses pamphlets[3], Céline dissout la puissance de son style, celui qui fait la force du *Voyage au bout de la nuit*[4]. Il n'est plus alors que le porte-parole pulsionnel et délirant d'un style incantatoire réduit à la rhétorique d'une idéologie simpliste.

J.D. : Obliger l'auteur, dites-vous, à « une limite, dans la manifestation de ses symptômes », dans leur exposition publique. Je ne sais pas jusqu'où je vous suivrai. Car nous retrouvons ici la question que nous n'arrivions pas, précisé-

1. C'est ce que j'ai tenté de montrer à propos de Céline. Voir à ce sujet : « Céline et Semmelweis. La médecine, le délire et la mort », in *Les psychanalystes parlent de la mort,* Paris, Tchou, 1979.

2. Jacques Derrida, *Ulysse gramophone. Deux mots pour Joyce,* Paris, Galilée, 1987 ; *Signéponge,* Paris, Seuil, 1988 ; *Schibboleth – pour Paul Celan, op. cit.* Cf. également « Un hégélianisme sans réserve », in *L'écriture et la différence, op. cit.* ; *La dissémination, op. cit.* ; « Comment nommer », in *Le poète que je cherche à être,* Paris, Belin, 1990 ; « HC pour la vie, c'est à dire », in *Hélène Cixous. Croisées d'une œuvre,* Paris, Galilée, 2000.

3. Notamment, *Mea Culpa* (1936), *Bagatelles pour un massacre* (1937), *L'école des cadavres* (1938), *Les beaux draps* (1941).

4. Louis-Ferdinand Céline, *Voyage au bout de la nuit* (1932), in *Romans,* t. 1, Paris, Gallimard, Bibliothèque de la Pléiade, 1981.

ment, à délimiter : qu'est-ce qu'un symptôme ? Et quelles sont les frontières de l'espace public ? La littérature, si quelque chose de tel existe, en toute pureté, comme les « beaux-arts », n'est-ce pas ce qui déplace le statut même de ces concepts, et les affecte d'une irréductible nouveauté historique ? Là où il y a de la littérature, s'il y en a, le concept d'espace public se trouve transformé, tout autant qu'il l'est aujourd'hui par les « nouvelles technologies » de la communication et de la reproduction (l'imprimerie fut d'ailleurs l'une de ces « nouvelles technologies » et la littérature dont je parle, *stricto sensu*, n'existait pas avant l'imprimerie).

Comment répondre de la littérature ? De la responsabilité en littérature ? De cette nouvelle institution qu'on appelle la littérature ? Unique en son genre, cette institution ne répond en principe, en esprit et à la lettre, devant aucune autre institution. Elle se voit reconnaître, en principe, une franchise absolue. Paradoxe : cet affranchissement la fait ressembler à une institution qui, pour l'essentiel de ses *actes* (l'*écriture publique*, sinon les appareils et les modalités de la publication), est an-institutionnelle, quasi sauvage et inconditionnelle. Elle ne relève d'aucun droit positif. Cela ne signifie pas l'irresponsabilité, mais plutôt une mutation dans le concept de responsabilité.

Cette mutation éthique et politique devrait aggraver la responsabilité de l'écriture plutôt qu'elle n'irresponsabilise l'écrivain. L'invention de la littérature, c'est *comme si* elle faisait changer le sol de la responsabilité, précisément en usant, jusqu'à l'abus délibéré, en violant (et c'est une jouissance qui exige son droit, voire impose son autorisation, son devenir-licite) la modalité du *comme si*, en lui inventant un nouvel élément, en en révélant peut-être l'infinité. Cette infinité, ou plutôt cette ouverture sans fin à l'historicité du politique, je l'associe toujours à un certain concept de la *démocratie à venir*.

Il y a sans doute une synchronie, un lien de système aussi, dans l'histoire de l'Occident, entre la démocratie, le droit principiel de tout dire dans l'espace public, d'une part, et la possibilité de la littérature, d'autre part. En principe, dès qu'il y a littérature, on devrait avoir le droit de *tout dire* (ou le droit, aussi bien, de *ne pas* tout dire). Précisons encore : on devrait pouvoir tout *publier* (il n'y a pas de littérature privée), tout manifester dans l'espace public, conformément au statut même de la littérature telle qu'elle est définie en Europe, son seul lieu d'origine. Mais cette définition, d'où l'extrême difficulté de la chose (dont je débats ou avec laquelle je me débats depuis longtemps[1]), elle ne détermine pas une *essence* (un être-littéraire de la littérature, une littérarité) mais une *fonction* sujette à des interprétations et à des conventions (historiques, éthico-juridiques, etc.). D'où la difficulté de traiter les énoncés selon que, légitimement ou non, ils revendiquent leur appartenance – fonctionnelle, pragmatique – à quelque chose comme « la littérature », qui n'est pas une chose mais une *adresse*, une certaine *façon de s'adresser*. Cette revendication est l'acte littéraire même. Il prétend engendrer ses propres normes, il tend à se légitimer lui-même. Produisant ainsi le droit, *son* droit, il entend ne comparaître, en tant qu'œuvre littéraire du moins, devant aucune loi existante. Il ne reconnaît d'avance aucune compétence ou prétendue compétence juridique statutaire.

Fait-on toujours de la « mauvaise littérature » avec de « mauvais sentiments » ? J'en suis moins sûr que vous. Il faut juger sur pièce, sur œuvre. Et sans jamais hésiter, dans l'expérience de la pensée, devant l'abîme du bien et du mal, voire devant l'au-delà du bien et du mal (qui est peut-être le seul « pays » de la littérature). Bien sûr, inversement, il ne

1. Cf. par exemple, entre beaucoup d'autres lieux, « La double séance », in *La dissémination, op. cit.*, ou « *This Strange Institution Called Literature* », entretien avec Derek Attridge, *in* Jacques Derrida, *Acts of Literature*, Londres, Routledge, 1992. (J.D.)

suffit pas, comme certains ont parfois tendance à le penser, de se fier aux « mauvais sentiments » et de jouer à peu de frais la transgression, l'anticonformisme, le conformisme de l'anticonformisme (vice versa), le mal, le diabolique, etc., pour être intéressant et accéder à la « littérature ». En raison de son lieu public, de sa *publicité* essentielle, la littérature est toujours guettée par la gesticulation médiatique. Ce qui est vrai du politicien est aussi vrai de l'écrivain. Plus que jamais.

Nous nous inquiétons tous deux, certes, nous nous indignons devant telle ou telle publication. À l'abri d'un « comme si » couvert par quelque éthique de la littérature, voire par un droit incontestable à la littérature, telle publication est autorisée à *propager* un langage dont nous connaissons les prémisses et les conséquences les plus probables, les pires à nos yeux. Inculte ou non, une telle « littérature » *inculque* et *flatte,* elle *répond à* une idéologie que nous jugeons néfaste et que nous combattons, par exemple le racisme ou l'antisémitisme. Mais là encore, il vaut mieux, je le crois, ne pas interdire. Il vaut mieux répliquer (parfois par le dédain mérité, par le silence, cela dépend du contexte et du danger réel) ou contre-attaquer, analyser, discuter, évaluer, critiquer, ironiser.

En fait, il est vrai, la littérature a toujours été soumise à quelque censure. Les modalités de cette censure sont d'une extraordinaire variété : hétéro-censure, autocensure, aux ordres de l'Église, de l'État, de la société civile, du marché, du marché médiatique, c'est-à-dire de la « société civile », etc. Ces modalités évoluent en permanence, elles restent au fond indélimitables. C'est là un *fait.* Mais en principe *aussi,* il ne devrait y avoir aucune censure pour les écrits qui s'avancent sous le nom de fiction littéraire. C'est au « moment » où un énoncé *se présente* avec un statut différent de celui de la littérature qu'on peut envisager de le juger, de l'interdire ou de le sanctionner. Ce moment est toujours difficile à « saisir ».

E.R. : Dans le cas qui nous intéresse, l'auteur et ses défenseurs ont revendiqué ce droit de tout dire puisqu'il s'agissait d'un genre littéraire particulier : le journal intime. Or, le journal intime, ce n'est pas exactement de la fiction littéraire, puisque les personnes dont on parle et que l'on fait parler ne sont pas des personnages mais des personnes réelles, et donc des sujets de droit qui peuvent revendiquer un droit – à la protection de leur vie privée par exemple – ou qui peuvent porter plainte contre des propos racistes, antisémites, diffamatoires, etc.

J.D. : Oui, mais qu'est-ce qu'un journal intime, quand on le publie ? Et à quel moment, dans quelles conditions un journal intime fait-il partie d'un corpus littéraire ? Suffit-il qu'il soit signé par quelqu'un auquel certains reconnaissent le statut d'écrivain ? L'équivoque s'aggrave quand ce journal intime prétend excéder la fiction et en vient à désigner des personnes réelles, à évaluer des événements sociaux ou politiques, voire à proposer des mesures autoritaires (par exemple un autre dosage « ethnique » dans la composition d'une équipe de journalistes travaillant pour une chaîne de radio publique et nationale).

Donc, la grande question reste celle de la responsabilité. En principe, naturellement, un auteur de fiction ou un poète est *responsable* devant la loi puisqu'il signe un contrat avec l'éditeur et s'engage à respecter un certain nombre de règles. Il est responsable, comme l'éditeur, du *fait* de publier, mais il ne l'est pas, pas de la même façon en tout cas, de *ce qu'*il publie, du contenu littéraire – fictionnel, romanesque ou poétique (si du moins on peut *décider* de cette fictionnalité littéraire ou laisser indécidable le rapport entre la littérature et son autre). Dans un univers fictionnel, un narrateur, le personnage d'un roman ou d'une œuvre théâtrale peut dire n'importe quoi. La responsabilité civile de l'auteur-citoyen est alors exonérée.

Dès qu'il y a «littérature» (s'il y en a et qui soit pure), le «je» qui prend la parole demeure, au regard du droit, en position de «je» fictif. Il n'engage pas l'auteur ou le signataire réel, comme sujet du droit. L'auteur peut lui faire dire ou le laisser dire n'importe quoi, sans tomber, en principe, sous le coup de la loi. Quand je suggère que ce droit de tout dire publiquement suppose un lien essentiel entre le principe démocratique et le principe littéraire, je ne veux pas réduire l'un à l'autre. Le sujet du droit, l'auteur comme citoyen, ce n'est pas une simple fiction romanesque. La démocratie n'est pas un phénomène littéraire, ni seulement une «République des Lettres». Mais, malgré leur rigoureuse distinction, les deux phénomènes en viennent à déterminer, chacun de son côté, chacun à sa façon, selon des modalités originales, des *possibités* communes :

1 – *d'une part,* une historicité ouverte. La littérature est historique *de part en part,* elle a des actes, des lieux de naissance, des traditions, des héritages; et la démocratie est le seul «régime» qui, accueillant *par principe* son autocritique et reconnaissant sa perfectibilité indéfinie, se définisse en *se promettant* – par et dans son historicité, par et selon son *à-venir* même;

2 – *d'autre part,* toujours de façon historique, la légitimation performative d'une fiction, la légitimation *comme* fiction, l'institution d'un État de droit, et par exemple du droit de tout dire publiquement, dépend d'un pouvoir de fiction, et d'un crédit accordé à quelque fictionnalité. Montaigne et Pascal ont su penser et énoncer ce lien profond entre le droit et la fiction[1].

E.R. : Vous avez évoqué ce problème en 1993 dans *Passions* : «La littérature, écrivez-vous, est une invention moderne, elle s'inscrit dans des conventions et des institu-

1. Cf. Jacques Derrida, *Force de loi,* Paris, Galilée, 1994.

tions qui, pour n'en retenir que ce trait, lui assurent en principe *le droit de tout dire.* La littérature lie ainsi son destin à une certaine non-censure, à l'espace de la liberté démocratique (liberté de la presse, liberté d'opinion, etc.). Pas de démocratie sans littérature, pas de littérature sans démocratie[1]. » Au passage, je souligne que cette proposition est également vraie pour la psychanalyse[2].

J.D. : Si une œuvre littéraire appartient toujours, comme telle, à l'espace public, la frontière entre la littérature et la non-littérature reste par nature instable. Un même énoncé peut, dans un contexte, être inscrit au titre de la littérature, et, dans un autre contexte, au titre de la non-littérature. Une analyse *interne* ne peut pas permettre de dire si tel énoncé, par exemple de type antisémite, appartient à la littérature, laissant alors son « auteur » hors de cause, ou au journalisme idéologique, à la rhétorique politique, à l'affichage électoral, etc., tombant ainsi sous le coup des lois françaises en vigueur.

Chaque fois, il faut analyser le contexte défini par la loi, et c'est *en fait* à une instance juridique qu'il revient, en dernier lieu, de prononcer : ceci est une œuvre littéraire et ceci ne l'est pas. Or, dans son corpus et dans ses normes, le droit actuel paraît plus incompétent que jamais pour traiter de ces questions (et je tiens qu'il l'a toujours été, incompétent, par définition, à ce sujet – je parle du droit, non du juriste). Cela tient, entre autres raisons, à de nouveaux pouvoirs techniques et techno-capitalistiques : tous les énoncés sont affectés par l'extension et par la différenciation

1. Jacques Derrida, *Passions,* Paris, Galilée, 1993, p. 64-65. Voir aussi : *Passions de la littérature. Avec Jacques Derrida,* sous la direction de Michel Lisse, Paris, Galilée, 1996.

2. Cf. Élisabeth Roudinesco, *Généalogies, op. cit.* et notre chapitre 9 : « Éloge de la psychanalyse ».

accélérée des lieux, mais aussi des instances de production et de diffusion. Qui va décider si tel énoncé sur le *Web* est une œuvre littéraire ou un tract ? Les législateurs auront de plus en plus de mal à décider de ce qui est une fiction littéraire, un tract meurtrier ou un artefact morbide. D'autant que de nombreux manuscrits refusés par les éditeurs seront à l'avenir publiés sur Internet. Seules des analyses très fines, et toujours discutables, permettront une réélaboration de tout le champ de l'espace public de l'édition et du droit.

La littérature est une invention très jeune qui a tout de suite été, d'elle-même, par elle-même, menacée de mort. Elle se pense, elle pense sa propre possibilité, elle répète sa naissance depuis sa fin, depuis une finitude qui n'est pas devant elle mais en elle comme sa ressource autant que son spectre essentiel. Blanchot est sans doute celui qui, près de nous, a donné la plus grande rigueur à la pensée comme à la chance de cette expérience inouïe[1].

E.R. : Pour en revenir à ce droit de *tout dire* – y compris de publier aujourd'hui et demain des écrits antisémites – j'ai le sentiment que tant que l'extrême-droite organisée pesait sur la vie politique, il était impossible, notamment dans certains milieux « intellectuels », de donner libre cours au bon vieil antisémitisme français d'avant le nazisme. Le risque d'être assimilé à cette extrême-droite était alors trop grand. Un parti « pas comme les autres » prenait en charge, en quelque sorte, la haine consciente et inconsciente de toute une société contre les Juifs. Or les choses ont changé aujourd'hui et nous devons désormais être attentifs aux formes sournoises et dangereuses de cet antisémitisme « bon

1. Voir Jacques Derrida, « Demeure. Fiction et témoignage », in *Passions de la littérature. Avec Jacques Derrida,* Paris, Galilée, 1996. Repris in *Demeure. Maurice Blanchot*, Galilée, 1998.

chic, bon genre», ne serait-ce que parce que nous savons maintenant qu'il a finalement conduit à la solution finale.

J.D. : Bien que le retour de l'antisémitisme reproduise toujours une même et imperturbable logique, il doit inventer de nouvelles figures. Ressources par essence inépuisables. L'antisémitisme garde donc toujours, comme la démocratie, un certain à-venir. La démocratie, telle interprétation de la démocratie, lui fournit d'ailleurs souvent un «terrain» paradoxal, et des «prétextes» souvent difficiles à discréditer. Je pense au soutien que Noam Chomsky aura apporté, sinon à Robert Faurisson[1], du moins à son droit à l'expression publique. Chomsky agit au nom de la liberté

1. En 1978, Robert Faurisson, professeur de littérature à Lyon, adressa à divers journaux des articles dénonçant la «rumeur» d'Auschwitz, soutenant la thèse de la non-existence des chambres à gaz, et qualifiant sa démarche de «révisionniste», alors qu'elle relevait du négationnisme, selon l'analyse proposée dix ans plus tard par Henry Rousso et repris ensuite par tous les historiens. Adepte de Faurisson et issu d'un groupe doctrinaire d'extrême gauche dénommé «La Vieille Taupe», Serge Thion, lui-même négationniste, demanda de l'aide à son ami Noam Chomsky pour qu'il signe une pétition en faveur de son maître. Chomsky ne partageait pas les positions de Faurisson mais, au nom de la liberté d'expression, il accepta en 1980 de rédiger un article intitulé «Quelques commentaires sur le droit à la liberté d'expression», qui servit ensuite de préface au livre de Faurisson, *Mémoire en défense contre ceux qui m'accusent de falsifier l'histoire : la question des chambres à gaz,* Paris, La Vieille Taupe, 1980. Chomsky désavoua par la suite l'utilisation qui avait été faite de son texte, dans lequel il écrivait pourtant : «On peut se demander si Faurisson est vraiment un antisémite ou un nazi. Comme je l'ai dit, je ne connais pas très bien ses travaux. Mais d'après ce que j'ai lu, en grande partie à cause de la nature des attaques portées contre lui, je ne vois aucune preuve qui étayerait de telles conclusions. Je ne trouve pas non plus de preuves crédibles dans les documents le concernant, que ce soit dans des textes publiés ou dans des correspondances privées. Pour autant que je puisse en juger, Faurisson est une sorte de libéral relativement apolitique.» Voir Pierre Vidal-Naquet, *Les assassins de la mémoire,* Paris, La Découverte, 1987. Robert F. Barsky, *Noam Chomsky : une voix discordante,* Paris, Odile Jacob, 1998.

d'opinion et du premier amendement de la Constitution des États-Unis (droit à la liberté d'expression). Prendre prétexte des principes de la Constitution pour laisser passer l'inacceptable, c'est cela qui inquiète, comme un paradoxe ou une perversité. Mais il ne faut céder sur aucune des deux injonctions, là même où elles paraissent contradictoires. Il n'y a d'ailleurs de décision et de responsabilité dignes de ce nom que dans l'endurance d'un *double bind* [1], là où l'on *ne sait pas* d'avance, quand aucun savoir préalable ne garantit ou ne programme de façon continue, sans quelque saut, le choix entre deux injonctions aussi impératives et aussi légitimes l'une que l'autre. Cette terrible loi, qui est la loi même, la loi de la loi, donne sa chance à la responsabilité et à la décision, s'il y en a, mais ne laisse aucune chance à la bonne conscience. Personne ne pourra jamais *savoir*, jamais être assuré, dans un jugement théorique et déterminant, qu'il y a eu décision responsable et qu'elle aura été la meilleure.

L'urgence aujourd'hui, c'est au moins de sauver un certain nombre de principes – le droit au débat, le droit à la discussion, la non-censure – et néanmoins la possibilité de combattre, de limiter, de dénoncer ce qui, sous ce visage-là, laisse passer des tentations antisémites. C'est très difficile. N'oubliez pas par exemple que Chomsky n'aurait jamais accepté que vous disiez de lui qu'il défendait Faurisson. À ses yeux, il défendait le droit à la parole.

E.R. : Devons-nous, au nom de la liberté, mener campagne en faveur d'un auteur négationniste, dont les écrits sont d'ailleurs tellement délirants qu'ils suscitent un formidable intérêt ? On ne dira jamais assez que plus la vérité est

1. Double contrainte. L'expression fut inventée en 1956 par le psychiatre et anthropologue américain Gregory Bateson (1904-1980) pour désigner le dilemme dans lequel se trouve enfermé un sujet schizophrène quand il ne parvient pas à apporter de réponse cohérente à deux ordres de messages contradictoires émis simultanément.

falsifiée, plus le mensonge est gros, plus l'imposture est évidente, et plus elle a de chances de faire des adeptes. L'hallucination, le déni, la paranoïa, en bref tout ce qui caractérise le négationnisme, comme expression extrême de l'antisémitisme, est parfaitement recevable, beaucoup plus facilement même que le savoir rationnel. Si ce n'était pas le cas, de tels discours ne susciteraient pas des transferts aussi extravagants et ne seraient pas aussi écoutés.

Plus généralement d'ailleurs, je trouve très pervers que l'on se mobilise, au nom de la liberté d'expression, non seulement en faveur de Faurisson par exemple, mais aussi en faveur de n'importe quel auteur antisémite « ordinaire », bon français, bien protégé par le droit dans une société démocratique comme la nôtre, et sur lequel ne pèse aucun danger, sauf celui d'être critiqué par la presse ou par d'autres auteurs. Je n'ai aucune compassion pour ce type de « mal-pensants ». Ils bénéficient de tous les privilèges que leur accorde la démocratie. Pourquoi devrions-nous les plaindre ?

Je me demande enfin pour quelle raison inconsciente un intellectuel juif comme Chomsky, de gauche, libertaire, hostile à l'antisémitisme, spécialiste de la rationalité cognitive, ennemi de ce qu'il appelle lui-même l'irrationnel, et grand adversaire des théories freudiennes, a pu adopter une telle position.

J.D. : Une hypothèse : la différence entre nous, intellectuels européens, et Chomsky (dont on doit aussi prendre en compte l'histoire et l'expérience personnelles), c'est pour une part la différence entre l'Europe et les États-Unis. Il y a bien sûr le poids des mœurs de ce pays et de sa Constitution, mais il y a aussi le fait que pour Chomsky, la *Shoah* – événement d'abord et à tant d'égards européen – ne représente pas ce qu'il représente pour nous. Loin de la situation réelle de l'espace public français ou européen (mais la distance n'est pas toujours un mal, dans ce cas), il en a appelé à un principe qui, en lui-même, est inattaquable. Tout cela me paraît respectable.

Je crois que pour la façon dont ce principe est alors rappelé, mis en œuvre, pour les connotations, les alliances ou les complicités objectives auxquelles il donne lieu, il y va ensuite du contexte, comme on dit, des lieux et des mœurs. C'est là que les discussions les plus difficiles commencent, fût-ce dans le même « camp » et entre gens de bonne foi qui partagent les mêmes convictions. Dans les combats qu'il livre, en particulier contre les perversions ou les hypocrisies de la démocratie américaine, Chomsky est un « radical » au sens américain. Il redoute toute forme de limitation du droit de parole, et d'abord dans un « contexte » qui est le sien.

Pourquoi devrions-nous interdire Faurisson ? C'est une question difficile, je ne le vous cacherai pas, pour moi aussi. Je sais qu'il ne faut pas risquer de légitimer dans l'espace public la propagation d'un discours négationniste ou « appelant à la haine raciale ». Mais il faut impérativement laisser quiconque parler. Et écrire, dans l'espace public, et chercher à atteindre un destinataire. J'avoue mon embarras. Il faut à la fois respecter la liberté et ne pas provoquer les regroupements martyrologiques de gens qui se sentent censurés et risquent alors de dénoncer, à bon droit, la société démocratique dans laquelle ils vivent. J'avoue que le principe et le ressort de la loi Gayssot[1] ne me laissent pas en paix.

1. Votée le 13 juillet 1990, cette loi porte le nom du député communiste Jean-Claude Gayssot qui en a été l'initiateur. Elle réprime tous ceux « qui auront contesté [...] l'existence d'un ou de plusieurs crimes contre l'humanité », tels qu'ils ont été définis par le tribunal international de Nuremberg. Cette loi a été critiquée à juste titre par de nombreux intellectuels qui refusaient l'idée de confier au législateur le soin de dire la vérité historique. C'est en vertu de cette loi que l'ouvrage antisémite et négationniste de Roger Garaudy (*Les mythes fondateurs de la politique israélienne*) a été retiré de la vente en France en 1995. Les thèses de ce livre sont diffusées et prises en compte dans le monde arabo-islamique, et notamment en Égypte.

Il est vrai qu'aux États-Unis, à cause de cette prétendue liberté de parole et d'expression, des mouvements nazis ont le droit de se manifester comme tels, de manifester. Mais il y a aussi d'autres manières de lutter. J'ai vu récemment un film américain extraordinaire intitulé *Mr Death* (*Mr Mort*). Un homme, visage souvent en gros plan, hideux, témoigne. Il a été le promoteur industriel de la *lethal injection*. Au nom de principes « humanitaires », il prétend s'être élevé contre la chaise électrique, contre la pendaison, contre la chambre à gaz. Il a promu l'injection létale qu'il présente comme une manière plus humaine de mettre fin à la vie, un peu comme le docteur Guillotin pour sa machine. Il y a, derrière tout cela, l'histoire de la peine de mort aux USA depuis 1972[1].

Ce personnage aborde donc la question de la chambre à gaz en tant que mode d'exécution capitale choisi par certains États américains, et il passe, dès lors et tout naturellement, à celle des chambres à gaz dans le monde, et donc à Auschwitz. Il (se) demande : « Y a-t-il vraiment eu des chambres à gaz ? Est-ce vrai ? » Il se rend alors à Auschwitz afin de « mener son enquête personnelle ». Se disant « ingénieur », il effectue des prélèvements sur des pierres, passe par un laboratoire et conclut que tout cela n'a pas eu lieu, comme le prouverait l'expertise des pierres. Il devient donc négationniste après avoir été le champion de l'injection létale. Applaudi comme un héros par tous les groupes négationnistes des États-Unis, du Canada et du Royaume-Uni, il donne partout des conférences pour expliquer qu'il a procédé à des vérifications scientifiques et qu'il est donc en mesure d'affirmer : les chambres à gaz n'ont pas existé.

1. À ce sujet, on se reportera à notre chapitre 8 : « Peines de mort ». À propos de la guillotine, voir notre chapitre 6 : « L'esprit de la Révolution », et la note 2 page 219 dans le présent chapitre.

Pourtant, cet homme a fini par être condamné pour ses discours dans certains États du nord-est des États-Unis. On l'a privé de travail, on a contesté son diplôme d'ingénieur, et d'ailleurs on s'est aperçu qu'il n'était pas vraiment ingénieur. Lui-même s'est défendu en alléguant qu'aux États-Unis, « sur cent soi-disant ingénieurs, seuls dix d'entre eux ont leur diplôme ». C'est ainsi que l'on sanctionne le discours négationniste aux États-Unis. Je pense encore à un autre personnage, au groupe duquel j'ai eu affaire puisque, là-bas, je suis parfois la proie des groupes d'extrême droite.

Les représentants de Larouche, sorte de néo-nazi américain, ont écrit un pamphlet contre moi qui a été largement distribué, notamment dans les universités où j'enseigne. Lors d'une conférence qui se tenait autour de moi, à New York, un militant de son groupe est intervenu violemment pour m'attaquer, tout près du passage à l'acte physique.

E.R. : Vous êtes traité de quoi ?

J.D. : De marxiste, de destructeur, de nihiliste, d'ennemi public, je ne sais quoi encore. Et je suis une de leurs bêtes noires. Eh bien, ce Larouche n'a pas été poursuivi pour ses discours politiques (les discours sont inattaquables en justice) mais comme Al Capone, me semble-t-il, pour fraude fiscale. On le poursuit donc pour autre chose que pour ses écrits, et je crois qu'il est toujours en prison. Quant à *Mr Death*, il a perdu son travail, dit-il. Il a accepté de parler devant la caméra en racontant paisiblement son histoire, en toute bonne conscience. Mais il a été « piégé » par le cinéaste. La question est donc de savoir si *Mr Death* est privé de travail parce qu'il n'a pas de diplôme d'ingénieur ou parce qu'il a tenu un discours négationniste. En tout cas, rien n'est plus accablant pour lui que son propre témoignage filmé. C'est encore la meilleure arme.

E.R. : Faurisson est aussi un faussaire à sa manière. Un faussaire qui pense que les *autres* sont des faussaires. Avant de devenir négationniste, il a publié des études « littéraires » pour montrer que les œuvres de Rimbaud, Nerval et Lautréamont n'avaient pas été écrites par leurs auteurs[1]. Il se disait alors spécialiste de la recherche du « sens et du contresens, du vrai et du faux », et de la « critique de textes et de documents ».

Dans le cas de *Mr Death*, il y a un lien – que d'ailleurs Lanzmann a bien identifié dans son film – entre le fait de « donner la mort par des solutions propres » (l'injection létale) et les modalités de l'extermination de masse par les nazis. Eux aussi ont mis en place une « solution propre », si l'on peut dire. Avec les chambres à gaz et les fours crématoires, on fait disparaître toute trace des vivants, de façon industrielle et sans massacre apparent. Donner la mort dans de telles conditions, c'est effacer la trace à la fois du meurtre et des vivants. Dans l'injection létale, le rituel de l'exécution capitale disparaît. Non seulement il n'y a plus de supplice, mais il n'y a même plus de machine à tuer : pas de guillotine, pas de pendaison, pas de peloton. C'est le degré zéro de l'exécution, le plus horrible symboliquement parce qu'il permet de réduire le meurtre légal à un acte presque naturel, à quelque chose qui ressemble à une fin de vie ordinaire, à un traitement palliatif.

Il s'agit donc d'une peine de mort qui est administrée comme négation d'elle-même, comme tentative d'effacement de la honte qu'il y aurait à vouloir assumer son maintien. Sans comparer l'injection létale à l'extermination des Juifs, il faut néanmoins se souvenir à quel point certains nazis, et plus encore certains responsables directs de l'extermination (Eichmann par exemple), avaient peur du sang, de la violence et des actes meurtriers : pas de sang, pas de supplice, pas de visibilité de la mort, etc.

1. Cf. Nadine Fresco, « Les redresseurs de morts. Chambres à gaz : la bonne nouvelle. Comment on révise l'histoire », *Les Temps modernes*, juin, 1980.

J.D. : C'est en effet une négation, une dénégation de la mort, une manière de nier la mort en la donnant, ou d'innocenter la mise à mort, à l'aide d'une machine anonyme : là encore, la *lethal injection*, la purification, si l'on peut dire, la neutralisation purifiante de la peine de mort, consiste à faire qu'il n'y ait rien de visible : pas de sang, pas de souffrance (prétendument !). Cependant, quand on y regarde de près, l'injection létale est quelque chose de terrifiant. Tout cela requiert une histoire du sang, puis de l'économie du sang, et de la théâtralité sacrificielle qu'il irrigue, nous y travaillons dans le séminaire que je dirige sur la peine de mort[1]. Tout s'est accéléré avec la guillotine : « Un léger froid dans le cou », disait Guillotin[2]. On abandonne le bourreau avec sa hache à la main pour une machine qui fonctionne toute seule.

Je voulais revenir à la difficulté de penser la question du négationnisme aux États-Unis – où vous le savez, les débats se sont largement développés au cours des dix dernières années, pour le meilleur et pour le pire. Près du pire (je dis bien près du pire, mais ce n'est pas le pire), il y a, selon moi, l'attitude proprement terroriste ou perverse de ceux qui sont prêts à manipuler l'accusation de négationnisme. Ils s'en servent comme d'un projectile et la lancent contre quiconque se pose une question critique, méthodologique, épistémologique – et surtout dans le style de la « déconstruction » ! – sur l'établissement et l'interprétation des faits historiques, sur

1. Jacques Derrida dirige ce séminaire à l'EHESS, à l'Université d'Irvine en Californie et à la New School for Social Research, dans un programme intitulé « Questions de responsabilité ».

2. Joseph Ignace Guillotin (1738-1814). Médecin et député de Paris, il fait adopter par l'Assemblée constituante, en octobre 1789, le principe d'une exécution égalitaire unique pour tous : « Les délits du même genre seront punis par le même genre de peine quels que soient le rang et l'état du coupable. » La machine mécanique mise au point sur ses indications par le docteur Louis s'appellera d'abord la Louison, puis la guillotine.

l'archive, ou plus généralement sur l'histoire et sur la valeur de vérité, etc. Je m'en étais déjà inquiété dans *Spectres de Marx*[1] en en donnant quelques exemples, mais ce danger demeure plus menaçant que jamais. Là encore, il faut résister sans faiblir à cette offensive proprement obscurantiste.

Cela dit, quant aux barrières « légales » à élever devant les discours ou les propagandes « négationnistes », j'avoue ne pas « savoir ». Je ne sais pas si une « mesure » est à prendre, ni quelle est la « bonne mesure ». Là aussi, cela dépend de la situation, on peut le dire sans relativisme. En période de sécurité, de paix, où le danger n'est pas massif et imminent, mais peut-être aussi au-delà, je crois qu'il faut laisser les gens s'exprimer, discuter, contredire, apporter des preuves. C'est comme pour la peine de mort. Si elle a été abolie en Europe, ce n'est pas seulement pour des raisons de principe, c'est aussi parce que l'état de la société européenne est tel qu'on croit n'avoir plus besoin d'elle. Son effet dissuasif n'est pas indispensable. Mais il suffirait que réapparaissent de graves turbulences sociales pour que certains songent à la rétablir. C'est l'immense question des fondements de principe de l'abolitionnisme. Tant qu'on n'aura pas élaboré et effectivement accrédité (ce n'est pas encore fait) un discours abolitionniste à la hauteur de principes inconditionnels, au-delà des problèmes de finalité, d'exemplarité, d'utilité, et même de « droit à la vie », on ne sera pas à l'abri d'un retour de la peine de mort...

1. Cf. *Spectres de Marx, op. cit.*, p. 172, n.l. C'était l'année où paraissaient dans le *New York Times*, aussi bien que dans le livre de Deborah Lipstadt (*Denying the Holocaust*), voire autour de lui, des soupçons aussi odieux que ridicules. La déconstruction n'était certes pas soupçonnée de « négationnisme » mais de faire son lit en créant une « atmosphère de permissivité », dans le « questionnement des faits historiques », ou d'engendrer le « scepticisme ». Je pense exactement le contraire. C'est ce dogmatisme qui engendre le scepticisme. Et même la tentation « négationniste ». Il faut n'avoir rien lu et rien compris, il faut s'entêter dans cette méconnaissance pour avancer des soupçons aussi gratuits et aussi violemment injurieux. (J.D.)

E.R. : Je suis de ceux qui pensent que cela n'est pas possible. L'abolition est inscrite dans le droit européen. Elle est devenue *hors la loi* en quelque sorte, hors de portée de la loi puisque relevant d'un ordre supérieur, celui des traités internationaux.

J.D. : Certes, sauf si s'installe un état confinant à la guerre civile. En France, le Parlement a voté l'abolition en 1981 avec une majorité incluant des parlementaires de droite. Mais aujourd'hui encore, si l'on soumettait la question à un référendum, la peine de mort serait peut-être rétablie. Une majorité de l'opinion publique voulait et veut peut-être encore la peine de mort ; c'est dans une sorte de divorce entre le Parlement et l'opinion publique qu'on a pu l'abolir. Si se créait une situation de grande turbulence civile et politique, le principe de l'abolition pourrait être remis en cause. Il y a assez de gens pour ça, et la majorité se ferait entendre. L'histoire de ce problème est immense et complexe : comment abolir la peine de mort de façon principielle, universelle, inconditionnelle et non parce qu'elle serait devenue non seulement cruelle mais inutile, insuffisamment exemplaire ?

E.R. : Avant d'aborder de front cette question, je voudrais revenir à l'antisémitisme et à la *Shoah*, j'aimerais savoir ce que vous pensez de la fameuse injonction lancée par Adorno et reprise de multiples manières, selon laquelle on ne pourrait « plus écrire de poésie après Auschwitz[1] » ? Elle m'a toujours paru très discutable, très contestable.

1. Theodor Adorno a lancé cette injonction en 1949 : « Écrire un poème après Auschwitz est barbare, et ce fait affecte même la connaissance qui explique pourquoi il est devenu impossible aujourd'hui d'écrire des poèmes », in *Prismes. Critique de la culture et de la société,* Paris, Payot, 1986. Maurice Blanchot a repris l'injonction autrement :

J.D. : Elle me paraît impossible et inacceptable. Non seulement on *peut* écrire, c'est là un fait, mais peut-être *faut-il* écrire. Non pour « intégrer » la *Shoah*, pour en faire ou en réussir son « deuil », pour la garder ou en cultiver la mémoire, mais pour accorder une pensée *juste* à ce qui est arrivé là, et qui reste sans nom et sans concept, unique comme d'autres tragédies uniques (et pour lesquelles, je le suggérais tout à l'heure, le nom grec de *tragédie* risque d'être encore inadéquat – il est encore trop grec et il nomme aussi un art du théâtre).

J'appelle pensée *juste* une pensée qui s'essaie, à partir de là, à partir de cette singularité sans norme et sans concept à quelque chose comme une justice. Une justice à inventer. Comment garder quelque chose que l'on ne peut pourtant ni garder, ni assimiler, ni intérioriser, ni classer ? Paradoxe de la fidélité à l'autre : prendre en soi, garder, recueillir le tout autre sans que ce tout autre ne se dissolve et ne s'identifie à soi dans le soi. Après Auschwitz, re-commencer à penser, *commencer* à écrire autrement plutôt que de ne plus écrire, ce qui serait absurde et risquerait la pire trahison. De toute façon, dans les deux cas, c'est impossible, l'Impossible. Affectés par ce qui est arrivé là, affectés sans avoir même à décider de nous *laisser* affecter, nous *témoignons* de ce que nous ne pouvons ni oublier ni nous rappeler. Pourquoi la littérature, la fiction, la poésie, la philosophie devraient-elles disparaître ? On voit encore moins pourquoi ce *témoignage* aurait force de verdict ou d'arrêt de mort : fin de l'histoire, fin de l'art, fin de la littérature ou de la philosophie, silence. Une « voix de fin silence », si j'entends bien, semble nous enjoindre, au contraire, de re-commencer tout autrement.

« Il ne peut pas y avoir de récit-fiction d'Auschwitz », et « A quelque date qu'il puisse être écrit, tout récit sera désormais d'avant Auschwitz » in *Après coup,* Paris, Minuit, 1983. Voir aussi Jean-Pierre Salgas, « Shoah ou la disparition », *in* Denis Hollier (éd.), *De la littérature française,* Paris, Bordas, 1993, p. 1005-1013.

8

Peines de mort

E.R. : Nous sommes passés d'une réflexion sur la judéité et l'antisémitisme à la question de la peine de mort dont vous avez fait, depuis 1999, l'objet d'un séminaire auquel nous avons déjà fait allusion. L'homme qui a aboli la peine de mort en France est juif. Ce n'est peut-être pas un hasard. Robert Badinter avait perdu son père dans les camps de la mort. Or, il a dit qu'il était devenu un abolitionniste militant de par la culpabilité qu'il avait éprouvée de n'avoir pas pu sauver la tête de Roger Bontemps[1], et que sa douleur face à cet échec s'était nourrie des angoisses anciennes vécues pendant l'Occupation.

J.D. : Oui, mais je ne sais pas si, ni pourquoi, ni jusqu'à quel point une origine juive prédispose, en ce siècle du moins, à l'abolitionnisme. Cela mériterait une approche

1. Complice de Claude Buffet, Roger Bontemps participa en septembre 1971 à la mutinerie des détenus de la prison de Clairvaux qui aboutit à l'assassinat de deux otages. Le 28 novembre 1972, il fut exécuté en même temps que Buffet alors qu'il n'avait commis aucun crime. Robert Badinter était son avocat. Buffet refusa l'idée même d'une grâce présidentielle : « Si je suis gracié, je tuerai à nouveau. Je commettrai d'autres meurtres dans n'importe quel prison où je me trouverai. » Pour pouvoir regarder la mort en face, il avait demandé à être exécuté couché sur le dos, ce qui lui fut refusé. Voir Robert Badinter, *L'exécution* (1973), Paris, Fayard, 1998, et Alain Monestier, *Les grandes affaires criminelles*, Paris, Bordas, 1988.

lente et prudente, sur plusieurs lignes à la fois. Vous avez raison d'y être attentive en tout cas. J'ai cru pouvoir le remarquer, bien des avocats juifs américains étaient aussi des abolitionnistes engagés, dans ce pays qui reste aujourd'hui la dernière « démocratie » occidentale, de culture avant tout chrétienne, voire judéo-chrétienne, à maintenir et à appliquer massivement la peine de mort. Plus gravement aujourd'hui qu'hier, malgré quelques nouveaux signes d'inquiétude ou de trouble, même dans les États les plus « morticoles », comme on dit, des États-Unis.

Pour rester près de votre remarque et de ce que nous disions au chapitre précédent de l'antisémitisme, souvenez-vous, dès l'élection de François Mitterrand[1], certains se sont autorisés à compter les Juifs de son gouvernement. Et puis, il y avait eu, quelques années auparavant, les incidents autour de Simone Veil, lors du vote de la loi autorisant, dans certains conditions, l'avortement[2]. Dans *L'abolition*[3], Badinter rappelle les sinistres débats qui précédèrent, au Parlement, l'adoption de la loi. À travers les torrents de haine et de confusion qui se déchaînèrent, en particulier contre Simone Veil, on pouvait déjà discerner un argument spécieux, dont l'exploitation est assez largement répandue – et non seulement en France : comment pouvez-vous, sans contradiction, préconiser l'abolition de la peine de mort et accepter l'interruption volontaire de grossesse ?

Outre tout ce qu'on peut objecter à cette prétendue « comparaison » (et nous nous y employons souvent dans le séminaire auquel vous faites allusion), un « fait » paraît non moins troublant, et hautement signifiant : presque partout,

1. François Mitterrand a été président de la République de 1981 à 1995.

2. Votée le 28 novembre 1974, cette loi, dont le projet avait été présenté par Simone Veil, ministre dans le gouvernement de droite de Valéry Giscard d'Estaing, abolissait celle de 1920 qui interdisait l'avortement sous peine de poursuites pénales.

3. Robert Badinter, *L'abolition,* Paris, Fayard, 2000.

les statistiques l'attestent, ceux qui s'opposent le plus violemment à l'interruption volontaire de grossesse, ceux qui essaient parfois de tuer des médecins accoucheurs au nom du « droit à la vie », ceux-là mêmes sont le plus souvent d'ardents partisans de la peine de mort.

E.R. : Oui, en effet, et Simone Veil, qui avait été déportée, fut insultée par les adversaires de l'avortement. Ils lui reprochèrent presque d'avoir autorisé un nouveau génocide. Quant à Robert Badinter, il fut traité de « sale Juif » en même temps que d'ami des « assassins d'enfants ». Dans les deux cas, le thème antisémite issu de *La France juive* d'Édouard Drumont fait retour : le Juif est celui qui introduit le virus de la mort dans les entrailles du bon peuple français.

J.D. : C'est surtout aux États-Unis que les mouvements d'opposition « armée », si je puis dire, à l'avortement, se concilient facilement avec une opposition rageuse à l'abolition de la peine de mort, voire au moratoire qui viendrait suspendre les exécutions, en raison du grand nombre d'erreurs judiciaires récemment découvertes. Ces soi-disant défenseurs inconditionnels de la vie sont aussi souvent des militants de la mort. Il s'agit parfois de fondamentalistes chrétiens qui associent la lutte contre l'avortement à la lutte contre l'abolition ou la suspension de la peine de mort[1].

1. Jacques Derrida a souvent abordé la question de la mort, notamment dans *Glas* (qui traite aussi, comme certains séminaires des années 1960, de la peine de mort, Paris, Galilée 1994, p. 114 *sq.* et *passim*) ; dans *Demeure* (1996), Paris Galilée, 1998, où il commente l'ouvrage de Maurice Blanchot, *L'instant de ma mort*, Paris, Gallimard, 1994 ; dans *Donner la mort*, Paris, Galilée, 1999, où il interprète l'attitude d'Abraham sur le mont Moriah : Abraham est celui qui sait devoir se taire avant que l'ange n'interrompe la mort qu'il s'apprêtait à donner à Isaac, pour la donner à Dieu. Cette épreuve est celle que nous vivons chaque jour : choisir un *tout autre* et négliger *les autres*. Elle est emblématique d'une expérience de l'impossible.

E.R. : Comment concilier les deux positions ? J'ai souvent entendu au contraire des catholiques fervents se déclarer, au nom du droit à la vie, adversaires à la fois de l'avortement et de la peine de mort.

J.D. : Immense question. Je voudrais ici prendre le temps de m'expliquer plus longuement que dans les autres chapitres, en rappelant quelques schémas du séminaire que je dirige et que je n'ai pas encore publié. Il y a là, semble-t-il, une donne *contradictoire*, un enjeu dont la tension interne travaille *presque* toute l'histoire de la peine de mort en Occident. Jusqu'au XXIe siècle, presque sans exception, l'Église catholique a été favorable à la peine de mort. Parfois de façon active, fervente, militante. Elle en a toujours soutenu la législation étatique, comme le principe de souveraineté sans lequel la peine de mort n'a aucune chance. Saint Thomas ne fut pas le seul partisan éloquent de la peine capitale. Ce fut aussi le cas de théoriciens « systématiques » du catholicisme traditionnel. Je pense en particulier, pour illustrer cette vérité d'une hyperbole exemplaire, à Donoso Cortés[1], si souvent cité et loué par Schmitt. Cortés a articulé le dogme catholique et la doctrine du châtiment capital avec une conséquence acharnée, à la fois un peu délirante et hyper-rationnelle, « rationalisante » comme cela arrive

1. Juan Donoso Cortés, marquis de Valdegamas (1809-1853). Juriste et philosophe espagnol, auteur de plusieurs ouvrages politiques sur la manière de gouverner les peuples. Après avoir été libéral et admirateur de la Révolution française et de l'esprit des Lumières, Cortés évoluera vers un conservatisme flamboyant et une adhésion radicale à la religion catholique. Dans son *Essai sur le socialisme, le libéralisme et le socialisme* publié en 1851, il soutient que le monde est partagé en deux civilisations irréductibles l'une à l'autre : le catholicisme et le philosophisme (où se retrouvent le socialisme et le libéralisme). Cortés choisit le catholicisme, méprise le libéralisme et respecte le socialisme comme l'ennemi mortel auquel il reconnaît une grandeur diabolique. Cf. la note suivante.

parfois. Et de façon tout aussi remarquable, il a soudé ce système (catholicisme + peine capitale) à une interprétation générale du sacrifice sanglant, depuis Caïn et Abel jusqu'au Christ et au-delà[1]. Ce qui me paraît intéressant, révélateur, en vérité typique dans cette théorisation ultra-réactionnaire, excessive et un peu folle, c'est l'extrême rigueur de la démarche.

1. Donoso Cortés, *Essai sur le catholicisme, le libéralisme et le socialisme* (1851), Grez-en-Bouère, Dominique Martin Morin Reprint, 1986. Cf. surtout le chapitre VI du livre III : « Dogmes corrélatifs au dogme de la solidarité. – Les sacrifices sanglants. Théorie des écoles rationalistes sur la peine de mort ». « Le socialisme [...] n'est qu'un composé incohérent de thèses et d'antithèses qui se contredisent et s'annulent ; le catholicisme, au contraire, forme une grande synthèse où toutes choses rentrent dans l'ordre et dans l'unité, qui met en toutes choses sa souveraine harmonie. On peut affirmer des dogmes catholiques que, quoique divers, ils ne sont qu'un seul dogme [...] dans sa prodigieuse synthèse [...] la parole catholique est donc invincible [...]. Rien n'affaiblit sa vertu souveraine. » Après avoir évoqué le double dogme de l'*imputation* et de la *substitution* (mot et concept qu'on retrouve, différemment mais, je pense, non sans rapport, aussi bien chez Massignon que chez Lévinas), l'institution universelle du sacrifice sanglant, de Caïn et Abel à Œdipe, Cortés précise : « [...] sans le sang du rédempteur, jamais le genre humain n'eût éteint la dette qu'il a tout entier contractée en Adam, vis-à-vis de Dieu ; mais il est très vrai qu'il n'y a point d'expiation véritable sans effusion de sang : *Sine sanguinis effusione non fit remissio (Heb.* IX, 22) ; et il est vrai aussi que le sang de l'homme peut expier, que très certainement il expie certains péchés individuels. De là découle non seulement la légitimité, mais encore la nécessité de la peine de mort. Cette peine se trouve établie chez tous les peuples, et l'universalité de son institution proclame la foi universelle du genre humain à l'efficacité de l'effusion de sang accomplie sous certaines conditions, à sa vertu expiatoire lorsqu'il est versé ainsi, à la nécessité de l'expiation par le sang » (p. 346-347-348-357).

Cortés condamne ainsi violemment l'abolition de la peine de mort pour crime politique par le gouvernement provisoire de la République française en 1848, suivie par « ces terribles journées de juin, qui vivront éternellement avec toutes leurs horreurs dans le souvenir des hommes ». (J.D.)

D'une part, même si, *stricto sensu,* la peine de mort ne se présente pas comme un sacrifice et si toutes les cultures sacrificielles (c'est-à-dire *toutes* les cultures) n'ont pas produit, au sens strict là encore, un droit pénal dans lequel une peine de mort ait cette valeur de rationalité calculatrice, je crois que Cortés n'a pas tort d'inscrire la peine de mort dans une histoire du sacrifice. Et même du sacrifice sanglant, encore que le sang tende à disparaître, du moins le sang *versé,* le sang dans la forme immédiatement visible de son épanchement, alors que la peine de mort survit, et sans doute survivra-t-elle longtemps encore, malgré sa régression générale dans le monde. C'est là un ensemble de questions que nous traitons dans le séminaire que je viens d'évoquer; et quand je nomme le *sacrifice,* je le sais bien, je désigne, plus qu'un concept clair et distinct, un immense problème à réélaborer de fond en comble, dans une des zones les plus obscures, les plus fondamentales, les moins délimitables de l'expérience du vivant, de *tout* vivant, humain ou non.

D'autre part (et un peu comme le fera Walter Benjamin dans « Pour une critique de la violence[1] », à propos des « grands criminels » qui font horreur mais fascinent aussi dans la mesure même où ils contestent la monopolisation de la violence autorisée – *Gewalt* – par l'État), Cortés pense, non sans profondeur, que la distinction entre le crime de droit commun et le crime politique reste fragile et que l'abolition de la peine de mort pour le second (en France, en 1848, par exemple, et c'est son exemple, comme celui de Marx), aurait pour inéluctable conséquence une abolition universelle de la peine de mort – en laquelle il voit, comme Kant, d'ailleurs, et c'est là le vrai lieu de discussion philosophique, la suppression même de tout droit pénal. Il n'y

1. Walter Benjamin, « Pour une critique de la violence » (1921), in *Œuvres, 1. Mythe et violence* (Francfort, 1955), Paris, Denoël, 1971, traduit et préfacé par Maurice de Gandillac. Cf. Jacques Derrida, *Force de loi, op. cit.*

aurait plus de droit – et surtout de droit pénal – sans le dispositif de la peine de mort, qui en est ainsi la condition de possibilité, le *transcendantal*, si vous voulez (à la fois *interne*, inclus : la peine de mort est un élément du droit pénal, une punition parmi d'autres, un peu plus grave bien sûr, et *externe*, exclu : un fondement, une condition de possibilité, une origine, une exemplarité hors série, hyperbolique, plus et autre chose qu'une peine).

C'est à cet effet paradoxal de transcendantalisation de la peine de mort qu'un abolitionnisme conséquent doit s'attaquer. Pour y contribuer, je tente ainsi une sorte d'histoire du sang, à l'intérieur d'une histoire du concept d'*exception* (pas de souveraineté sans droit à l'exception, sans le droit, dirait Schmitt, de suspendre le droit, par exemple là où il y a droit de grâce), et une histoire de la *cruauté*, de l'usage réglé ou des abus du mot, du concept, parfois du mot sans concept de « cruauté », que celle-ci soit visible, théâtrale ou non.

Toute cruauté n'est pas sanglante ou sanguinaire, visible et extérieure, certes ; elle peut être, elle est sans doute essentiellement psychique (plaisir pris à souffrir ou à faire souffrir pour faire souffrir, pour voir souffrir ; *grausam*, en allemand, ne nomme pas le sang). Mais *cruor* désigne bien le sang versé, l'épanchement et donc une certaine extériorité, une visibilité du rouge, son *expression* au dehors, cette couleur qui inonde tous les textes de Victor Hugo contre la peine de mort, depuis le rouge que fait couler la guillotine, « la vieille buveuse de sang[1] », « l'horrible machine écarlate[2] » jusqu'aux montants de bois rouge qui en soutenaient la lame (« deux longues solives peintes en rouge, une échelle peinte en rouge, un panier peint en rouge, une lourde traverse peinte en rouge dans laquelle semblait emboîtée par un de ses côtés une lame

1. Victor Hugo, *Écrits sur la peine de mort*, *op. cit.*, p. 37.
2. Préface à *Le dernier jour d'un condamné*, in *Écrits sur la peine de mort*, *op. cit.*, p. 15.

épaisse et énorme de forme triangulaire [...] c'était la civilisation qui arrivait à Alger sous la forme d'une guillotine[1] »).

Je reviens à la « question catholique ». Malgré tous les mouvements de repentir et de pardon auxquels il ne cesse d'en appeler, malgré ses discours au sujet de l'Inquisition et des errements passés de l'Église, malgré tels propos tenus contre la cruauté de la peine capitale lors d'un voyage récent aux États-Unis, et bien que l'État de Vatican ait aboli la peine de mort il y a quelque vingt ans, Jean-Paul II, à ma connaissance, n'a jamais, pas plus qu'aucun de ses prédécesseurs, engagé solennellement l'Église et le Vatican dans le combat abolitionniste. Seuls quelques évêques, notamment en France, ont pris publiquement parti contre la peine de mort, du moins contre son maintien en France[2].

Comment cela se justifie-t-il ? Il nous faudrait prendre le temps de relire tout cela de près. Car ce *fait* indéniable (qu'il n'y ait jamais eu d'opposition politique de l'Église à la peine de mort) paraît contredire un *autre* christianisme, un autre esprit du christianisme. Voyez l'exemple de Victor Hugo. Il a consacré tant de combats et de textes magnifiques à la cause abolitionniste, à « l'abolition pure et simple », c'est-à-dire inconditionnelle, de la peine de mort, et toujours au

1. *Id., Choses vues*, 20 octobre 1842, *in* Victor Hugo, *Écrits sur la peine de mort, op. cit.*, p. 53.

2. Robert Badinter le rappelle justement dans *L'abolition* (*op. cit.*, p. 163-164). C'est en 1978 que la Commission sociale de l'épiscopat français publiait un document officiel (*Éléments de réflexion sur la peine de mort*) qui, après avoir regretté le soutien historique de l'Église catholique à la peine de mort, concluait sans équivoque (mais *en n'engageant que les signataires et dans les frontières de leur pays*) : « Après une réflexion approfondie, les signataires estiment qu'en France la peine de mort devrait être abolie. » Même si une position analogue avait été prise par *L'Osservatore romano* un an auparavant, cela ne constitue pas encore, me semble-t-il, un engagement universel et inconditionnel de l'Église catholique et du Vatican. Rien de comparable, justement (et la comparaison s'impose une fois de plus), avec les prescriptions ou interdictions concernant la sexualité, la naissance et l'avortement. (J.D.)

nom de ce qu'il appelait, à tort ou à raison, l'inviolabilité de la vie humaine.

Or, pour des raisons qui ne furent pas seulement stratégiques, opportunistes ou rhétoriques, Hugo prétendait aussi s'inspirer du message évangélique et de la passion du Christ. Il le faisait au moment même où il dénonçait parfois les prêtres et la « politique » de l'Église (comme il a condamné la Terreur et fustigé la guillotine au nom de la Révolution française, de sa « vérité », de sa mémoire et de son esprit – de ce qu'elle a*urait dû* être, la peine de mort restant toujours « le seul arbre que les révolutions ne déracinent pas[1] » : « Je ne suis pas de vos gens coiffés du bonnet *rouge* et entêtés de guillotine ». Je souligne encore le *rouge*.)

Au moment même où il s'en prend à « l'édifice social du passé » qui reposait sur « trois colonnes, le prêtre, le roi, le bourreau », Hugo en appelle à la « douce loi du Christ » et au jour où elle « pénétrera enfin le Code et rayonnera à travers »[2]. Il souhaite alors « élargir de son mieux l'entaille que Beccaria

---

1. Préface à *Le dernier jour d'un condamné, in* Victor Hugo, *Écrits sur la peine de mort, op. cit.*, p. 12 : « [...] l'échafaud est le seul édifice que les révolutions ne démolissent pas. Il est rare, en effet, que les révolutions soient sobres de sang humain, et, venues qu'elles sont pour émonder, pour ébrancher, pour étêter la société, la peine de mort est une des serpes dont elles se dessaisissent le plus malaisément. » (J.D.)

2. *Ibid.*, p. 38 : « Et l'ordre humain ne disparaîtra pas avec le bourreau [...]. La civilisation n'est autre chose qu'une série de transformations successives. [...] La douce loi du Christ pénétrera enfin le Code et rayonnera à travers. On regardera le crime comme une maladie, et cette maladie aura ses médecins qui remplaceront vos juges, ses hôpitaux qui remplaceront vos bagnes. La liberté et la santé se ressembleront. On versera le baume et l'huile où l'on appliquait le fer et le feu. On traitera par la charité le mal qu'on traitait par la colère. Ce sera simple et sublime. La croix substituée au gibet. Voilà tout. »

Mutatis mutandis, et pour le dire encore trop brièvement, cette allusion à un avenir où le mal serait traité comme une maladie, je crois qu'elle annonce, entre autres choses, les spéculations d'un Reik sur la disparition à venir du châtiment en général. Cela arrivera quand

a faite, il y a soixante six ans, au vieux gibet dressé depuis tans de siècles sur la chrétienté[1] ». C'est pourquoi, s'il n'a pas tout à fait tort, Albert Camus simplifie un peu les choses, sur ce point comme sur d'autres, quand, dans ses belles et courageuses *Réflexions sur la guillotine*[2], il prétend que la peine de mort ne pourra pas survivre dans un monde sécularisé, ou que son abolition passe par un immanentisme humaniste et athée[3]. Le christianisme a d'autres ressources de « division » interne, d'auto-contestation et d'auto-déconstruction[4].

---

l'humanité aura compris, *comme* Freud et *de* Freud, que le sentiment de culpabilité inconsciente précède le crime. Une confession (psychanalytique) générale aura alors remplacé le droit pénal. C'est à la fin de ce livre (*Le besoin d'avouer, op. cit.*) que Reik, au nom de Freud, et autorisé par lui, dit son opposition à la peine de mort : « J'affirme être un adversaire résolu du meurtre, qu'il se présente sous la forme d'un crime individuel ou de représailles exercées par l'État » (p. 401). Dans le séminaire auquel il est fait allusion, j'accorde la plus grande attention possible au statut et à l'argumentation de ces textes de Reik et de Freud, comme à la question des rapports entre psychanalyse et criminologie. (J.D.)

On se reportera également, sur ces questions, au chapitre 6 du présent ouvrage : « L'esprit de la Révolution ».

1. *Ibid.*, p. 12.

2. D'abord publiées par la *Nouvelle Revue française* (juin-juillet 1957), elles furent reprises dans *Réflexions sur la peine capitale* (en collaboration avec A. Koestler), Paris, Calmann-Lévy, 1957. On peut les lire aujourd'hui dans le volume « Essais » des *Œuvres* d'Albert Camus, Paris, Gallimard, Bibliothèque de la Pléiade, 1965. (J.D.)

3. « En fait, le châtiment suprême a toujours été, à travers les siècles, une peine religieuse. [...] Les valeurs religieuses, en particulier la croyance en la vie éternelle, sont donc seules à pouvoir fonder le châtiment suprême puisqu'elles empêchent, selon leur logique propre, qu'il soit définitif et irréparable. Il n'est alors justifié que là où il n'est pas suprême. L'Église catholique, par exemple, a toujours admis la nécessité de la peine de mort [...]. Mais que signifie cette justification dans la société où nous vivons et qui, dans ses institutions comme dans ses mœurs, est désacralisée ? » Albert Camus, *Réflexions sur la peine capitale, op. cit.* (J.D.)

4. Cf. Jean-Luc Nancy, « La déconstruction du christianisme », in *Les études philosophiques*, 4, 1998, et Jacques Derrida, *Le toucher. Jean-Luc Nancy*, *op. cit.*, p. 68 et *passim.* (J.D.)

On ne peut pas traiter la question de la peine de mort en Occident (peut-être ce concept du droit pénal, *au sens strict*, est-il d'ailleurs seulement européen, et peut-être la peine de mort n'est-elle pas une « peine » parmi d'autres, ni un droit parmi d'autres, ni même, donc, un élément du droit pénal), on ne peut pas en reconnaître les assises profondes sans prendre en compte le discours théologico-politique qui la sous-tend, et qui, en vérité, l'a toujours fondé. Car la peine de mort a toujours été l'effet d'une alliance entre un message religieux et la souveraineté d'un État (à supposer même, parlant d'*alliance*, que le concept d'État ne soit pas d'essence profondément religieuse).

Qu'il s'agisse ou non des cas paradigmatiques de Socrate, du Christ, de Jeanne d'Arc ou d'El Allaj, tout se décide, exemplairement, à partir d'une accusation religieuse (profanation ou trahison d'une loi sacrée), lancée ou inspirée par une autorité religieuse, dont le relais est pris par celle de l'État, qui décide de la mise à mort – et qui l'applique. Dans la figure du monarque, du peuple, du président ou du gouverneur, etc., la souveraineté de l'État se définit donc par le pouvoir de vie et de mort sur les sujets. Et donc par le droit à l'exception, par le droit de s'élever, si on peut dire, au-dessus du droit. C'est ainsi que Schmitt définit le souverain : l'aptitude à décider de l'exception, et le droit de suspendre le droit. Dans la figure du président, ce droit demeure; mais comme il est conféré par un mandat électoral pour une durée limitée, cela peut affecter la liberté et la générosité d'un droit de grâce sur lequel peuvent peser des considérations d'électorat ou d'opinion publique, ce qui n'est pas le cas du monarque absolu de droit héréditaire et divin.

En tout cas, on ne peut pas remettre en question la peine de mort, de façon radicale, principielle, inconditionnelle, sans contester ou limiter la souveraineté du souverain. Le grand Beccaria a tenté de le faire[1] et il s'est enfermé là dans l'une de ses nombreuses contradictions.

E.R. : C'est pourquoi Louis XVI a été exécuté. Il fallait bien mettre fin à la souveraineté monarchique pour instituer celle de la nation. C'est ainsi qu'un nouveau principe de souveraineté se substitue à un autre.

J.D. : Mais on a réinstauré une souveraineté dont le principe n'avait jamais été, au fond, abandonné, c'est le moins qu'on puisse dire, en passant au « peuple » de « citoyens ». Cela prit, entres autres figures, celle de la Terreur, même si, nous l'avons déjà évoqué, après la conversion à la peine de mort de l'abolitionniste Robespierre, après une série de rejets dilatoires de l'abolition, et malgré les plaidoyers éloquents de Condorcet, la Convention s'est séparée en promettant, à la fin de 1795, la fin du châtiment capital pour le jour où la paix serait rétablie (« la paix générale » !) et publiquement déclarée ! « À dater du jour de la publication de la paix générale, la peine de mort sera abolie en France. »

Il aura fallu plus de deux siècles. C'est très long ou c'est très court au regard de l'immensité d'un tel événement et de l'émergence d'un tel symptôme, selon l'échelle choisie – ici, dirai-je d'un mot bref, l'échelle historique de la paix européenne, de l'Europe post-révolutionnaire et relativement pacifiée, rassurée, sécurisée, une Europe dont la démocratie se construit laborieusement. Car partout où la peine de mort a été abolie dans cette communauté européenne, qui en fait maintenant sa condition, il a fallu

1. « En vertu de quel droit les hommes peuvent-ils se permettre de tuer leurs semblables ? Ce droit n'est certainement pas celui sur lequel reposent la souveraineté et les lois », Cesare Beccaria, *Des délits et des peines*, *op. cit.*, préface de Robert Badinter, p. 126. (J.D.)

quelque pression d'origine internationale. Il a fallu limiter la souveraineté ; même là où dans les formes parlementaires, et selon les apparences, l'abolition a été une décision nationale, interne, spontanée, souveraine, comme ce fut le cas en France. Contre une opinion publique – alors et peut-être encore aujourd'hui favorable à la peine de mort –, les parlementaires français qui l'ont abolie en 1981 (y compris ceux de droite, comme Jacques Chirac par exemple), je suis persuadé qu'ils n'ont pas seulement écouté leur cœur et obéi à une conviction de principe. Ils savaient que cette tendance européenne et internationale serait irrésistible. La Chine et les États-Unis y résistent encore, avec un certain nombre de pays arabo-islamiques.

En tout cas, il est impossible de traiter la question de la peine de mort sans parler de la religion, et de ce qui, par la médiation du concept de souveraineté, tient le droit à la religion. Quand je parle d'une alliance théologico-politique ou théologico-juridico-politique, au fondement ou au principe de la peine de mort, comme de sa mise en œuvre, quand j'invoque ainsi un concept de souveraineté (sur la vie et la mort des créatures ou des sujets, y compris le droit de grâce), je ne me fie pas à un concept *déjà disponible* du théologico-politique qu'il suffirait d'*appliquer* à la peine de mort comme à l'un de ses « cas » ou de ses exemples. Non, au contraire, je serais tenté de dire qu'on ne peut commencer à penser le théologico-politique, et même l'onto-théologico-politique, qu'à partir de ce phénomène du droit pénal qu'on appelle la peine de mort.

En vérité, il s'agit là moins d'un phénomène ou d'un article du droit pénal que, dans cette tradition, de la condition quasi transcendantale du droit pénal et du droit en général. Pour dire la chose de façon brève et économique, je partirai de ce qui aura depuis longtemps été pour moi la donnée la plus signifiante et la plus stupéfiante, la plus stupéfiée aussi de l'histoire de la philosophie occidentale :

jamais, *à ma connaissance,* aucun philosophe *en tant que tel, dans son discours proprement et systématiquement philosophique,* jamais aucune philosophie *en tant que telle* n'a contesté la légitimité de la peine de mort. De Platon à Hegel, de Rousseau à Kant (ce dernier étant sans doute le plus rigoureux de tous), ils ont expressément, chacun à sa façon, et parfois non sans pli et sans remords (Rousseau), pris parti *pour* la peine de mort.

Dans la modernité post-hégélienne, cela continue, *ou bien* sous la forme de discours explicites (comme Baudelaire, Marx soupçonne l'intérêt des abolitionnistes qui voudraient sauver leur tête, *soit* pendant le bref épisode de la Révolution de 1848 en abolissant la peine de mort pour crime politique – et Hugo lui-même en formula le soupçon –, *soit* à l'époque des grandes manifestations abolitionnistes auxquelles ce dernier prit une part active et spectaculaire[1]),

1. Charles Baudelaire, « Pauvre Belgique ! » : « (Abolition de la peine de mort. Victor Hugo domine comme Courbet. On me dit qu'à Paris 30 000 pétitionnent pour l'abolition de la peine de mort. 30 000 personnes qui la méritent. Vous tremblez, donc vous êtes déjà coupables. Du moins, vous êtes intéressés dans la question. L'amour excessif de la vie est une descente vers l'animalité) », *Œuvres complètes*, Paris, Gallimard, Bibliothèque de la Pléiade, t. 2, 1976, p. 899. Une variante tourne aussi autour de ce mot « intéressés » qui porte une bonne partie de la *charge* (et de l'accusation, kantienne dans son principe ou sa forme, et de l'enjeu problématique autour duquel nous travaillons systématiquement dans ce séminaire) : « Abolisseurs de peine de mort, — sans doute très intéressés » (*ibid.*, p. 1494).

Avec cette alliance de cruauté perverse, d'égarement parfois effroyablement antisémite, comme je l'ai rappelé dans *Donner le temps* (Paris, Galilée, 1991, p. 166-167), de clairvoyance historique, de compulsion chrétienne antichrétienne, Baudelaire ne s'est pas trompé, me semble-t-il, pas plus que Cortés, sur l'essence *sacrificielle* de la peine de mort. « La peine de Mort est le résultat d'une idée mystique, totalement incomprise aujourd'hui. La peine de Mort n'a pas pour but de *sauver* la société, matériellement du moins. Elle a pour but de *sauver* (spirituellement) la société et le coupable. Pour que le sacrifice soit parfait, il faut qu'il y ait assentiment [encore un argument kantien !] et joie de la part

ou bien sous la forme troublante du silence et de l'omission, comme si ce n'était pas là un problème philosophique digne de ce nom. Ici, on ne compte plus les silences, d'ailleurs différents sans doute dans leur axiomatique implicite, de Heidegger (penseur de l'être-pour-la-mort qui, *à ma connaissance*, n'a jamais abordé le problème de la peine de mort à laquelle il pensait certainement ne pas devoir s'opposer) à Sartre, à Foucault et à tant d'autres.

À ma connaissance, Lévinas n'y consacre qu'une seule phrase en 1987, après son abolition en France : « Je ne sais pas si vous admettez ce système un peu complexe qui consiste à juger *selon la vérité* et à traiter *dans l'amour* celui qui a été jugé. La suppression de la peine de mort me semble une chose essentielle pour la coexistence de la charité avec la justice[1]. » Mais il tente de soustraire, comme Kant et Hegel, la loi biblique et romaine du talion à son interprétation courante – vengeance, revanche, etc., à savoir cela même

---

de la victime. Donner du chloroforme à un condamné à mort serait une impiété, car ce serait lui enlever la conscience de sa grandeur comme victime et lui supprimer les chances de gagner le Paradis » (*ibid.*, t. L, p. 683. Je remercie Jennifer Barjorek d'avoir attiré mon attention sur ces deux textes de Baudelaire). (J.D.)

1. *Emmanuel Lévinas, Qui êtes-vous ?* Entretien avec F. Poirié, Lyon, La Manufacture, 1987, p. 97. Pour donner toute sa portée à cette proposition, dans l'hypothèse qui est, *sous bénéfice d'inventaire*, la mienne, à savoir celle d'une collusion essentielle entre la philosophie *comme telle* et la peine de mort, retenons-en deux traits. D'une part, la phrase de Lévinas ne s'avance pas comme une démonstration *philosophique* dans l'espace de la *justice* ou du *droit*, mais dans celui de la *charité*, notion chrétienne (voir plus haut). Lévinas cite d'ailleurs Matthieu à la page suivante. Les valeurs d'*amour* ou de *charité* se trouvent au centre de la longue réponse de Lévinas, qui nomme au passage la peine de mort. D'autre part, le propos de Lévinas appartient justement à un discours qui tient à ne pas s'inscrire dans l'ontologie, mais à se porter au-delà de la philosophie comme ontologie de tradition grecque. Dans la dernières des *Quatre leçons talmudiques* (Minuit, 1968, p. 158), Lévinas notait au passage : « La loi juive n'autorise pas une condamnation à mort avec une voix de majorité. » (J.D.)

contre quoi s'élevait l'Évangile de Matthieu (V, 38-44) –, pour y voir, comme Kant, justement, l'origine et le fondement rationnel de la justice pénale[1].

Certains d'entre eux furent sans doute, dans leur cœur, horrifiés par la peine capitale sans croire devoir y consacrer une argumentation philosophique; c'est, me semble-t-il, le cas de Lévinas. D'autres ont cru, à tort ou à raison, y voir un phénomène particulier ou un simple effet aggravant du système pénal, voire carcéral en général, ou encore une superstructure de la formalité juridique qu'il fallait reconduire à son assise infra-structurelle et à des *intérêts* de « dernière instancc » (socio-économico-politique). Ceux qui ont élevé un discours public contre la peine de mort ne l'ont jamais fait, à ma connaissance et telle est mon hypothèse provisoire, de façon strictement *philosophique*. Ce furent soit des écrivains (en France Voltaire, Hugo, Camus), soit des juristes ou des hommes de loi (Beccaria, en premier lieu, dont l'influence fut considérable et décisive au siècle dernier,

1. Lévinas ne *justifie* pas seulement la loi du talion, il y reconnaît l'origine de la *justice* même. La loi du talion délivrerait un « message d'universalisme », « une loi unique pour tous ». Ce ne serait en rien « une façon de se complaire dans la vengeance et la cruauté où baignerait une existence virile. De telles inspirations furent étrangères à la Bible juive. Elles viennent de païens [ce que Matthieu disait, lui, de la loi du talion : chose païenne]. Elles viennent de Machiavel. Elles viennent de Nietzsche. [...] Le principe d'apparence si cruel que la Bible énonce ici ne recherche que la justice. [...] Les rabbins n'ont jamais appliqué ni compris à la lettre ce texte. Ils l'ont interprété à la lumière de l'esprit qui parcourt la Bible dans sa totalité [...]. La Bible nous rappelle l'esprit de la douceur » («La loi du talion », in *Difficile Liberté,* Paris, Albin Michel, 1963, p. 178-179).

Sans pouvoir engager ici la lecture nécessaire de ce propos, je me contente d'un rappel : cette distinction de la lettre et de l'esprit, elle ne fut pas seulement celle des rabbins mais, littéralement, l'argument essentiel de Kant et de Hegel dans leur plaidoyer *pour* la loi du talion et, indissociablement, *pour* la peine de mort. (J.D.)

et dont je voudrais reparler pour compliquer encore un peu les choses dans un instant, Robert Badinter, bien sûr, etc.).

Si ce « fait » massif et hautement signifiant peut s'avérer, on doit alors se demander ce qui *soude,* pour ainsi dire, la philosophie, et plus précisément l'ontologie, dans leur essence ou, ce qui revient au même, dans leur tradition hégémonique, ce qui les *soude,* donc, à la théologie politique de la peine de mort et au principe de souveraineté qui, à travers différentes figures, y règne souverainement.

À la fois puissante et fragile, historique et non naturelle (c'est pourquoi me vient ici cette image d'*alliage* technique), cette *soudure* de l'ontologie à la théologie politique de la peine de mort, c'est aussi ce qui a toujours tenu ensemble, attenants ou maintenus dans un même tenant, le *philosophique* (le métaphysique ou l'onto-théologique), le *politique* (du moins là où il est dominé par une pensée de la *polis* ou de l'État souverain) et un certain concept du « propre de l'homme » : le propre de l'homme consisterait à pouvoir « risquer sa vie » dans le sacrifice, à s'élever au-dessus de la vie, à valoir, dans sa dignité, plus et autre chose que sa vie, à passer par la mort vers une « vie » qui vaut plus que la vie. C'est l'*épimeleia tou thanatou* de Platon, la philosophie qui enjoint de s'exercer à la mort ; c'est la *dignité* (*Würde*) incomparable de la personne humaine qui, fin en soi et non moyen, selon Kant, transcende sa condition de vivant et dont c'est l'*honneur* que d'inscrire la peine de mort dans son droit ; c'est la lutte pour la reconnaissance des consciences qui passe pour Hegel par le risque de sa propre vie ; c'est l'être-pour-la-mort du *Dasein* qui, seul, peut *proprement* mourir, alors que l'animal selon Heidegger prend fin et crève, etc.

La peine de mort serait donc bien, comme la mort elle-même, le « propre de l'homme » au sens strict. Au risque de choquer une fois de plus ceux qui ne veulent pas entendre, j'oserai dire que la peine de mort a toujours répondu à des plaidoyers profondément « humanistes ». Il en est ainsi dans le droit européen (et je ne sais pas si, au sens strict, malgré tous les phénomènes de mise à mort massive, voire ritualisée que le bon sens commande d'alléguer hors d'Europe, il y a une « peine de mort », oserai-je dire digne de ce nom, en dehors du droit européen). Il en est ainsi, donc, au croisement unique – c'est l'Europe même – entre, *d'une part,* la tradition biblique (aussitôt après le « tu ne tueras point », Dieu commande, dans les « Jugements », qui sont un vrai code pénal institué, de mettre à mort ceux qui transgresseront tel ou tel commandement, et nous devrions reparler encore de la loi du talion dont l'interprétation est si controversée), et, *d'autre part,* la tradition onto-théologique que je rappelais à l'instant.

Depuis longtemps, je suis donc persuadé que la déconstruction de l'échafaudage spéculatif (pour ne pas dire de l'échafaud) qui soutient le discours philosophique sur la peine de mort n'est pas une nécessité parmi d'autres, un point d'application particulier. Si on pouvait parler ici d'architectonique et d'édification, la peine de mort serait une clé de voûte ou, si vous préférez, un ciment, la soudure, comme je disais tout à l'heure, de l'onto-théologico-politique, l'artefact prothétique qui fait tenir debout, avec la distinction nature-technique et tout ce qui s'ensuit (*physis/tekhnè, physis/nomos, physis/thésis*), une chose non naturelle, un droit historique, un droit proprement humain et prétendument rationnel.

Kant, vers qui je voudrais revenir un instant, croit reconnaître un « impératif catégorique » et une idée *a priori* de la raison pure dans un droit pénal qui ne serait pas possible si l'on n'y inscrivait pas la peine de mort, et s'il n'était pas commandé par un *jus talionis* à réinterpréter. Quand je dis « discours philosophique sur la peine de mort », et donc discours « à déconstruire », je ne pense pas seulement au discours « morticole », prévalent dans la majorité des États-nations qui ont maintenu la peine de mort jusqu'à 1990 à peu près (depuis dix ans, c'est une majorité d'États-nations qui, d'une façon ou d'une autre, ont mis fin à la peine de mort, le processus de « déconstruction » s'accélérant donc de façon critique et hautement signifiante, et il y va en effet de la souveraineté, de l'État-Nation, de la religion, etc.).

Je pense aussi, sans du tout symétriser les choses, bien entendu, au discours abolitionniste (vers lequel, vous le savez, va ma sympathie la plus convaincue). Ce discours abolitionniste, dans son état actuel, me paraît largement perfectible, philosophiquement et politiquement fragile, aussi déconstructible, si vous préférez. Pour *trois raisons* au moins :

A – Tout d'abord, quand il s'inspire de la logique de Beccaria, ce qui est presque toujours le cas, l'argumentaire abolitionniste se fragilise. On peut le dire tout en rendant à Beccaria, comme on l'a souvent fait dès la fin du XVIIIe siècle, l'hommage qui est dû à ce grand homme et à son initiative historique. Si l'on appliquait à la lettre la liste des exceptions que Beccaria met à la suspension de la peine capitale, on administrerait celle-ci presque tous les jours. Dès que l'ordre d'une société est menacé, ou chaque fois qu'il n'est pas encore assuré, la mise à mort du citoyen est admissible, aux yeux de Beccaria, même si la peine de mort n'est pas pour lui un « droit ». Autrement dit, et là nous touchons l'un des enjeux les plus obscurs du problème, tant qu'on n'a pas clairement défini le concept de guerre, la différence stricte entre guerre civile, guerre nationale, et guerre des partisans, « terrorisme » – domestique ou non –, etc. (autant de concepts qui ont toujours été et sont plus que jamais problématiques, obscurs, dogmatiques, manipulables), l'abolition de la peine de mort dans les frontières assurées d'une nation prospère et paisible restera une chose bien limitée, commode, provisoire, conditionnelle – c'est-à-dire non principielle. L'abolition sera conditionnée, comme

Beccaria l'a d'ailleurs bien vu lui-même – et cela nous donne beaucoup à penser aujourd'hui – par un bon fonctionnement du marché libéral[1].

Ensuite, Beccaria, soucieux d'exemplarité dissuasive, juge la peine de mort moins nécessaire, plus *inutile* qu'*injuste,* et point assez cruelle pour dissuader[2]. Les travaux forcés à perpétuité seraient plus effrayants, plus cruels, pense-t-il, et donc plus efficaces dans l'art de dissuader. C'est cet utilitarisme ou cet « exemplarisme » que Kant critiquera de façon très forte sur les deux ailes, si je puis dire, aussi bien chez ceux qui croient que la peine de mort est un bon moyen en

1. « La mort d'un citoyen ne peut être jugée utile que pour deux motifs : d'abord si, quoique privé de sa liberté, il a encore des relations et un pouvoir tels qu'il soit une menace pour la liberté de la nation, et si son existence peut provoquer une révolution dangereuse pour la forme du gouvernement établi. La mort d'un citoyen devient donc nécessaire quand la nation est en train de recouvrer sa liberté ou de la perdre, dans une époque d'anarchie, quand c'est le désordre qui fait la loi. Mais sous le règne paisible de la légalité, sous un gouvernement approuvé par l'ensemble de la nation, bien défendu à l'extérieur et à l'intérieur par la force et par l'opinion, peut-être plus efficace que la force, là où le pouvoir n'appartient qu'au véritable souverain, où la richesse achète les plaisirs et non l'autorité, il ne saurait y avoir aucune nécessité de faire périr un citoyen, à moins que sa mort ne soit le meilleur ou l'unique moyen de dissuader les autres de commettre des crimes, second motif qui peut faire regarder la peine de mort comme juste et nécessaire », Cesare Beccaria, *op. cit.*, p. 127. Ne peut-on lire ces lignes comme l'un des plus efficaces plaidoyers en faveur de la peine de mort ? (J.D.)

2. « Mais si je prouve que cette peine de mort n'est ni utile ni nécessaire, j'aurai fait triompher la cause de l'humanité » (*op. cit.,* p. 126. Cette phrase est placée par Robert Badinter en exergue de son livre *L'abolition, op. cit.*). Deux pages plus loin, Beccaria s'emploie à démontrer la supériorité des travaux forcés à perpétuité, plus cruels que la peine de mort et donc plus propres à « détourner du crime l'esprit le plus déterminé » : « [...] ni le fanatisme ni la vanité ne persistent dans les fers et les chaînes, sous le bâton et sous le joug, dans une cage de fer, et les maux du malheureux au lieu de finir, ne font alors que commencer » (p. 129-130). (J.D.)

vue d'une fin – la sécurité, la paix, le bien-être de la communauté ou de la nation, etc. – que chez les abolitionnistes qui, pour la plupart, et comme Beccaria, pensent le contraire. À ce couple moyen/fin, qui domine le débat des deux côtés (pour et contre la peine de mort), Kant oppose une idée de la justice et un « impératif catégorique » du droit pénal qui en appellent à la personne humaine comme fin en soi dans sa « dignité » (*Würde*).

Cette dignité requiert que le coupable soit puni parce qu'il est punissable, sans aucun souci d'utilité, sans aucun intérêt sociopolitique d'aucune sorte. Tant qu'on n'aura pas fait apparaître de l'intérieur, dans la rigueur du concept, les failles d'un tel argumentaire, tant qu'on n'aura pas déconstruit, si vous préférez, un discours de type kantien, ou hégélien, qui prétend justifier la peine de mort de façon principielle, sans souci d'intérêt, sans référence à la moindre utilité, on s'en tiendra à un discours abolitionniste précaire, limité, conditionné par les données empiriques et, par essence, provisoires d'un contexte, dans une logique des fins et des moyens, en deçà d'une stricte rationalité juridique. C'est cette « déconstruction » difficile que je tente d'effectuer dans mon séminaire sur la peine de mort. Je ne peux pas en reconstituer ici le procès. En deux mots, il ferait apparaître comme intenables, du dedans :

1 – La distinction fondatrice du concept de « peine », chez Kant, à savoir la différence entre a) *poena naturalis,* celle, toute intérieure et privée, que le coupable peut s'infliger à lui-même, avant tout droit et toute institution, et b) *poena forensis,* la punition proprement dite, administrée du dehors par la société à travers ses appareils judiciaires et ses institutions historiques ;

2 – La distinction entre autopunition et hétéropunition : le coupable, comme personne et sujet rationnel, devrait, selon Kant, comprendre, approuver, voire exiger la punition – et même le châtiment suprême ; cela transforme

toute punition institutionnelle et rationnelle, venue du dehors (*forensis*), en punition automatique et autonome, au-dedans ou aux confins non discernables de la peine intérieure *(poena naturalis);* le coupable devrait donner raison à la sentence, il lui faudrait donner raison à la raison juridique qui a raison de lui – et le conduit à se condamner lui-même à mort. Pour aller au bout de cette conséquence, le coupable exécuterait lui-même symboliquement le verdict. L'exécution serait comme un *sui-cide*[1]. Il n'y aurait, pour l'autonomie de la raison juridique, que de l'auto-exécution. C'est « comme si le coupable se suicidait ».

En ce lieu, on ne peut plus distinguer, en toute rigueur, la sphère du droit pur, immun[2], sauf, non contaminable par tout ce dont on voudrait le purifier : l'intérêt, la passion, la vengeance, la revanche, la pulsion sacrificielle (la raison morale et juridique est d'ailleurs d'essence expressément sacrificielle chez Kant), la logique des pulsions, conscientes et inconscientes, tout ce que Freud et Reik ont inscrit sous le titre de la « loi du talion », dans sa forme la plus archaïque et indestructible.

Je n'ai pas dit que pour Kant l'exécution *est* un suicide. Cela serait aussi stupide que de dire que la peine capitale est un meurtre, purement et simplement. Toutes ces esquisses, hypothèses, apories, tous ces paradoxes n'ont pas pour finalité ou pour fonction de confondre des choses évidemment différentes, de renverser des oppositions ou de leur en substituer d'autres, mais de suspendre, de marquer ou de rappeler la nécessité de suspendre notre confiance naïve, celle du bon sens et de la croyance consciente dans des

1. Suicide : terme forgé à partir du latin *sui* (de soi) et *caedes* (meurtre), introduit en langue anglaise en 1636 et en langue française en 1734.

2. Je me permets de renvoyer ici à cette logique de l'auto-immunité que j'ai essayé de généraliser ailleurs, notamment dans *Foi et savoir, op. cit.* (J.D.)

distinctions ou des oppositions telles que dedans/dehors, naturel et intérieur/non naturel et extérieur (*poena naturalis/poena forensis*), auto-et hétéro-, autopunition et hétéro-punition, exécution et meurtre ou suicide.

C'est le tremblement de ces frontières, leur perméabilité aussi, leur indécidabilité qui m'importent ici, et non de réinstaller d'autres distinctions oppositionnelles rassurantes, qui permettraient de dire : oui, là il y a bien suicide, là il y a bien exécution et/ou meurtre. Ou bien, là il y a eu exécution ou meurtre et non suicide, là suicide et non le contraire.

3 – La réinterprétation par Kant du *jus talionis*, dont il réactive puissamment, en les déplaçant, les traditions bibliques et romaines. Énorme question, énorme buisson épineux de textes que nous ne pouvons rouvrir ici. Kant serait plus près d'une tradition littéralement juive ou romaine que d'un certain esprit évangélique (Matthieu, je le disais à l'instant, dénonce le principe du talion). Kant échoue, selon moi, sur des exemples d'ailleurs souvent sexuels, sur des crimes sexuels – pédérastie, viol, bestialité – à produire un principe d'équivalence – et donc de calculabilité. Ce souci de l'équivalence (non simplement littérale ni quantitative, mais spirituelle et symbolique : figure de l'infigurable) croise d'ailleurs, chez Kant comme chez Hegel, ce que nous disions à l'instant du devenir-autopunition de l'hétéro-punition : réglant l'impératif catégorique du talion, l'égalité (*Gleichheit*) tient d'abord à ce que le mal fait à l'autre, je me l'inflige également, a priori, à moi-même. Kant dit littéralement : « Le mal immérité (indu) que tu fais à un autre, dans le peuple, tu te le fais à toi-même [...]. Si tu le tues, tu te tues toi-même. » Ou encore, je cite ici de mémoire : en volant l'autre, tu détruis le principe de propriété et tu te voles toi-même.

La question de la peine de mort n'est pas seulement celle de l'onto-théologie politique de la souveraineté, c'est aussi, autour de ce calcul d'une impossible équivalence entre crime et châtiment, de leur incommensurabilité, d'une impossible évaluation de la dette (Nietzsche dit des choses très fortes à ce sujet), la question du principe de raison, de l'interprétation de la raison comme « principe de raison », et de celui-ci comme principe de calculabilité. Cette question de la « comptabilité » et du compte à rendre, du « rendre raison » (*reddere rationem*), elle doit se discuter entre autres, mais d'abord, selon moi, entre les interprétations heideggerienne et kantienne de la raison qui toutes deux, mais différemment, tentent à la fois de *soustraire* et de *soumettre* la rationalité à sa vocation calculatrice. Pardonnez-moi de ne pas m'engager ici dans cette voie, ce serait trop long et trop difficile, mais je voulais en situer la nécessité de principe.

4 – L'exception qui, en toute logique, devrait faire échapper le souverain ou le législateur (Kant nomme surtout, horrifié, Charles Ier et Louis XVI) à tout procès et à toute exécution dans les formes ; c'est là ce qui aurait, avec la Terreur, corrompu cette Révolution française que Kant salua, vous le savez, comme l'un des *signes* démontrant, rappelant, annonçant la possibilité d'un progrès de l'histoire humaine. Cette exception souveraine, cette immunité absolue, c'est ce que tant de droits nationaux et un certain droit international tendent, si laborieusement et au prix de tant de contradictions, à remettre en question. Il n'y a sans doute rien de fortuit dans le fait que, au moment même où l'immunité des chefs d'État ou d'armée se trouve, disons pour rester prudent, remise en question depuis des instances pénales internationales, on sait que, quels que soient les pires crimes dont on les accuse, les accusés ne seront plus jamais condamnés à mort.

5 – L'inapplicabilité de fait de toute peine de mort, au moment même où Kant juge nécessaire d'en inscrire le principe rationnel dans un droit pénal digne de ce nom et digne de l'homme, digne de la personne humaine en tant que

fin en soi. C'est que Kant insiste avec autant de rigueur sur l'impératif qui commande, par respect pour la personne du condamné, de ne lui infliger aucun « mauvais traitement », aucune violence qui viendrait avilir la « personne » dans sa « personnalité innée », essentielle, inaliénable (celle qu'on ne peut jamais perdre, même si l'on perd la « personnalité civile ») ; or on ne pourra jamais démontrer qu'une exécution ne comporte aucun « mauvais traitement » de cet ordre. Pas plus qu'on ne peut démontrer, en toute logique kantienne, que le crime a été commis librement, de façon responsable et non « pathologique » au sens kantien et au sens courant de ce mot.

B – Si, comme je le suggérais tout à l'heure, le discours abolitionniste, dans son état actuel, reste perfectible, fragile, ou, si vous préférez, déconstructible, c'est qu'il limite le respect de la vie, ou l'interdiction de tuer, au droit national et au territoire national en temps de paix. Or rien ne paraît aujourd'hui plus incertain et poreux qu'une frontière en général ou qu'une frontière entre les concepts de guerre et de paix, de guerre civile et de guerre internationale, de guerre et d'opération dite « humanitaire » supposée conduite par des instances non gouvernementales. Les guerres d'indépendance non légitimées comme telles par les puissances coloniales, les « terrorismes », tout ce que Schmitt appelle la « guerre des partisans », voilà autant de phénomènes qui brouillent le concept d'« ennemi public » (Rousseau).

Autorisant la supposée « légitime défense », et la mise à mort expéditive sans « peine de mort » (sans jugement, sans verdict, sans exécution publique, etc.), ils rappellent que cette question pénale ne se joue pas entre la vie et la mort mais bien ailleurs. La question de la peine de mort n'est pas une simple question de vie ou de mort.

C – C'est pourquoi bon nombre de déclarations internationales, depuis la Deuxième Guerre mondiale, sont restées, du moins dans leur lettre, largement en porte-à-faux. De façon d'ailleurs délibérée. Nous ne pouvons pas les étudier ici, mais en un mot, disons qu'elles ont misé sur un « droit à la vie » (l'un des droits de l'homme) dont le concept et l'axiome sont plus que problématiques ; elles ont recommandé d'éviter les tortures et les traitements cruels (notion dont j'ai déjà dit l'obscure équivoque) ; et surtout, évitant toute décision contraignante, elles ont toujours formulé des recommandations qui n'avaient pas « force de loi », et qui, avec les meilleures intentions du monde, ont dû s'arrêter sur le seuil du principe de souveraineté et du droit à l'exception des États – auxquels il était seulement *conseillé* de ne pratiquer la peine de mort que de façon exceptionnelle et selon des procédures légales, protégeant les droits des accusés. La pression des États-Unis (souvent représentés par Mme Roosevelt) n'a pas été pour rien dans ce respect de la souveraineté. Mais nous ne saurions prétendre reconstituer ici la riche histoire des débats qui ont suivi la Deuxième Guerre mondiale, les procès de Nuremberg, l'institution des concepts de crimes contre l'humanité, de génocide, etc.

E.R. : Ne faut-il pas aussi, de ce point de vue-là, réexaminer la *Shoah* ?

J.D. : La *Shoah* ne relève pas, *stricto sensu*, de la peine de mort. Il n'y a jamais eu là aucune prétention à quelque légalité, pas même à un simulacre de légalité. Il n'y a eu là ni jugement, ni coupable, ni accusation, ni défense. Les mises à mort massives (extermination ou génocides) requièrent d'autres catégories que celle de la peine de mort. Ce qui explique, sans le justifier, que certains se sentent autorisés (à tort selon moi) à tenir les débats sur la peine de mort (toujours individuelle et appliquée à un citoyen nommable) comme relativement ou statistiquement mineurs au regard des grands crimes contre l'humanité, des génocides, des crimes de guerre, des phénomènes déniés de non-assistance à des centaines de millions de personnes en danger (malnutrition, sida, etc.), sans même parler de la massivité du phénomène carcéral (où les États-Unis détiennent aussi des records).

Mais il faudrait prendre ici en compte tous les phénomènes « impurs » d'exécutions suivant des jugements expéditifs, voire secrets. En principe, selon le droit européen, la peine de mort doit être accessible au public, dans les procédures du jugement, du verdict et de l'exécution. Elle doit faire l'objet d'une information officielle (préalable à l'exécution). Là où ce n'est pas le cas (en Chine et au Japon, semble-t-il, et sans doute en de nombreux autres lieux du monde et moments de l'histoire), il n'est pas certain que l'on puisse, en toute rigueur, parler de « peine de mort ».

E.R. : D'où la « propreté » dont nous avons parlé et surtout la suppression des traces. Quand je parle de réexaminer la *Shoah*, je songe à cette évolution de l'application de la peine de mort qui tend à effacer les traces de la mort légale. La manière dont on exécute aujourd'hui les condamnés aux États-Unis, en prétendant faire disparaître toute forme de souffrance, a quelque chose de pathologique qui rend la peine de mort d'autant plus insupportable que l'on cherche à nier, non pas l'exécution, mais la souffrance ou plutôt la trace liée au passage, forcément douloureux, de la vie à la mort.

Il y avait autrefois une certaine héroïsation du condamné. Les exécutions à la hache renvoyaient à la théorie des deux corps du roi et, pour un instant, le supplicié pouvait s'identifier à un monarque dont la tête était violemment détachée du corps. Dans l'histoire de la peine de mort, on est passé de la jouissance immodérée que procurait le spectacle du supplice à la suppression de la douleur (la guillotine), puis de celle-ci à l'élimination des traces du passage. On a banni la scène directe de l'exécution, bien que l'on songe sérieusement à la rétablir par le biais de la télévision, ce qui montre d'ailleurs que le voyeurisme et l'exhibitionnisme ne connaissent aucune limite. Mais surtout, l'acte de donner la mort tend aujourd'hui à s'effacer au profit d'un soin palliatif et donc d'une disparition de l'horreur qui accompagne *forcément* la mise à mort. On a honte de la violence de l'exécution en quelque sorte.

J.D. : « Suppression des traces », disiez-vous... Grande question de la sépulture. Par exemple, en Grèce, à une époque où l'on justifiait pleinement la peine de mort – avec Socrate ou Platon – il y avait pire que la mort infligée au citoyen digne de respect. Pour certains crimes particulièrement graves, le corps des condamnés était jeté par-dessus les murailles de la cité. Il perdait son droit à une sépulture. Aujourd'hui, aux États-Unis, c'est le contraire en quelque sorte. On prétend respecter le sujet que l'on met à mort, notamment dans les États, comme le Texas, où la sanction est massivement appliquée. On donne la parole au condamné avant son exécution, on imprime ses derniers mots, puis on les fait circuler sur Internet. Il existe ainsi un véritable corpus de *last statements*. Et on les met *on line*. La parole du condamné est respectée, le corps est rendu à la famille et les traces ne sont pas masquées. Il y aurait tant à dire sur la question de l'archive visuelle et sonore des exécutions aux États-Unis.

E.R. : Il me semble que la peine de mort est encore désirée, qu'elle fascine, mais qu'elle a désormais partie liée avec une sorte de pathologie sociale. Et d'ailleurs, dans les pays où elle est appliquée, on exécute de plus en plus de « faux coupables », des personnes dont rien ne prouve qu'elles ont commis un crime. Toutes les erreurs judiciaires, qui sont légion aux États-Unis et qui aboutissent à une exécution, font apparaître le caractère « anormal » de la peine de mort. Je pense que si elle est abolie aux États-Unis, ce sera, comme vous le dites, non par principe, mais pour des raisons contingentes. Ce sera une abolition pragmatique et non pas principielle, une abolition hypocrite, liée à la peur d'exécuter soit des innocents, soit des malades mentaux, soit des personnes coupables de meurtres mais appartenant à des minorités victimes de discrimination (des Noirs, des transsexuels, des homosexuels, etc.). Dans son discours sur l'abolition en 1981, Robert Badinter avait remarqué que les derniers exécutés de la Ve République n'auraient jamais dû l'être : l'un était sans doute innocent, un autre handicapé mental, un troisième infirme…

J.D. : Il est vrai que les manifestations d'inquiétude qui se multiplient aux États-Unis portent moins souvent sur le principe de la peine de mort que sur le grand nombre d'« erreurs judiciaires » qui, dans des conditions suspectes et monstrueusement inégalitaires, conduisent à des exécutions. Il faut peut-être rappeler quelques chiffres. À la date d'aujourd'hui, soixante-treize pays ont totalement aboli la peine de mort, treize l'ont abolie pour les crimes de droit commun, pour les crimes dits non politiques (ce qui réveille notre vieille question : est-ce que tous les crimes ne sont pas par essence politiques, comme les « grands crimes » de ces « grands criminels » qui, comme dirait Walter Benjamin, menacent le fondement même d'une loi de l'État, tendant à monopoliser la violence – et je pense d'autre part à l'exemple de Mumia Abu Jamal[1], qui a toujours revendiqué le statut de prisonnier politique) ; vingt-deux États l'ont abolie *en pratique*, non en droit (critère de cette distinction :

1. De son vrai nom Wesley Cook, Mumia Abu Jamal a été condamné à mort le 5 juillet 1982 pour le meurtre de l'officier Daniel Faulkner au terme d'un procès bâclé. Incarcéré à la prison de Green en Pennsylvanie, il a passé dix-neuf ans dans le « couloir de la mort » après que son exécution eut été plusieurs fois « reportée ». Jacques Derrida a rédigé la préface d'un des ouvrages qu'il a écrits en prison pour dénoncer la dureté du système judiciaire et de l'institution carcérale des États-Unis.

aucune exécution depuis dix ans). Au total, une majorité d'États – cent huit – ont aboli, en droit ou en fait, la peine de mort, quatre-vingt-sept l'ont conservée.

Depuis 1979, chaque année, deux ou trois pays par an l'abolissent et viennent accroître cette majorité. En 1999 le Timor oriental, l'Ukraine et le Turkménistan l'ont abolie pour tous les crimes, la Lettonie pour les crimes de droit commun. En 1999, plus de mille huit cent treize personnes ont été exécutées dans trente et un pays, et près de quatre mille ont été condamnées à mort dans soixante-trois pays. *Amnesty International* diffuse ces données en apportant une précision qui nous importe plus que toute autre, du point de vue géopolitique (le quantitatif est ici plus que mathématique, il est quantitatif de façon dynamique, si je puis ainsi transposer la distinction proposée par Kant au sujet du «sublime», et la question de la peine de mort a quelque rapport avec celle du «sublime», voire de la sublimation) :

85 % des exécutions se concentrent donc dans quatre pays : la Chine, qui arrive loin devant tous les autres en chiffres absolus (au moins mille soixante-dix-sept). Et les chiffres de ces deux dernières années sont effrayants. Vient ensuite l'Iran (au moins cent soixante-cinq), puis l'Arabie Saoudite (cent trois), et enfin les États-Unis (quatre-vingt-dix-huit). N'oublions pas non plus la République démocratique du Congo (une centaine) et l'Irak (des centaines, mais parfois sans jugement). Actuellement, outre un grand nombre de pays arabes, seules deux «très grandes» puissances maintiennent la peine de mort : la Chine, où elle appliquée de façon massive, les États-Unis, où existe pourtant, depuis le XIXe siècle, un fort courant abolitionniste.

En 1972, vous le savez, la Cour suprême a décidé que l'application de la peine de mort était incompatible avec deux amendements de la Constitution : l'un porte sur la discrimination, l'autre sur ce qui relève d'un *unusual and cruel punishment* (punition inhabituelle et cruelle). À partir de ce moment, l'application de la peine de mort a été assimilée par la Cour suprême à une « punition inhabituelle et cruelle ». Elle a donc été, en fait, suspendue.

On n'abolit donc pas son principe, mais on suspendit les exécutions. C'est ainsi que de 1972 à 1977, plus personne n'a été exécuté aux États-Unis. Aucun État n'a pu transgresser cet interdit de la Cour suprême fédérale (dont certains contestèrent d'ailleurs, dans ce cas, le caractère démocratique, les juges y étant nommés et non élus. C'est ce qu'allégua un professeur de droit de Chicago qui prétendait qu'un gouvernement démocrate ne pouvait pas aller contre une « opinion publique » majoritairement favorable à la peine de mort. Après avoir objecté que la démocratie parlementaire n'obéit pas à l'opinion publique mais à la majorité élue, et qu'en France le Parlement avait aboli la peine de mort contre la majorité de l'opinion publique ou contre le résultat probable d'un référendum, j'avais cru habile de demander : comment expliquez-vous alors que la Cour suprême ait suspendu en 1972 la peine de mort ? N'est-ce pas une institution démocratique ? La réponse fut « non », et elle me donna beaucoup à penser. En fait, mon sentiment, c'est que si un jour la peine de mort est abolie aux États-Unis, ce sera par un mouvement progressif, État après État, moratorium après moratorium, *de facto*, et non par une seule décision fédérale).

Après 1977, certains États ont considéré que la mort administrée par injection létale n'était ni cruelle ni inhabituelle, par opposition à la chaise électrique, à la pendaison ou à la chambre à gaz. Les exécutions reprirent donc, et la Cour suprême fut obligée de s'incliner. Dans certains États comme le Texas, les exécutions furent massives, notamment pendant le mandat de gouverneur de George W. Bush, candidat républicain à la présidence des États-Unis[1].

1. Partisan d'une application rigoureuse de la peine de mort, George W. Bush a été élu à la présidence des États-Unis le 18 décembre 2000.

Pour en revenir à la question de la pathologie dont vous parliez, les symptômes d'une véritable crise se multiplient désormais dans la conscience américaine, notamment en raison des pressions internationales.

Prenons un exemple. On a découvert dans l'État de l'Illinois que treize condamnés à mort reclus dans les quartiers de haute sécurité (*death rows*), quelquefois depuis des décennies, étaient innocents. On l'a découvert parce que, accidentellement, dans une école de journalisme, à Evanston, à Northwestern University, je crois, près de Chicago, des professeurs et des étudiants avaient constaté l'existence de graves irrégularités. Les cas furent alors réexaminés et les treize condamnés innocentés ! Le gouverneur de l'Illinois, républicain très respectable, mais favorable au principe de la peine de mort, a tout de suite décidé un *moratorium* : « S'il y a tant d'innocents, tant de condamnés à mort dont on découvre qu'ils sont victimes d'erreurs judiciaires, je suspends les condamnations. »

Récemment, lors d'un de mes derniers séjours aux États-Unis, j'ai regardé une émission de télévision à laquelle participaient treize condamnés à mort innocentés : douze Noirs, un Blanc. Ils racontèrent l'histoire de leurs nombreuses années de prison, puis leur libération. Sans compensation ! Seul l'un d'eux avait réussi, après des poursuites judiciaires, à obtenir réparation. Aucun d'eux ne pouvait trouver un travail, ils restaient des suspects, quand bien même leur innocence avait été établie. Les tests ADN permettent aujourd'hui de multiplier les preuves des graves erreurs judiciaires qui conduisent à la peine de mort. Et c'est l'ensemble du système judiciaire américain qui est « sous examen » en ce moment.

Bush est célèbre, entre autres choses, pour n'avoir jamais accordé la moindre grâce. Lors de la même émission de télévision, on lui a demandé : « Pensez-vous qu'au Texas, tous les gens auxquels vous refusez la grâce sont coupables ? »

Et il a répondu imperturbablement : « Oui, au Texas, ils sont tous coupables. »

Tous les jours, pendant mes séminaires, à New York, à Chicago ou à Irvine, en Californie, nous consacrions le début de nos séances à l'analyse de la presse écrite et télévisée sur le sujet. Je me rappelle, entre autres, le cas remarquable d'une infirmière qui avait tué ses deux enfants en mimant la mise à mort légale (par injection létale). Elle a refusé la grâce afin de « rejoindre ses deux enfants » et réclamé qu'on lui administre une injection létale. Cette femme a été exécutée. On l'a probablement jugée saine d'esprit.

E.R. : Il existe pourtant aux États-Unis un équivalent de l'article 122.1 de notre Code pénal (l'ancien article 64), qui permet d'épargner aux malades mentaux la peine de mort. L'exécution dont vous parlez témoigne d'une formidable régression. Car dans les pays où la peine de mort a été abolie, les dispositions concernant les crimes commis en état de démence ont été modifiées. L'ancien article 64 avait pour objectif d'arracher les criminels fous à la guillotine en effaçant la trace du crime[1]. Aujourd'hui, ce n'est plus nécessaire et l'article 64 a disparu. En conséquence, on cherche à responsabiliser le fou meurtrier par des traitements divers (dont la psychanalyse) afin qu'il prenne conscience de la gravité de son acte. Si, donc, le criminel fou n'est pas responsable pénalement, son acte n'est plus expulsé de sa conscience comme il l'était avant l'abolition. D'où la possibilité d'un traitement, d'un retour à la raison.

1. Introduit dans le Code pénal en 1810, l'article 64 stipulait qu'il « n'y a ni crime ni délit lorsque le prévenu était en état de démence au temps de l'action ». En 1992, il a été remplacé par l'article 122.1 : « N'est pas pénalement responsable la personne qui était atteinte, au moment des faits, d'un trouble psychique ou neuro-psychique ayant aboli son discernement ou le contrôle de ses actes. »

J.D. : Qu'il s'agisse du « handicap mental » ou de l'âge (mais qu'est-ce qu'un âge ? un âge mental ? Un individu peut avoir plusieurs âges selon l'angle choisi par les experts ; nous débattons beaucoup de cette question dans le séminaire), la pratique tend à devenir de plus en plus dure aux États-Unis, parfois en infraction aux recommandations du droit international. On tient de moins en moins compte du handicap supposé et de la jeunesse des accusés.

Sur la question du « voir ou de ne pas voir la mise à mort ou la cruauté », Foucault parle d'une disparition progressive de la visibilité spectaculaire. C'est vrai, mais en même temps, grâce à la télévision et à la production cinématographique, on voit de plus en plus de films qui, sous le bon prétexte de l'abolitionnisme, exhibent non seulement la condamnation à mort mais le processus d'exécution jusqu'au dernier moment. La visibilité est donc différée. La transformation des médias fait qu'on ne peut pas parler seulement d'invisibilité, mais de transformation du champ du visible. Jamais les choses n'ont été aussi « visibles » qu'aujourd'hui dans l'espace mondial ; c'est même une donnée essentielle du problème – et du combat. La logique spectrale envahit tout, partout où se croisent, c'est-à-dire partout, le travail du deuil et la *tekhnè* de l'image. (C'est ce croisement qui m'avait retenu dans *Spectres de Marx* et, si loin que je remonte, la thématique du fantôme ou plutôt du revenant[1]

1. Je tiens de plus en plus à cette distinction entre *spectre* ou *fantôme* d'une part, *revenant* d'autre part. Comme « fantasme », « spectre » et « fantôme » portent une référence étymologique à la visibilité, au paraître dans la lumière. Ils semblent supposer dans cette mesure un horizon sur le fond duquel, *voyant venir* ce qui vient ou revient, on anéantit, maîtrise, suspend ou amortit la surprise, l'im-prévisibilité de l'événement. Celui-ci advient au contraire là où il n'y a pas d'horizon et où, venant sur nous verticalement, de très haut, par derrière ou par dessous, il ne se laisse dominer ni par un regard, ni par une perception consciente en général, ni par un acte de langage *performatif* (celui-là même qu'on crédite souvent de produire l'événement alors qu'il ne le fait que sous la condi-

traverse sous son nom la plupart de mes textes, elle n'est pas loin de se confondre avec celle de la trace même...)

E.R. : Notre univers de pensée est en effet envahi par un grand nombre de productions mettant en scène des fantômes, des spectres, des revenants[1]. Comme si le spectre était le symptôme de notre monde globalisé. Cela me paraît vivifiant dans la mesure où le travail du deuil consiste à ne jamais oublier ce que l'on doit à un héritage et aux morts, mais terrifiant aussi lorsque nous semblons possédés s'il s'agit d'être possédés par des morts agissant en nous à la manière d'un « réel » au sens de Lacan : un réel mortifère, une déploration perpétuelle.

J.D. : C'est vrai, l'attention à une certaine logique spectrale semble prendre aujourd'hui, un peu partout, une forme remarquablement insistante. Il y va ainsi, bien sûr, essentiellement liée à la question de la prothèse technique, de la technique en général, de l'inéluctabilité du travail de deuil – qui n'est pas un travail parmi d'autres mais la marque surdéterminante de tout travail. Il y va aussi de l'impossibilité du deuil. Le deuil *doit* être impossible. Le deuil réussi est un deuil manqué. Dans le deuil réussi, j'incorpore le mort, je me l'assimile, je me réconcilie avec la mort, et par conséquent je dénie la mort et l'altérité de l'autre-mort. Je suis donc infidèle. Là où l'introjection

---

tion d'« une convention légitimante » et de l'autorité institutionnelle d'un « je peux », « je suis habilité à », etc.). Le « revenant », lui, vient et revient (la singularité *comme telle* impliquant la répétition) comme le « qui » d'un événement sans horizon. Comme la mort même. Penser ensemble l'événement et la hantise, ce serait donc penser le revenant plutôt que le spectre ou le fantôme. (J.D.)

1. Je pense par exemple au film *Le sixième sens,* où l'on voit un enfant qui devient l'instrument d'un terrifiant devoir de compassion des vivants envers les morts, face à un psychiatre qui ne peut l'écouter que parce qu'il est déjà mort.

endeuillée réussit, le deuil annule l'autre. Je le prends sur moi, et par conséquent je nie ou délimite son altérité infinie[1].

Comme cela arrive dans l'intégration de l'immigrant, ou dans l'assimilation de l'étranger. Cet «effet de deuil» n'attend donc pas la mort. On n'attend pas la mort de l'autre pour amortir son altérité. La fidélité me prescrit à la fois la nécessité et l'impossibilité du deuil. Elle m'enjoint de prendre l'autre en moi, de le faire vivre en moi, de l'idéaliser, de l'intérioriser, mais aussi de ne pas réussir le travail du deuil : l'autre doit rester l'autre. Il est effectivement, actuellement, indéniablement mort, mais, si je le prends en moi comme une partie de moi et si, par conséquent, je «narcissise» cette mort de l'autre par un travail de deuil réussi, j'anéantis l'autre, j'allège ou dénie sa mort. L'infidélité commence là, à moins qu'elle ne continue ainsi et s'aggrave encore.

E.R. : Il me semble au contraire que le travail de deuil *réussi* n'est pas une infidélité. Il permet d'investir un nouvel objet qui perpétue le souvenir de l'ancien. On fait mieux le deuil des personnes que l'on a aimées que de celles que l'on a détestées. Dans un cas, on est fidèle à l'amour porté à celui qui est mort en aimant un autre objet; dans l'autre, on est fidèle à la détestation en l'introjectant pour ensuite la reporter sur un autre objet.

J.D. : Oui, mais l'on perpétue l'objet aimé en le trahissant, en l'oubliant. Il faut bien, il faut *bien* oublier le mort,

1. Jacques Derrida reprend ici l'opposition entre le terme d'incorporation avancé par Freud et celui d'introjection inventé par Sandor Ferenczi. L'incorporation désigne un processus par lequel un sujet fait entrer fantasmatiquement un objet à l'intérieur de son corps, et l'introjection décrit la manière dont un sujet fait entrer des objets du dehors au-dedans de sa sphère d'intérêt, selon un mécanisme (névrotique) contraire à celui de la projection (paranoïaque).

comme j'ai dit un jour, et c'est au fond la même transsubstantiation, « il faut bien manger[1] ». La fidélité est infidèle.

E.R. : La formule de la « fidélité infidèle » ou du « deuil réussi comme deuil impossible » rappelle bien le caractère double de la mélancolie : elle est la source à la fois de la créativité et de la destruction. Mais je pense aussi à ce que vous dites du pardon. Pourquoi faut-il « pardonner l'impardonnable » à celui qui ne demande pas de pardon[2] ?

J.D. : Je n'ai pas dit qu'*il faut* pardonner l'impardonnable, j'ai proposé d'analyser le concept de pardon dont nous héritons. C'est encore une question d'héritage. L'héritage est ici à la fois juif, chrétien et islamique, avec une forte empreinte chrétienne. Deux logiques contradictoires se disputent cet héritage. Celle qui prévaut impose une condition : le pardon n'a de sens que là où le criminel demande pardon. Le coupable reconnaît sa faute, il est déjà sur le chemin du repentir et de la transformation de soi. Il est déjà de quelque façon un autre. Dans ce cas, le pardon se fait *en échange* du repentir et de la transformation. C'est un pardon *sous condition.*

La deuxième logique, aussi présente mais moins représentée, voire « exceptionnelle » (et elle fait droit à l'exceptionnalité essentielle du pardon), c'est celle d'un pardon gracieux et inconditionnel : je pardonne alors *quelle que soit* l'attitude du coupable, même si le coupable ne demande pas pardon, même s'il ne se repent pas. Je lui pardonne *en tant* que coupable, présentement, actuellement coupable, je lui pardonne en tant qu'il (elle) est coupable, ou même qu'il

1. « "Il faut bien manger", ou le calcul du sujet » (entretien avec Jean-Luc Nancy), in *Points de suspension, op. cit.*

2. Ce fut le thème du séminaire de Jacques Derrida à l'EHESS, entre 1996 et 1999. Voir « Le siècle du pardon. Entretien avec Michel Wieviorka », in *Foi et savoir, op. cit.*

(elle) reste coupable. Ces deux logiques sont concurrentielles, contradictoires, mais toutes deux actives dans le discours de notre héritage. L'une est prévalente, je l'ai dit, la seconde est plus discrète, peu ou point visible.

Mais je soutiens, dans l'analyse du pardon pur, comme dans celle de l'hospitalité pure, que le pardon pur doit pardonner à (ce) qui reste impardonnable. Si je pardonne à (ce) qui est pardonnable, je ne pardonne pas, c'est trop facile. Si je pardonne la faute (le « quoi ») du repenti ou le repenti lui-même (le « qui »), je pardonne autre chose ou une autre personne que le crime ou le criminel. Donc le vrai « sens » du pardon, c'est de pardonner même l'impardonnable et même à qui ne demande pas pardon. C'est une analyse logique du concept de pardon, et de l'aporie à laquelle celui-ci est et *doit rester* voué, pour être fidèle à sa vocation, à son appel, et à la mesure de sa démesure extraordinaire.

E.R. : En ce qui concerne le pardon conditionnel, vous avez raison, et d'ailleurs l'abolition de la peine de mort oblige en quelque sorte à un tel pardon, non seulement pour le criminel en état de folie mais pour tous les autres. Je pense qu'il faudra bien un jour songer à abolir ce que l'abolition a produit : la condamnation à la « perpétuité perpétuelle », à la prison à vie sans retour possible. Peut-être ne faudra-t-il pas concrètement l'abolir, mais poser la possibilité *principielle* de son abolition. Elle frappe notamment certains assassins récidivistes ou sujets à des pulsions meurtrières incontrôlables, inconscientes, et que l'on présume forcément dangereux. Or il me semble qu'à partir du moment où la peine de mort n'existe plus, ce type de peine à perpétuité devrait être aboli, sinon en fait, du moins dans son principe. Il devrait en tout cas être repensé. Ce n'est pas le cas aujourd'hui. L'abolition a plutôt renforcé le principe des peines perpétuelles. Je me demande si, un jour, notre société pourra se confronter à l'idée – presque inadmissible, voire intolérable

– que le risque zéro n'existe pas, qu'un risque de récidive existe toujours, forcément, même s'il est minime. Il y a toujours un risque, même si le criminel est devenu un *autre homme,* après une très longue détention par exemple, même s'il a reconnu l'horreur de son crime *consciemment,* et même s'il a la certitude qu'il n'en commettra plus. Il me semble que pour qu'une punition ait un sens, il faut qu'elle assume cette idée du pardon inconditionnel dont vous parlez.

Je pense au procès Eichmann[1]. Peut-on pardonner à Adolf Eichmann ?

J.D. : La notion de pardon reste étrangère à l'ordre du juridique et du politique. Au cours d'un procès, on peut très bien condamner quelqu'un à mort, sans amnistie, de façon inflexible, et, d'autre part, hors procès, pardonner, lui pardonner son crime. Ce sont des ordres différents. Eichmann a été condamné à mort, ce qui est une exception dans l'histoire d'Israël, pays où la peine de mort était abolie au moment du procès. Il y aurait beaucoup à dire sur l'histoire du droit dans ce pays, le seul à ma connaissance où, à travers des euphémismes qui ne trompent personne, la torture a été officiellement autorisée, dans certaines conditions, par les plus hautes instances du pays.

E.R. : Vous savez sans doute que ce qui était impardonnable pour Eichmann, ce n'était pas de tuer des gens mais de leur infliger des souffrances inutiles. On retrouve ici le thème de la « mort propre ». Aussi fut-il indigné lorsqu'au cours du procès de Jérusalem des témoins évoquèrent les atrocités commises par des SS. En voyant le film de Rony Brauman et Eyal Sival (*Le Spécialiste*), j'ai été frappée de constater que l'hypernormalité d'Eichmann, ce que Hannah

1. Voir Hannah Arendt, *Eichmann à Jérusalem* (1963), Paris, Gallimard, 1966.

Arendt a pensé sous l'expression de « banalité du mal », cette normalité, donc, confine à la folie. En effet, on est saisi d'effroi quand on entend Eichmann affirmer qu'il condamne le système nazi tout en revendiquant son serment de fidélité à ce même système qui a fait de lui le valet servile d'un crime abominable.

Contrairement à une certaine vulgate post-arendtienne, je ne pense pas qu'Eichmann fut un petit fonctionnaire bien tranquille, ou que n'importe qui puisse devenir un Eichmann ou un nazi. Sa « folie », c'est-à-dire sa normalité extrême, était bien à l'image du discours nazi qui se réclamait de la science la plus rationnelle, la plus « normale » pour mettre en œuvre le crime le plus effrayant, le plus « hors normes » par sa quête d'absolu (la solution finale). Seules, sans doute, les catégories freudiennes, et lacaniennes permettent de saisir ce qu'il en est de cette normalité confinant à la folie, de ce renversement de la norme en une pathologie. En conséquence, je crois que le problème central de ce procès, ce fut l'attitude du procureur Gideon Hausner. Loin de comprendre *qui* était ce criminel, loin de saisir la signification de son discours aberrant, mais logique et normal, il a en quelque sorte expulsé Eichmann de l'ordre de l'humain en faisant de lui un monstre, un sous-homme, que l'on ne pouvait pas juger selon la loi humaine. Dans ces conditions, aucun pardon n'était possible pour cet homme qui ne demandait d'ailleurs pas pardon et qui se savait condamné. Il me semble que dans ce cas, où l'on a bien affaire à un responsable direct de la mise en acte du génocide, il faut maintenir l'idée que tout homme, quels que soient ses actes, fait partie de l'ordre de l'humain et n'a pas à en être expulsé comme *non humain*. La cruauté, la pulsion de destruction, la folie de la norme, sont inscrites au cœur du genre humain. Et c'est bien cela qui fait problème.

J.D. : En principe, le droit est d'institution humaine. Il est supposé l'être même si, toujours, quelque sacralité divine commence par l'autoriser, le fonder, le légitimer en somme, que cela soit expressément reconnu ou non. Dans la logique chrétienne, ce n'est pas l'homme qui pardonne à l'homme, Dieu seul peut pardonner. L'homme demande pardon à Dieu, ou demande à Dieu de pardonner à l'autre. Pensez à la déclaration de l'Église chrétienne de France devant les Juifs. Elle a demandé pardon à Dieu en prenant à témoin la communauté juive, mais elle n'a pas demandé pardon aux Juifs, elle-même, immédiatement. C'est Dieu qui pardonne, à lui qu'on le demande. Le pouvoir de pardonner, conditionnellement ou inconditionnellement, est toujours un pouvoir d'essence divine, même quand il semble exercé par l'homme. On pourrait croire le contraire, à savoir que seul un être fini peut être lésé, blessé, voire tué, et donc avoir à pardonner ou faire pardonner.

C'est pourquoi la question de la dimension humaine du pardon est difficile à traiter. J'aurais du mal à m'engager ici en improvisant, par exemple pour discuter, comme je l'ai fait ailleurs, les propos de Wladimir Jankélévitch[1] ou de Hannah Arendt à ce sujet. Pour cette dernière, le pardon reste une expérience purement humaine, même dans le cas du Christ, qu'elle nomme toujours Jésus de Nazareth pour rappeler ses racines terrestres, le lieu *humain* de sa naissance comme de sa parole – de l'*action de sa parole.* Elle le fait précisément dans « L'action », ce chapitre de *The Human Condition* où elle analyse ces deux conditions du lien social que seraient le pardon et la promesse[2]. Il faut pouvoir punir

1. Vladimir Jankélévitch, *L'imprescriptible. Pardonner? Dans l'honneur et la dignité,* Paris, Seuil, 1986.

2. « C'est Jésus de Nazareth qui découvrit le rôle du pardon dans le domaine des *affaires humaines.* Qu'il ait fait cette découverte dans un contexte religieux, qu'il l'ait exprimée dans un langage religieux, ce n'est pas une raison pour la prendre moins au sérieux en un sens strictement

et pardonner, dit-elle, pour que la vie sociale ne soit pas interrompue. Elle pose donc en principe, et je trouve cela fort contestable, que le pardon n'a de sens que là où le droit de punir peut s'exercer[1].

E.R. : Vous n'êtes pas d'accord avec cela ?

J.D. : Elle simplifie un peu les choses, me semble-t-il. Je serais tenté de penser que le pardon ne répond à sa pure vocation, si du moins il peut lui arriver de le faire, que là où il pardonne à l'impardonnable et s'élève donc au-dessus du droit, par-delà toute sanction calculable. Le pardon est et doit rester hétérogène à l'espace juridique. Comme la grâce même : le droit de grâce n'est pas un droit parmi d'autres. Le

laïc [...]. Certains aspects de la doctrine de Jésus qui ne sont pas essentiellement liés au message chrétien et qui ont plutôt leur origine dans la vie de la petite communauté très serrée des disciples enclins à défier les autorités publiques d'Israël, comptent certainement parmi ces expériences, bien qu'on les ait négligées en raison de leur nature prétendue exclusivement religieuse », *La condition de l'homme moderne* (1961), Paris, Calmann-Lévy, 1983, p. 304-305. Je souligne. De tous les textes évangéliques (Matthieu, Marc, Luc) qu'elle cite, je crois qu'on peut tirer une leçon exactement opposée à celle d'Arendt — qui conclut ainsi : « En tous ces exemples, le pouvoir de pardonner est avant tout un pouvoir humain : Dieu "nous remet nos dettes *comme* nous avons nous-mêmes remis à nos débiteurs". » Je souligne. Comme toujours, le « comme », le « comme tel » d'un « comme » supporte toute la charge de l'interprétation. (J.D.)

1. « Le châtiment est une autre possibilité, nullement contradictoire : il a ceci de commun avec le pardon qu'il tente de mettre un terme à une chose qui, sans intervention, pourrait continuer indéfiniment. Il est donc très significatif, c'est un *élément structurel du domaine des affaires humaines,* que les hommes soient incapables de pardonner ce qu'ils ne peuvent punir, et qu'ils soient incapables de punir ce qui se révèle impardonnable » (*ibid.*, p. 307). Je souligne. Arendt pense sans doute, comme Jankélévitch quand il dit des choses voisines, à la *Shoah* : impardonnable, dans la mesure où elle déborde les dimensions d'un châtiment possible. (J.D.)

pardon n'a aucune symétrie, aucun rapport de complémentarité avec le châtiment. Il n'a rien de « commun », justement, avec le châtiment. Je ne le ferai pas ici, mais on peut lire tout autrement les textes qu'elle cite, et qui d'ailleurs remettent tous à Dieu, littéralement et explicitement, l'ultime pouvoir de pardonner. Le problème ne saurait être, par définition, purement anthropocentrique. Il y a dans l'idée du pardon quelque chose de transhumain. Et on n'a pas besoin de Dieu pour parler de transhumain ou d'anhumain. L'impossible est au travail dans l'idée d'un pardon inconditionnel, puisque ce pardon qui pardonne l'impardonnable est un pardon impossible. Il *fait l'impossible*, il fait faire et il donne l'impossible, il pardonne (ce) qui n'est pas pardonnable.

En conséquence, pardonner l'impardonnable, c'est faire éclater la raison humaine, ou du moins le principe de raison interprété comme calculabilité. Il fait signe vers quelque chose à partir de quoi l'humain s'annonce sans immanence. Dans l'idée du pardon, il y a celle de la transcendance. Peut-être n'a-t-on pas besoin de pardon, ni de croire à l'*existence possible* de cette chose ; mais justement, il s'agit là de la possibilité de l'impossible, et, si l'on veut en parler, si l'on veut se servir de ce mot de façon conséquente, il faut admettre que pardonner l'impardonnable c'est accomplir un geste qui n'est plus à la mesure de l'immanence humaine. D'où l'origine de la religion. À partir de cette idée de l'impossible, de ce « désir » ou de cette « pensée » du pardon, de cette pensée de l'inconnaissable et du transphénoménal, on peut aussi bien tenter une genèse du religieux.

E.R. : Ne pensez-vous pas que ce que nous convoquons ici sans le nommer, c'est l'héritage judéo-chrétien, afin de faire contrepoids, d'un côté au scientisme, à un certain athéisme et à la globalisation, qui limitent l'humain à une sorte de positivité militante, et de l'autre au danger des sectes et au discours irrationnel (des sectes par exemple ou encore de l'intégrisme), qui prétendent lui apporter une nouvelle spiritualité ?

J.D. : Je ne sais pas répondre ici de manière simple. Je poursuis aussi loin que possible la nécessité d'un discours hyper-athéologique, mais en même temps, je ne cesse de méditer la culture abrahamique (juive, chrétienne, islamique)[1] sans le moindre désir de la détruire ou de la disqualifier. Pour expliquer, sinon justifier, ce double geste, et que malgré l'apparence il reste le même, à la fois divisé et indivisible, il me faudrait lire, écrire ou réécrire tout ce que j'ai déjà écrit. Pour me limiter ici à une seule phrase, disons ceci : depuis quelques années, dans de nombreux textes (par exemple, mais non seulement, dans *Le toucher, Jean-Luc Nancy*), je rappelle qu'il y a des origines *littéralement* luthériennes à cette déconstruction heideggerienne (*Destruktion*) que j'ai passé ma vie à questionner – précisément comme un de ces héritages dont nous parlons, héritages à recevoir, à miner, à discuter, filtrer, transformer, fidèlement infidèlement[2].

Eh bien, ce qui m'importe, depuis toujours, ce serait une déconstruction de *cette* déconstruction, de ce « paysage » chrétien de la déconstruction. Il faut donc *passer* par ce lieu. Peut-on y passer ? Se contenter d'y passer ? Que veut dire

1. À ce sujet, on se reportera à notre chapitre 9 : « Éloge de la psychanalyse ».

2. « N'oublions jamais la mémoire chrétienne, en vérité luthérienne de la déconstruction heideggerienne (la *Destruktion,* ce fut d'abord la *destructio* d'un Luther soucieux de réactiver le sens originaire des Évangiles en déconstruisant les sédiments théologiques). Ne l'oublions jamais, si l'on veut ne pas mélanger toutes les "déconstructions" de ce temps et du monde. [...] Une "déconstruction du christianisme", si elle est jamais possible, devrait donc commencer par se déprendre d'une tradition chrétienne de la *destructio* », Jacques Derrida, *Le toucher. Jean-Luc Nancy, op. cit.,* p. 74.

« passer » ? Dépasser ? Y marquer le pas ? Ce pas, peut-il ne pas en être à jamais *marqué*? On ne *pourra* jamais, voilà le destin de l'héritage, on ne *devrait* jamais vouloir éviter d'avoir été mis dans un mauvais pas. Voire de s'y mettre soi-même. On ne marcherait plus, rien ne marcherait plus autrement.

9

Éloge de la psychanalyse

E.R. : Nous abordons maintenant ce qui a été notre référence commune tout au long de ce dialogue, et bien au-delà : la psychanalyse. Je prononce ce mot et aussitôt me vient à l'esprit la belle idée de Sandor Ferenczi, qui voulait fonder une Société des amis de la psychanalyse. Celle-ci réunirait des écrivains, des artistes, des philosophes ou des juristes intéressés par cette discipline[1]. Le projet lui avait d'ailleurs été inspiré par Freud qui, dans la Société psychologique du mercredi, fondée à Vienne au début du siècle, s'était entouré d'intellectuels. Il considérait que la psychanalyse ne devait en aucun cas demeurer la propriété d'une corporation de praticiens.

En 1964, Lacan a repris cette idée en fondant l'École freudienne de Paris (EFP, 1964-1980) qui allait accueillir des membres non psychanalystes. Quand j'y suis entrée, en 1969, je n'avais pas encore été analysée[2]. Grâce à ma mère, Jenny Aubry, membre fondatrice de cette école, et proche amie de Lacan, je bénéficiais d'ailleurs d'un statut particulier dans ce milieu : j'étais immergée depuis mon enfance dans la culture de ce mouvement.

1. Sigmund Freud, Sandor Ferenczi, *Correspondance, 1920-1933, Les années douloureuses*, t. 3, Paris, Calmann-Lévy, 2000.

2. Voir Élisabeth Roudinesco, *Généalogies, op. cit.*

Votre vie et votre œuvre sont marquées par la psychanalyse. Votre femme, Marguerite Derrida, est psychanalyste et traductrice de certains textes de Melanie Klein ; l'un de vos grands amis, Nicolas Abraham[1], était psychanalyste et vous a fait rencontrer René Major, il y a plus de trente ans. Auprès de lui, vous avez joué un rôle important dans l'histoire de la psychanalyse en France. Je vous ai moi-même « recroisé », si je puis dire, grâce à lui, à partir de 1977. À cette époque, en s'inspirant de votre travail, il « déconstruisait » les dogmes et les rigidités de la pensée psychanalytique dominante, en réunissant dans un espace nommé Confrontation toute la jeunesse psychanalytique de France, une jeunesse en *mal* d'institution, et dont je faisais partie, une jeunesse confrontée d'un côté à la bureaucratie des sociétés de l'IPA et de l'autre à l'agonie du dernier grand maître vivant de la psychanalyse : Jacques Lacan.

Je dois beaucoup à René Major, qui m'a poussée à écrire l'histoire de la psychanalyse dans ce pays et qui a toujours su incarner un esprit de résistance et de tolérance au sein de la psychanalyse : notamment dans sa lutte contre toutes les formes de collaboration ou de complicité, passées ou présentes, des psychanalystes avec le nazisme, la torture, les dictatures[2].

1. Voir Nicolas Abraham et Maria Tork, *Cryptonymie. Le verbier de l'homme aux loups*, précédé de *Fors* par Jacques Derrida, Paris, Aubier-Flammarion, 1976.

2. René Major a été le premier à faire connaître en France les travaux allemands sur les rapports que la psychanalyse avait entretenus avec le nazisme. Voir notamment *Les années brunes. La psychanalyse sous le IIIe Reich*, textes traduits et présentés par Jean-Luc Evard, Paris, Confrontation, 1984. En 1997, il a fait traduire en français le livre d'Helena Besserman Vianna, qui rendait publique la collaboration de certains psychanalystes brésiliens avec la dictature en 1973, ainsi que le rôle ambigu du psychanalyste français Serge Lebovici (1915-2000), président de l'IPA à cette date. Voir Helena Besserman Vianna, *Politique de la psychanalyse face à la dictature et à la torture. N'en parlez à personne*, accompagné de « Préface et lettre ouverte » par René Major, Paris, L'Harmattan, 1997.

Figure morale de la communauté freudienne internationale, Major a toujours revendiqué sa dette théorique envers vous[1] et vous l'avez soutenu dans ce combat, où je l'ai rencontré, et qui a donné lieu, en juillet 2000, à la tenue des États généraux de la psychanalyse[2].

J.D. : J'aime l'expression « ami de la psychanalyse ». Elle dit la liberté d'une alliance, un engagement sans statut institutionnel. L'ami garde la réserve ou le retrait nécessaires à la critique, à la discussion, au questionnement réciproque, parfois le plus radical. Mais comme l'amitié, cet engagement de l'existence même, l'engagement au cœur de l'expérience, de l'expérience de pensée et de l'expérience tout court, il suppose une approbation irréversible, le « oui » accordé à l'existence ou à l'événement, non seulement de quelque chose (la psychanalyse) mais de ceux et de celles dont le désir pensant aura marqué l'origine et l'histoire. En aura aussi payé le prix.

En un mot, ce « oui » de l'amitié suppose la certitude que la psychanalyse reste un événement historique ineffaçable, la certitude que c'est une *bonne chose,* et qui doit être aimée, soutenue, là même où, c'est mon cas, on ne l'a jamais pratiquée en institution, ni comme analysé ni comme analyste, et là même où l'on cultive les questions les plus graves à l'endroit d'un grand nombre de phénomènes dits « psychanalytiques », qu'il s'agisse de théorie, d'institution, de droit, d'éthique et de politique. « L'ami » salue une sorte de révolution freudienne, il présume qu'elle a déjà marqué et devrait

1. René Major, *Au commencement. La vie la mort,* Paris, Galilée, 1999. Et *Lacan avec Derrida. L'analyse désistentielle* (1991), Paris, Flammarion, coll. « Champs », 2001.

2. Les EGP ont réuni mille participants venus de trente-trois pays à Paris dans le grand amphithéâtre de la Sorbonne. Jacques Derrida et le juriste chilien Armando Uribe ont donné à cette occasion chacun une conférence.

continuer de marquer, toujours autrement, l'espace dans lequel nous habitons, pensons, travaillons, écrivons, enseignons, etc. Bien sûr, je ne vous étonnerai pas en vous disant que je charge implicitement ce mot d'amitié de toutes les inquiétudes, questions, affirmations, mutations mêmes qui sont au travail dans mon livre *Politiques de l'amitié* qui, lui-même, suppose un certain « héritage » psychanalytique sans lequel il n'aurait pas été possible (notamment dans sa déconstruction du privilège fraternaliste) mais n'épargne pas non plus, notamment dans un de ses chapitres, Freud et tels de ses disciples (ici Jung ou Ferenczi), ni surtout l'interprétation psychanalytique de l'héritage et des générations « *jusqu'ici* [1] ». Un certain « jusqu'ici » marque à la fois le seuil et la limite de l'amitié dont nous parlons, celle de « l'ami de la psychanalyse ». Si difficile et contradictoire que cela

1. Jacques Derrida, *Politiques de l'amitié, op. cit.* Dans le chapitre auquel nous nous référons (« Pour la première fois dans l'histoire de l'humanité », mots extraits d'une lettre de Ferenczi à Freud), on lit par exemple ceci : « [...] adresse au père que nous prendrons très au sérieux, malgré l'éclat de rire terminable interminable dont elle nous secouera jusqu'à la fin, tant que nous nous dirons, à lire une telle lettre (par exemple), que vraiment, si quelque chose n'est pas arrivée, *jusqu'ici*, à la psychanalyse, c'est bien la psychanalyse, et que sans doute elle ne lui arrivera jamais, surtout pas dans la chaîne des générations de ses pères fondateurs, à moins qu'elle ne soit déjà arrivée dans ce non-événement, et que ce soit cela même, l'événement de ce non-événement, qu'il nous faille peut-être tenter de penser, de vivre, d'avouer enfin » (p. 311) (J.D.)

Dans une lettre à Freud du 26 décembre 1912, Ferenczi stigmatise le comportement de Jung. Il lui reproche de ne pas supporter une autorité « paternelle », au-dessus de lui, de négliger le père et d'accorder à la « famille fraternelle chrétienne » une trop large place : « Si vous avez eu la force, dit-il à Freud, de surmonter chez vous-même, sans guide, *pour la première fois dans l'humanité,* les résistances que l'ensemble du genre humain oppose aux résultats analytiques, nous devons attendre de vous la force nécessaire pour venir aussi à bout de vos plus petits symptômes », *in* Sigmund Freud, Sandor Ferenczi, *Correspondance 1908-1940,* t. 1, Paris, Calmann-Lévy, 1992, p. 470-473.

paraisse, l'ami peut considérer, au nom de la psychanalyse elle-même, que la psychanalyse a eu lieu sans avoir encore eu lieu : « jusqu'ici ». Que veut dire « jusqu'ici » ? Voilà la question.

L'ami, c'est donc aussi celui qui tient à sa vigilance et qui l'exerce à une certaine distance. Toujours à régler, à déplacer. L'ami de la psychanalyse n'appartient pas à la corporation mais il revendique le droit, sinon le devoir, de dire la vérité à ceux qui travaillent ou souffrent à l'intérieur du corps de la corporation. Le droit, sinon le devoir, disais-je. Il faut être plus attentif que jamais à cette frontière poreuse, perméable, instable qui à la fois assure et interdit le passage entre la psychanalyse et le droit, toutes les questions de droit. Aujourd'hui, vous le savez, cette frontière est soumise à une grande turbulence. « L'ami » est celui qui approuve, acquiesce, affirme la nécessité ineffaçable de la psychanalyse, c'est-à-dire avant tout de son à-venir, mais qui s'intéresse aussi au caractère problématique, parfois artificiel, artéfactuel, donc déconstructible et perfectible des rapports entre la psychanalyse et son droit, comme entre la théorie et la pratique, entre la nécessité du savoir et son inscription institutionnelle, entre l'espace public de la psychanalyse et l'originalité absolue de son espace « secret », irréductible à toute « publicité », au-delà même de ce qu'on reconnaît et légitime couramment sous le concept de « secret professionnel » (médical, judiciaire, etc.). Loin de tout autoriser, cet autre « secret » appelle, avec une rigueur au moins égale, une autre éthique, un autre droit, une autre politique. Bref, une autre loi (de l'autre, bien sûr, une autre hétéronomie).

E.R. : Vous avez entretenu avec le texte freudien une relation très personnelle. Je pense notamment à votre conférence de 1966, « Freud et la scène de l'écriture », et à votre entretien radiophonique avec Jean Birnbaum dans lequel vous évoquez la légitimité de votre lecture de Freud : « Je suis prêt à accepter l'hypothèse que si l'on n'est pas analysé, rien n'est possible. » Vous répondiez ainsi à certains praticiens de la psychanalyse, que je qualifierai de « religieux », et qui considèrent que seuls les psychanalystes ou ceux qui ont été analysés sont habilités à lire les œuvres du corpus psychanalytique. Une lecture transférentielle en quelque sorte, réservée à des initiés. Je ne partage pas du tout cette opinion et vous y avez répondu de votre côté : « J'ai moi aussi affaire à des gens qui souffrent et je pense parfois que je suis plus analyste que ceux qui sont payés pour l'être[1]. »

Quant à Lacan, vous l'avez connu et vous avez lu son œuvre, contrairement à d'autres intellectuels de la période antérieure à la vôtre, qui l'ont connu mais n'ont pas eu la même proximité avec son œuvre. Je pense à Georges Bataille, Maurice Merleau-Ponty, Claude Lévi-Strauss, Roman Jakobson. Ils furent les amis de Lacan mais considéraient que son enseignement était trop hermétique. Il faut dire qu'avant la publication des *Écrits* en 1966, cet enseignement n'était connu que de façon fragmentaire par des transcriptions dactylographiées ou par des articles publiés dans des revues spécialisées et difficilement accessibles. Pour ma part, et alors que par ma mère je connaissais fort bien Lacan depuis l'âge de neuf ans, je n'ai compris l'importance de sa pensée qu'avec la publication des *Écrits*, à une époque où j'étais étudiante en linguistique à la Sorbonne.

Lacan a souffert de l'incompréhension de ses amis[2] qui ne le lisaient pas. Du coup, il a méconnu l'importance des philosophes de votre génération qui se sont mis à lire son œuvre plus tard, entre 1964 et 1970. Je me souviens qu'à

1. *Les chemins de la connaissance,* entretien avec Jean Birnbaum, France Culture, 24 mars 2000. Jacques Derrida, « Freud et la scène de l'écriture », in *L'écriture et la différence, op. cit.* Conférence donnée en 1966 à la Société psychanalytique de Paris, à l'invitation d'André Green.

2. Voir Élisabeth Roudinesco, *Jacques Lacan. Esquisse d'une vie, histoire d'un système de pensée, op. cit.*

cette époque, il était devenu assez intolérant, comme vous le rappelez d'ailleurs dans votre conférence du colloque *Lacan avec les philosophes,* et comme vous me l'avez confié en 1986[1].

J.D. : J'avais lu Freud de façon très fragmentaire, insuffisante, conventionnelle, et Lacan de façon encore plus lacunaire, à peine préliminaire, au moment où, entre 1964 et 1965, s'est mise en place la « matrice », si je puis dire, de *De la grammatologie* qui a ensuite conditionné tout mon travail.

Mais d'abord je voudrais dire, puisque vous m'y invitez, un mot sur Lacan. Au moment où j'ai écrit *De la grammatologie,* je ne connaissais donc pas Lacan. J'avais parcouru superficiellement « L'instance de la lettre dans l'inconscient », et partiellement, je crois, « Fonction et champ de la parole et du langage en psychanalyse[2] ». De 1963 à 1965, j'ai élaboré la problématique de la trace, qui commandait une déconstruction du logocentrisme et du phallocentrisme. C'est alors que j'ai commencé à percevoir et à analyser la dette de Freud à l'égard de la métaphysique. Si la psychanalyse est impensable hors de cette tradition philosophique, celle-ci rend possible la psychanalyse mais la limite du même coup. Bref, comme cela arrive souvent, et sans doute toujours, X rend Y impossible au moment même de le rendre possible.

Jusqu'à 1965, je n'avais pas encore pris en compte la nécessité de la psychanalyse dans mon travail philosophique. À partir de *De la grammatologie,* j'ai senti la nécessité proprement *déconstructrice* de remettre en question le primat du présent, de la présence pleine, dès lors aussi de la présence à soi et de la conscience, et donc de mettre en œuvre les

1. Voir « Pour l'amour de Lacan », in *Résistances, op. cit.* À propos du colloque *Lacan avec les philosophes,* on se reportera à la suite de ce dialogue.

2. Ces deux conférences de Lacan figurent dans les *Écrits, op. cit.*

ressources de la psychanalyse. Bien entendu, jusque-là, je n'étais pas totalement vierge ou ignorant, mais ma connaissance de la psychanalyse n'était pas en droit et en théorie intégrée, ni même vraiment articulée à ma « propre » problématique.

Pourtant, ce qui n'apparaissait pas encore s'annonçait déjà en « pointillé ». La problématique de la trace, grand principe de contestation, levier stratégique de la déconstruction, il était indispensable de la situer au-dedans et au bord de la psychanalyse. Dans *De la grammatologie* et surtout dans *La différance*, j'essayai de situer, au moins, la nécessité de réinterpréter un certain sillage de Nietzsche et de Freud. La question de la différ*a*nce, ou de la trace, n'est pas pensable à partir de la conscience de soi ou de la présence à soi, ni en général de la pleine présence du présent. Je sentais bien qu'il y avait en réserve, chez Freud, une puissante réflexion sur la trace et l'écriture. Sur le temps aussi. D'autres ont aussi été sensibles, je le suppose, à cette proximité entre mon propos et la psychanalyse. Invité par André Green à donner une conférence à la Société psychanalytique de Paris, j'ai donc écrit cet essai sur le « Bloc magique », qui fut d'abord accueilli, et applaudi, si ma mémoire est bonne, dans *Tel Quel* [1]. Vous voyez, dans cette seule phrase, je viens de nommer et de laisser suspendus je ne sais combien de fils historiques, toute une toile d'araignée de malentendus qui commençaient alors à se tisser, voire à se tramer. À n'en plus finir. (Je laisse en sommeil ici, ou en réserve, tout un travail d'archive, d'histoire et de sociologie – des idées et des

1. Jacques Derrida, « Freud et la scène de l'écriture », *op. cit.* Dans cette conférence, Jacques Derrida commente un article de Freud de 1925, « Note sur le "Bloc magique" » (*Wunderblock*), où Freud compare l'ardoise de celluloïd qui vient d'être commercialisée sous le nom de « bloc magique » à l'appareil psychique. Sur cette ardoise, l'écriture peut être effacée mais la *trace* de l'écriture reste imprimée. Sigmund Freud, *OC*, XVII, Paris, PUF, 1992, p. 137-143.

hommes. Tout cela est publié et accessible à qui veut lire et en a les moyens.[1])

C'est alors – en gros de 1968 à 1971 – que je me suis mis à lire tel ou tel texte de Lacan et à y découvrir autant de choses passionnantes que de lieux de résistance ou de résidus de métaphysique. Je m'en suis depuis lors abondamment expliqué, qu'il s'agisse d'une certaine conception de la «parole vraie» ou de la «parole pleine», d'une «logique du signifiant», ou de la référence à Heidegger. Après cela, et sans vouloir réduire le travail de Lacan au fameux «Séminaire sur la lettre volée», j'en ai proposé ce qu'on pourrait appeler une analyse, en 1975, dans le texte intitulé «Le facteur de la vérité[2]» – qui a donné lieu, vous le savez, à de nombreux débats, et à de nombreuses publications, notamment aux États-Unis. Il n'y eut jamais, à ma connaissance, aucune réponse publique de Lacan ou de ses proches.

Retour à Freud : mon souci était de trouver, dans une «logique de l'inconscient» (mais je n'ai jamais fait mienne cette expression), de quoi soutenir un discours dont je sentais, depuis un autre lieu, selon une autre démarche, la nécessité. Il s'agissait des motifs de l'après-coup, du retard ou de la différ*a*nce «originaire», de tout ce qui ruinait ou menaçait l'autorité phénoménologique absolue du «présent vivant» dans le mouvement de la temporalisation et de la constitution de l'ego ou de l'alter-ego, de la présentation du

1. Sur cette histoire, on se reportera en particulier à Élisabeth Roudinesco, *Histoire de la psychanalyse en France,* t. 2, *op. cit.*

2. Jacques Derrida, *La carte postale, op. cit.,* p. 441-524. C'est dans ce célèbre article que Jacques Derrida critique la conception lacanienne du signifiant selon laquelle une lettre arrive toujours à destination. Le Séminaire de Lacan sur la nouvelle d'Edgar Poe, «La lettre volée», ouvre les *Écrits, op. cit.* Voir à ce sujet Élisabeth Roudinesco, *Histoire de la psychanalyse en France,* t. 2, *op. cit.* Et «Du tout», entretien entre Jacques Derrida et René Major (1978), in *La carte postale, op. cit.,* p. 527-549. La problématique de la lettre volée a été reprise dans de nombreuses publications en France et aux États-Unis.

sens, de la vie et du présent dans la phénoménologie – qui était alors pour moi comme l'élément même de la pensée et du discours, même si mon rapport à la phénoménologie husserlienne était aussi le lieu privilégié des questions déconstructrices.

Mais l'« ami de la psychanalyse » demeurait sur ses gardes, face à tant de schémas métaphysiques à l'œuvre dans les projets freudien ou lacanien. Double geste, donc, toujours : marquer ou remarquer chez Freud une ressource qui n'avait pas encore été lue, me semble-t-il, comme je croyais devoir le faire, mais du même coup soumettre le « texte » Freud (théorie et institution) à une lecture déconstructrice. Aucun texte n'étant jamais homogène (c'est devenu pour moi une sorte d'axiome catégorique, la charte de toutes mes interprétations), il peut être légitime, il est même toujours nécessaire d'en faire une lecture divisée, différenciée, voire en apparence contradictoire. Active, interprétative, performative, signée, cette lecture doit et ne peut pas ne pas être l'invention d'une réécriture.

E.R. : Vous n'avez pas pris à bras-le-corps les grands textes métapsychologiques de Freud. Vous l'avez abordé soit par des œuvres dites spéculatives (*Au-delà du principe de plaisir*, par exemple), soit par des textes marginaux : ceux sur « l'inquiétante étrangeté » ou la télépathie par exemple[1].

J.D. : J'ai toujours fait cela, et non seulement pour Freud.

E.R. : Freud voyait dans ce qu'il appelait la métapsychologie un moyen de sortir la psychanalyse de la psychologie et d'éviter qu'elle ne s'inféode à la philosophie. Ne parvenant pas à faire entrer la psychanalyse dans le champ des sciences

1. Jacques Derrida, « Télépathie » (1981), in *Psyché, op. cit.*, p. 237-271.

de la nature, il inventa la métapsychologie[1], c'est-à-dire un modèle spéculatif, afin de l'inscrire au croisement des sciences de la nature et de la réflexion spéculative. D'où l'idée de traduire la métaphysique en une métapsychologie, c'est-à-dire de renoncer à la connaissance de l'être pour celle des processus inconscients.

Je suis frappée de voir que sa démarche s'apparente à un mouvement de retour, que l'on trouve à la fin du XIXe siècle, et notamment chez Nietzsche, aux présocratiques, à ces vieux philosophes grecs pour lesquels la nature était traversée de grands mythes. Vous avez vous-même travaillé cette question maintes fois. Freud rend souvent hommage à Empédocle, et si parfois il range le discours philosophique dans la catégorie de la paranoïa, il en fait également le paradigme d'un haut degré de civilisation. Dans *L'homme Moïse*[2], il compare la philosophie au monothéisme. Pourquoi n'avez-vous pas pris comme objet de réflexion la notion même de métapsychologie ?

J.D. : La grande conceptualité freudienne a sans doute été nécessaire, j'en conviens. Nécessaire pour rompre avec la psychologie dans un contexte donné de l'histoire des sciences. Mais je me demande si cet appareil conceptuel survivra longtemps. Je me trompe peut-être, mais le ça, le moi, le surmoi, le moi idéal, l'idéal du moi, le processus

1. On regroupe aujourd'hui sous le nom d'écrits métapsychologiques *L'esquisse d'une psychologie scientifique* (1895), le septième chapitre de *L'interprétation des rêves* (1900), « Pour introduire le narcissisme » (1914), *Au-delà du principe de plaisir* (1920), *Le moi et le ça* (1923), l'*Abrégé de psychanalyse* (1940). À quoi s'ajoutent les cinq exposés de métapsychologie rédigés entre 1915 et 1917 : « Pulsions et destins des pulsions », « Le refoulement », « L'inconscient », « Complément métapsychologique à la doctrine du rêve », « Deuil et mélancolie ». Pour l'analyse de ces œuvres et de ces termes, voir Élisabeth Roudinesco et Michel Plon, *Dictionnaire de la psychanalyse*, *op. cit.*

2. Sigmund Freud, *L'homme Moïse et la religion monothéiste*, *op. cit.*

secondaire et le processus primaire du refoulement, etc. – en un mot les grandes machines freudiennes (y compris le concept et le mot d'inconscient !) – ne sont à mes yeux que des armes provisoires, voire des outils rhétoriques bricolés contre une philosophie de la conscience, de l'intentionnalité transparente et pleinement responsable. Je ne crois guère à leur avenir. Je ne pense pas qu'une métapsychologie puisse résister longtemps à l'examen. On n'en parle déjà presque plus.

Je préfère chez Freud des analyses partielles, régionales, mineures, les coups de sonde les plus aventurés. Ces percées réorganisent parfois, au moins virtuellement, tout le champ du savoir. Il faut, comme toujours, être prêt à s'y rendre, et pouvoir leur rendre leur puissance révolutionnaire. Puissance invincible. Finalement, quels que soient les inégalités de développement, les inachèvements « scientifiques », les présuppositions philosophiques, cette puissance tient toujours à la réaffirmation d'une raison « sans alibi » théologique ou métaphysique. Cette réaffirmation de la raison peut aller contre un certain état ou un certain concept historique de la raison[1], et cette puissance peut donner à penser au-delà même du « pouvoir » et de la « pulsion de pouvoir » identifiée par Freud, donc de la pulsion de souveraineté[2].

1. Sur la raison et la psychanalyse, sur la raison *de* la psychanalyse, cf. Jacques Derrida « *Let us not forget Psychoanalysis* », The Oxford Literary Review, vol. 12, n° 1-2, 1990. Ce texte constitue l'introduction à une conférence de René Major donnée à la Sorbonne, « La raison depuis l'inconscient » (16 décembre 1988). Cf. René Major, *Lacan avec Derrida, op. cit.,* p. II. Il s'agissait de protester contre l'accusation d'irrationalisme adressée à une psychanalyse qui serait infidèle aux Lumières : « comme s'il redevenait légitime, enfin, d'accuser d'obscurité ou d'irrationalisme quiconque complique un peu les choses à s'interroger sur la raison de la raison, sur l'histoire du principe de raison ou sur l'événement, peut-être traumatique, que constitue quelque chose comme la psychanalyse dans le rapport à soi de la raison. » (J.D.)

2. Cf. Jacques Derrida, *États d'âme de la psychanalyse, op. cit.*

Mais la visée même, je dis bien la *visée* de la révolution psychanalytique, est la seule à ne pas se reposer, à ne pas se réfugier, en principe, dans ce que j'appelle un *alibi* théologique ou humaniste. C'est pourquoi elle peut paraître terrifiante, terriblement cruelle, sans pitié. Même aux psychanalystes, même à ceux qui, des deux côtés du divan, font plus ou moins semblant de se fier à la psychanalyse[1]. Toutes les philosophies, les métaphysiques, les théologies, les sciences de l'homme finissent par recourir, dans le déploiement de leur pensée ou de leur savoir, à un tel *alibi*[2].

Parmi les gestes qui m'ont convaincu, séduit en vérité, il y a cette indispensable audace de la pensée, ce que je n'hésite pas à appeler son courage : cela consiste ici à écrire, inscrire, signer, au nom d'un savoir sans alibi (et donc le plus «positif»), des «fictions» théoriques. On reconnaît ainsi deux choses à la fois : *d'une part*, l'irréductible nécessité du stratagème, de la transaction, de la négociation dans le savoir, dans le théorème, dans la *position* de la vérité, dans sa démonstration, dans son «faire savoir» ou dans son «donner à entendre», et, *d'autre part*, la dette de toute *position* théorique (mais aussi bien juridique, éthique, politique), envers un pouvoir performatif structuré par la *fiction*, par une invention figurale. Car la convention qui garantit tout performatif

1. Sur la «fonction auto-immunitaire» à l'œuvre partout, et en particulier dans la psychanalyse, cf. *Foi et savoir, op. cit.*, et *États d'âme...*, *op. cit.*, p. 20. Cette page est précédée de quelques réserves du type : «Dès lors, je ne suis pas sûr, à ce point, d'être tout à fait des vôtres même si, pour une part, je suis fier de le revendiquer en partageant votre inquiétude» (p. 19). (J.D.)

2. «Le seul discours qui puisse aujourd'hui revendiquer la chose de la cruauté psychique comme son affaire *propre*, ce serait bien ce qui s'appelle, depuis un siècle à peu près, la psychanalyse. [...] Mais "psychanalyse" serait le nom de ce qui, sans alibi théologique ou autre, se tournerait vers ce que la cruauté psychique aurait de plus *propre*. La psychanalyse, pour moi, si vous me permettez cette autre confidence, ce serait l'autre nom du "sans alibi". L'aveu d'un "sans alibi". Si c'était possible» (*ibid.* p. 12-13). (J.D.)

inscrit en elle-même le crédit accordé à une fiction. Par exemple dans les moments les plus « spéculatifs » de *Au-delà du principe de plaisir*, texte vers lequel je suis si souvent revenu (et encore très récemment, aux États généraux de la psychanalyse, vers un au-delà de son au-delà, vers un au-delà de la pulsion de mort, de destruction et de cruauté[1]), on peut montrer – et Freud le dit lui-même – que l'opposition entre le principe de réalité et le principe du plaisir, avec sa conséquence illimitée, c'est une fiction théorique. Il y en a beaucoup d'autres dans le discours de Freud.

« L'ami de la psychanalyse », en moi, se méfie non pas du savoir positif mais du positivisme et de la substantialisation d'instances métaphysiques ou métapsychologiques. Les grandes entités (moi, ça, surmoi, etc.), mais aussi les grandes « oppositions » conceptuelles, trop solides, et donc si précaires, qui ont suivi celles de Freud, comme par exemple le réel, l'imaginaire et le symbolique, etc., « l'introjection » et « l'incorporation », me paraissent emportées (et j'ai essayé de le démontrer plus d'une fois) par l'inéluctable nécessité de quelque « différ*ra*nce » qui en efface ou en déplace les frontières. Les prive en tout cas de toute rigueur. Je ne suis donc jamais prêt à suivre Freud et les siens dans le fonctionnement de leurs grandes machines théoriques, dans leur fonctionnalisation.

E.R. : À mon sens, au contraire, il faut tenir compte de la coupure effectuée par Freud et continuer à travailler *avec* la métapsychologie. Car si l'on cède sur ce que vous appelez les grandes machines théoriques, on risque de liquider le principe même de la « subversion » freudienne, de son innovation, et d'en revenir à de vieilles notions d'inconscient

1. Cf. en particulier les conclusions de *États d'âme...* autour d'un « inconditionnel sans souveraineté », « au-delà de l'économie du possible », *op. cit.* p. 82 *sq.* Voir aussi *La carte postale, op. cit.*

(cérébral, neuronal, cognitif, subliminal, etc.)[1], historiquement fort intéressantes, mais d'une très grande pauvreté au regard de la puissance inventive du système freudien, lequel a donné naissance à une richesse interprétative que l'on ne trouve nulle part ailleurs. J'ai l'impression qu'en philosophie, on est beaucoup moins confronté à un tel risque de régression. Il y a une fragilité spécifique de la psychanalyse qui tient à son objet même : l'inconscient, au sens freudien, peut toujours être évité, réfuté, jugé « dangereux » et donc banni de la conscience et de la raison, etc. D'où la nécessité, pour entretenir la créativité, de faire retour sans cesse au geste originel de Freud contre les dogmes que la psychanalyse suscite elle-même quand elle prétend « dépasser » Freud, c'est-à-dire « l'enterrer »...

J.D. : Sans doute. Mais la spécificité du combat mené par Freud reste à aiguiser. D'un point de vue historique, je comprends parfaitement que l'on puisse justifier la « construction » du discours freudien. Mais à condition de savoir que le champ dans lequel il a travaillé n'est plus le nôtre. Certains éléments perdurent, mais je ne ferais pas de l'« inconscient » et des instances de la deuxième topique des concepts scientifiques et scientifiquement assurés[2]. Je veux bien les citer et les utiliser dans des situations stratégiquement définies, mais je ne crois pas à leur valeur, à leur portée au-delà de ce champ de bataille. D'autres « fictions théoriques » sont désormais nécessaires. Ce n'est pas de ma part une réponse relativiste ou opportuniste. Au contraire, c'est un souci de vérité scientifique et une leçon tirée de l'histoire des sciences, de la vie ou du progrès des commu-

1. Cf. Élisabeth Roudinesco, *Pourquoi la psychanalyse ?, op. cit.*
2. Sur la définition des grands concepts de la deuxième topique, on se reportera à Jean Laplanche et Jean-Bertrand Pontalis, *Vocabulaire de la psychanalyse, op. cit.*, et à Élisabeth Roudinesco et Michel Plon, *Dictionnaire de la psychanalyse, op. cit.*

nautés scientifiques qui sont aussi des communautés « productives », « performatives », interprétatives.

Un jour, le meilleur de l'héritage psychanalytique pourra survivre sans la métapsychologie, et peut-être même sans aucun des concepts que je viens de nommer. D'où une difficulté stratégique quelquefois troublante et angoissante. On risque toujours, en disant cela, d'aller en effet au secours de ceux qui voudraient « liquider » la psychanalyse. Je ne veux pas dire que l'œuvre de Freud serait « dépassée », mais je voudrais pouvoir dire ce que je suis en train de dire sans conclure que la bataille est terminée.

E.R. : Vous n'avez pas écrit « Spectres de Freud », mais je suis convaincue que *Spectres de Marx* est un livre profondément freudien, plus freudien sans aucun doute que tous les textes que vous avez écrits explicitement sur la psychanalyse. Autant je suis certaine qu'il faut faire vivre l'esprit de la Révolution, ou le désir de révolution, au-delà de l'échec du communisme, autant je m'interroge sur la manière de faire vivre l'esprit d'une subversion freudienne, précisément parce que la psychanalyse, en tant que cure et pratique thérapeutique, n'a pas échoué au même titre que le communisme, quoi qu'on en dise. Cependant, malgré sa force clinique, la psychanalyse s'est enfermée, de par la sclérose de ses institutions – dont je ne conteste pas l'utilité –, dans un certain académisme, et je suis persuadée que la créativité lui reviendra de l'extérieur, par des travaux comme les vôtres ou comme ceux des littéraires, des historiens, des écrivains et peut-être des scientifiques s'ils renoncent à vouloir enfermer cette discipline dans le ghetto d'un expérimentalisme de la preuve, de la comptabilité ou de la mesure qui ne peut en aucun cas lui convenir.

Je me trouve personnellement dans une situation bien étrange d'extériorité et d'intériorité. Je suis « fille de la psychanalyse », comme je l'ai dit, de par mes origines et de par ma formation, mais je me sens de plus en plus en position d'« amie », du fait de la dichotomie qui s'est instaurée entre la pratique clinique, interne au milieu, et la production intellectuelle à laquelle je me rattache et qui se fait à l'extérieur. Il faudra bien effectuer un jour une jonction entre la force clinique réelle que représentent les praticiens anonymes et les patients, et la puissance créatrice de la réflexion théorique qui s'exprime de plus en plus à l'extérieur de la communauté freudienne.

J.D. : Un seul point de désaccord, peut-être : la philosophie connaît des scénarios et des enjeux au moins analogues. On ne déconstruit pas simplement en progressant, sans risques. Il faut toujours réaffirmer quelque chose du passé pour éviter une rechute encore pire. Les problèmes stratégiques sont donc aussi essentiels, et toujours inévitables en philosophie. Un concept, une phrase, un discours, une argumentation philosophiques, ce sont toujours *aussi* des stratagèmes.

Vous avez raison de comparer ces deux « avis de décès » prématurés, ces deux prétendues morts, celle de Marx et celle de Freud. Elles témoignent de la même compulsion à enterrer vivants les trouble-fête encombrants et à s'engager dans un deuil impossible. Mais les survies de ces deux « morts » ne sont pas symétriques. L'une affecte la totalité du champ géopolitique de l'histoire mondiale, l'autre n'étend l'ombre de son demi-deuil qu'aux États dits de droit, aux démocraties européennes, judéo-chrétiennes, comme on dit trop vite – et non abrahamiques, dans ce cas, l'Islam étant resté dans l'ensemble, énorme problème que j'évoque dans *États d'âme de la psychanalyse,* inaccessible à la psychanalyse.

Vous me demandiez comment maintenir la vertu subversive de Freud. J'essaie de le faire, comme vous l'avez dit, aussi bien dans des textes consacrés à la psychanalyse que dans les autres. L'urgence aujourd'hui, n'est-ce pas de porter la psychanalyse dans des champs où elle n'a pas été jusqu'ici présente ? Ou active ?

Ce ne sont pas, une fois encore, les thèses freudiennes qui comptent le plus à mes yeux, mais plutôt la manière dont Freud nous a aidés à mettre en question un grand nombre de choses concernant la loi, le droit, la religion, l'autorité patriarcale, etc. Grâce à l'élan du *coup d'envoi* freudien, on peut par exemple relancer la question de la responsabilité : au lieu d'un sujet conscient de lui-même, répondant souverainement de lui-même devant la loi, on peut mettre en place l'idée d'un « sujet » divisé, différencié, qui ne soit pas réduit à une intentionnalité consciente et egologique. Et d'un « sujet » installant progressivement, laborieusement, toujours imparfaitement, les conditions *stabilisées* – c'est-à-dire non naturelles, essentiellement et à jamais *instables* – de son autonomie : sur le fond inépuisable et invincible d'une hétéronomie. Freud nous aide à mettre en question les tranquilles assurances de la responsabilité. Dans le séminaire intitulé « Questions de responsabilité » que je tiens depuis douze ans, je traite de questions comme le témoignage, le secret, l'hospitalité, le pardon et maintenant la peine de mort. J'essaie de voir ce que peuvent vouloir dire des termes comme « répondre devant », « répondre à », « répondre de », « répondre de soi », dès lors qu'on les regarde du point de vue de ce qu'on appelle encore l'« inconscient[1] ».

E.R. : Pour ma part, j'essaie d'analyser ce que vous aviez appelé en 1981 la « géopsychanalyse ». Vous aviez employé l'expression lors d'une rencontre franco-latino-américaine, organisée à Paris par René Major, et qui avait pour but de dénoncer à la fois les dictatures latino-américaines et la collaboration de certains psychanalystes à ce type de régime[2].

1. Sur la question de la responsabilité de l'auteur, voir notre chapitre 7 : « De l'antisémitisme à venir ».

2. Voir « Géopsychanalyse » (1981), in *Psyché, op. cit.*, p. 327-352. Et René Major, *De l'élection. Freud face aux idéologies américaine, allemande et soviétique*, Paris, Aubier, 1986.

Vous notiez alors que, lors de son trentième congrès tenu à Jérusalem en 1977, la direction de l'IPA avait réparti la psychanalyse en trois zones : 1 – tout ce qui se trouve au nord de la frontière mexicaine ; 2 – tout ce qui se trouve au sud de cette frontière ; 3 – le reste du monde (*the rest of the world*). Cette classification était inouïe quand on y songe, puisque ce *reste du monde* incluait l'Europe, c'est-à-dire le berceau de la psychanalyse, continent sans lequel elle n'aurait jamais existé ailleurs, ainsi que les autres parties du monde, un monde non judéo-chrétien, où elle n'existe qu'à titre d'enclave (l'Inde et le Japon) mais où elle est appelée à se développer un jour, comme cela est déjà visible dans l'intérêt qui est porté dans ces pays à la lecture et à la traductions des textes : je pense notamment à la Chine, à la Corée, etc.

J'avais été très sensible à votre intervention et, de mon côté, j'ai essayé montrer que l'implantation de la psychanalyse n'avait pu s'opérer que dans des États de droit et donc presque toujours dans ce qu'il est convenu d'appeler les « sociétés occidentales ». Aujourd'hui, avec la chute du communisme, la psychanalyse se réimplante là où elle avait été bannie pour des raisons politiques : la Russie, la Pologne, la Roumanie, etc. Mais, avec la mondialisation, on assiste à un processus d'exportation « clés en mains ». L'IPA exporte ainsi ses standards comme on transporte une usine et des techniciens, sans tenir compte ni des situations locales, ni du « service après-vente », ni de l'état d'esprit de la main-d'œuvre autochtone, ni des consommateurs.

Par exemple, elle oblige les praticiens de l'Europe de l'Est qui veulent obtenir le label de *study group* (groupe d'études)[1]

1. L'IPA est composée de quatre types de groupes : les groupes d'études, les sociétés provisoires, les sociétés composantes, les sociétés régionales. Voir Élisabeth Roudinesco et Michel Plon, *Dictionnaire de la psychanalyse, op. cit.*

à mettre en place un dispositif de la cure qui ne répond pour l'instant à aucune réalité locale. Ce n'est pas parce que l'inconscient, la folie ou le désir sont des invariants universels qu'il faut, pour en saisir le fonctionnement, imposer dans les territoires en éveil, des divans, des *training*, des durées de cure ou des temps de séance qui ne correspondent pas à la demande de ceux qui sont en attente d'une psychanalyse à venir.

Par ailleurs, dans les pays où elle a recueilli un vif succès, la psychanalyse est toujours attaquée, moquée, menacée, tournée en dérision. On annonce en permanence sa fin, son dépassement, sa prétendue incapacité à « soigner » les maladies de l'âme, et l'on prophétise sans cesse la mort de Freud (comme celle de Marx). En outre – c'est le cas en France – elle n'est pas considérée comme une discipline à part entière et indépendante des écoles où se transmet la formation clinique. Malgré tous les combats qui ont été menés, et auxquels vous avez récemment participé, la psychanalyse reste « interdite » dans les hautes sphères de l'enseignement républicain : pas de chaire à l'École des hautes études en sciences sociales, ni au Collège de France.

J.D. : Ce qui s'exporte à travers l'impérialisme, à travers le colonialisme, à travers tout autre mode de diffusion de la pensée occidentale, ce ne sont pas, généralement, pas seulement des normes, des acquis, des positions. Ce sont aussi des crises, des interrogations fragilisantes au cours desquelles le « sujet » ne se trouve qu'en se trouvant mis à l'épreuve. Aujourd'hui, on assiste *à la fois, d'une part,* à la consolidation de tout ce qui lie le droit, la politique et la citoyenneté à la souveraineté du « sujet », et, *d'autre part,* à une possibilité pour le « sujet » de se déconstruire, d'être déconstruit. Les deux mouvements sont indissociables. D'où ce paradoxe : la mondialisation, c'est l'européanisation. Et pourtant, l'Europe se replie, se fissure, se transforme. Ce qui s'exporte, dans un langage européen, se voit aussitôt remis en question au nom de ce qui était potentiellement au travail dans cet héritage européen lui-même, au nom d'une possibilité d'auto-hétéro-déconstruction. Ou encore, dirais-je, d'auto-immunité. L'Europe, c'est à mes yeux le plus bel exemple, l'allégorie aussi de l'auto-immunité. Je dis « bel exemple » parce que si c'est beau l'Europe, c'est de cette étrange beauté-là : l'auto-immunité comme survie, l'invincibilité comme auto-immunité. L'immense tragédie d'un beau suicide, quoi...

En conséquence, l'héritage européen n'est pas un ensemble de valeurs, de biens spirituels, un héritage de richesses mobilières ou immobilières. Ce serait plutôt un potentiel inépuisable de crise et de déconstruction. Il est difficile aujourd'hui, pour cette raison même, pour cette double raison de la raison qui a raison d'elle-même, de penser les rapports entre l'Europe et ses autres, les « aires culturelles » non européennes. Celles-ci, tout en développant une puissante et irrécusable contestation de l'eurocentrisme, sont en train de se laisser européaniser bien au-delà des formes impérialistes ou colonialistes que nous connaissons. Nous assistons donc, nous participons, que nous le voulions ou non, à ce double mouvement : mondialisation de l'européanité et contestation de l'eurocentrisme. Que nous soyons européens ou non, nous avons à penser cette double sollicitation.

Quant à la psychanalyse, il faut prendre acte du fait que, comme vous le disiez, elle s'est implantée de façon certes limitée dans un monde de traditions européennes, dans un monde qui inclut les deux Amériques. Et cela alors même qu'elle reste, dans ce même monde, en butte à de nombreuses résistances, ce qui l'oblige à pénétrer certaines institutions de façon clandestine ou marginale. Elle n'a au fond que peu d'influence dans l'université. Quand elle en a, cela ne passe pas par un enseignement direct, plutôt par des voies contrebandières, littéraires ou autres. À l'intérieur même de son terrain de naissance, de son terreau culturel, l'implantation de la psychanalyse reste si étroite !

E.R. : Cela s'explique par la peur que suscite l'idée de l'inconscient.

J.D. : Un « sujet », quel qu'il soit (individu, citoyen, État) ne s'institue que depuis cette « peur », et il a toujours la force ou la forme protectrice d'un barrage. Le barrage interrompt, puis il accumule et canalise l'énergie. Car à travers tant de différences à ne jamais oublier, nos sociétés européennes sont toujours dominées par quelque chose comme *un* « système » éthique, juridique et politique, *une* Idée du Bien, du Droit et de la Cité (de la citoyenneté ou de l'État). Ce que j'appelle pour faire vite un « système » et une « Idée », il faut encore le protéger contre ce qui risque de venir de la psychanalyse – qui, pourtant, a poussé en Europe et le plus souvent, à travers la personne de Freud, continue de cultiver un modèle européen de la culture, de la civilisation et du progrès.

Ce « système » et cette « Idée » sont avant tout des constructions produites pour résister à ce qui est ressenti comme une menace. Car la « logique de l'inconscient » reste incompatible avec ce qui définit l'identité de l'éthique, du politique et du juridique dans ses concepts, mais aussi dans ses institutions, et donc dans ses expériences humaines. Si l'on prenait en compte sérieusement, effectivement, pratiquement, *la* psychanalyse, ce serait un tremblement de terre à peu près inimaginable. Indescriptible. Même pour les psychanalystes.

Parfois, cette menace sismique passe à l'intérieur de nous-mêmes, à l'intérieur de chaque individu. Dans notre vie, nous le savons bien, nous le savons trop, nous tenons des discours équivoques, hypocrites, dans le meilleur des cas ironiques, structurellement ironiques. Nous faisons comme si la psychanalyse n'avait jamais existé. Même ceux qui sont convaincus, comme nous le sommes, de la nécessité inéluctable de la *révolution* psychanalytique, et au moins de la *question* psychanalytique, eh bien, dans leur vie, dans leur langage courant, dans leur expérience sociale, ils agissent *comme si* de rien n'était, si je puis dire, comme au siècle dernier. Dans toute une zone de notre vie, nous faisons comme si, au fond, nous croyions à l'autorité souveraine du moi, de la conscience, etc., et nous tenons le langage de cette « autonomie ». Nous savons, certes, que nous parlons plusieurs langages à la fois. Mais cela ne change à peu près rien, rien à l'âme ni au corps, au corps de chacun et au corps de la société, au corps de la nation, au corps des appareils discursifs et juridico-politiques.

Ce qui me frappait déjà en 1981, au moment d'écrire « Géopsychanalyse », c'est que les grandes institutions nationales et internationales de la psychanalyse se construisent sur des modèles politiques eux-mêmes en crise, voire en ruine – l'État, un certain droit international –, sur des modèles qui ne sont pas en eux-mêmes psychanalytiques. Certes, la référence à Freud existe mais, dans l'ensemble, les chartes qui régissent les institutions psychanalytiques ne sont pas en elles-mêmes psychanalytiques. Déjà, du temps de Freud, les modèles étaient périmés, inadéquats en tout cas à ce qu'exigeait la révolution psychanalytique. Sans doute était-ce stratégiquement inévitable. Mais aujourd'hui ? Je ne vois pas chez la plupart des psychanalystes de prise en compte de toutes les nouvelles donnes problématiques du droit national et international (« crime contre l'humanité », « génocide », limitation de souveraineté, projet de tribunal pénal international, problèmes ou progrès de l'abolitionnisme en matière de peine capitale, etc.). De ce point de vue, et malgré des exceptions, le discours institutionnel de la psychanalyse paraît archaïque. Parfois au point d'en être comique.

Il existe de nombreuses formes différentes d'institutions et, vue de loin, l'IPA me semble la plus archaïque. Mais dans les autres associations, je ne perçois pas davantage de réflexion organisée et fondamentale (voire re-fondatrice) à la mesure de ces nouvelles donnes juridiques, éthiques et politiques liées à la « mondialisation ».

E.R. : Il y a eu deux grands modèles. Le premier, celui qui a été inauguré par Freud à Vienne dans la Société psychologique du mercredi : c'est le modèle platonicien qui correspond à une organisation aristocratique du mouvement et qui renvoie d'ailleurs à la culture grecque : un maître entouré de ses disciples. Le deuxième modèle, qui lui a succédé historiquement et qui a été adopté par l'IPA, est un modèle corporatiste, associatif. Il repose consciemment sur le renoncement de chacun à occuper la place du maître. Soucieux de réserver à Freud une place de fondateur « unique » dans l'histoire – c'est-à-dire de fondateur d'une discipline –, ses successeurs ont créé l'IPA afin que le modèle associatif protège chaque membre de se prendre pour un chef charismatique.

Pour les premiers freudiens[1], la psychanalyse était la propriété d'un père fondateur qui désignait les siens comme une « horde sauvage ». Ceux qui le quittaient se définissaient eux-mêmes comme des dissidents n'appartenant plus au cercle des élus. À partir de 1910, la fonction souveraine du pouvoir fut déléguée par Freud à l'IPA. Pendant presque vingt ans, celle-ci fut la seule instance légitime, voire légale, de la psychanalyse, dirigée non pas par le fondateur qui continuait d'en incarner la force créatrice, en tant que *maître sans commandement* [2], mais par ses disciples de la

1. Je renvoie ici à ma conférence d'ouverture aux EGP, à paraître.
2. C'est le terme que j'ai employé pour qualifier la position de Freud dans l'IPA après 1910. Voir *Histoire de la psychanalyse en France,* t. 1, *op. cit.*

première génération. Avec les scissions successives, à partir en 1927, l'IPA cessa progressivement d'être le lieu de la souveraineté de la psychanalyse, tout en restant, pour quelques temps encore, sa seule instance légitime. En effet, ceux qui scissionnaient ne quittaient pas la communauté, dont Freud vivant était encore l'acteur principal, mais ils cherchaient à créer d'autres courants internes à cette communauté. Le scissionnisme de l'entre-deux-guerres fut à cet égard le symptôme de l'impossibilité pour la psychanalyse d'être représentée en totalité par un seul gouvernement. Ce scissionnisme reflétait ce qui était l'essence même de l'invention freudienne : le décentrement du sujet, l'abolition de la maîtrise, la défaite de l'autorité monarchique.

C'est pourquoi, après la Deuxième Guerre mondiale, l'IPA ne fut plus regardée comme la seule institution capable de réunir l'ensemble des courants de la psychanalyse en une communauté indivisible. Apparurent alors, non pas seulement d'autres associations cherchant à demeurer au cœur d'un seul empire, mais *des* groupes qui refusaient le principe même d'une appartenance unique. Ils se réclamaient tantôt du père disparu et de sa doctrine, tantôt d'un dépassement ou d'un abandon de son système de pensée. Ce scissionnisme-là fut le signe d'une transformation de la psychanalyse en un mouvement de masse.

Au fil des ans, l'IPA est ainsi devenue une association tellement bureaucratique et corporatiste qu'elle a été abandonnée ou contestée de l'intérieur par tous ceux qui cherchaient à réveiller l'esprit créatif en produisant un renouveau théorique. Il faut dire à sa décharge qu'elle a subi les contraintes imposées par le « marché » (et aujourd'hui par la mondialisation), notamment aux États-Unis, où les praticiens ont été obligés de se soumettre aux exigences sauvages de groupes financiers, responsables de leur propre assurance et de celle des patients, et plus soucieux de réaliser des profits que de contribuer à une réflexion intellectuelle. En un mot, la « mercantilisation » de la psychanalyse, et les luttes stériles qu'elle a dû mener en faveur d'un statut – ou d'un rejet de tout statut (ce qui revient au même) – avec pour toile de fond le développement d'un esprit de compétition, qui l'a entraînée sur la voie d'une rivalité, tantôt avec les laboratoires de psychopharmacologie, tantôt avec les psychothérapies en tous genres, tout cela a fini par faire oublier ce que fut l'éblouissement originel du grand banquet platonicien orchestré par Freud au début du siècle.

En 1964, contraint de quitter l'IPA, Lacan a tenté de revenir au modèle platonicien, au grand banquet des origines viennoises. D'où l'appellation d'« école » au sens des écoles de philosophie de la Grèce antique. Lacan est le seul héritier de Freud à avoir réellement tenté de penser la question d'une école de la psychanalyse qui ne serait ni une corporation professionnelle, ni un parti, ni une secte, ni une bureaucratie. Il a poussé très loin la réflexion à ce sujet, et moi qui ai participé à cette aventure comme membre de l'EFP à partir de 1969, je puis en témoigner.

Cependant, j'ai toujours pensé que ce type d'expérience ne pouvait être que de courte durée. Par rapport au modèle platonicien originel, qui suppose la présence réelle d'un maître réel, producteur d'une œuvre novatrice, le modèle associatif a pour lui l'éternité. D'un côté la force d'un événement subversif, lié à la singularité d'un destin, et forcément limité dans le temps ; de l'autre, la longue durée de la conservation institutionnelle (le modèle du « hérisson » dont nous parlions).

La situation actuelle est le reflet de cette histoire dont nous sommes les héritiers. Nous savons désormais qu'aucune internationale ne peut prétendre incarner la légitimité de la psychanalyse. En conséquence, toutes ses institutions sont marquées par le deuil d'une souveraineté à jamais perdue, ou engendrées par le deuil interminable de cette figure d'un maître auquel chacune veut être fidèle au risque de la reconstruire à la façon d'un simulacre.

J.D. : J'en suis convaincu comme vous, Lacan est sans doute l'un des rares à avoir essayé de changer l'institution. Et comme vous, je crois qu'il faut *de l'institution.* Cela dit, je n'ai pas de « solution » idéale non plus, si l'on entend par là un discours ou un dispositif qui sortirait tout armé, comme Athéna, d'une tête paternelle. On ne peut pas attendre passivement que quelque chose arrive sous la forme d'une nouvelle constitution, d'une nouvelle charte ou d'une nouvelle institution. Il ne serait pas sérieux de croire qu'au lendemain des États généraux, par exemple, une nouvelle institution psychanalytique internationale ou nationale pourra voir le jour. Les institutions bougent, même les plus vieilles, et j'espère en tout cas que l'IPA s'apercevra que quelque chose d'important a eu lieu.

La mondialisation ne crée pas seulement une plus grande perméabilité des frontières, elle transforme aussi les modes de communication, la transmission du savoir et des normes. Il me semble important que les États généraux de la psychanalyse aient été préparés sur Internet. Cela implique une rapidité, une multiplicité des messages, mais aussi une déhiérarchisation, c'est-à-dire une manière nouvelle de s'adresser à la communauté psychanalytique qui court-circuite la bureaucratie. Dès qu'on touche à la hiérarchisation, on touche à toute l'institution. Qu'est-ce que la hiérarchie du point de vue psychanalytique ? Vous parliez de maître et de disciple. Oui, c'est important certes, mais il y a d'autres formes de hiérarchisation.

J'ai toujours été frappé par l'extraordinaire souci de hiérarchie statutaire dans les institutions psychanalytiques. Celles que je connais sont au moins aussi soucieuses de statut et de hiérarchie que l'université la plus traditionnelle. Elles ressemblent aux corporations médicales, où l'on voit des patrons régner en maîtres sur des assistants soumis. Je ne dis pas qu'il faille faire table rase de tout cela, je suis pour une certaine hiérarchie, mais ces modèles doivent changer en s'inspirant, dans leur changement même, de l'enseignement psychanalytique. Cela n'a encore jamais eu lieu, que je sache.

Quand on parle de Lacan, de l'espace ou de l'héritage lacanien, il faut se garder de trop identifier les choses. Tout y est conflictuel et hétérogène. Je ne vois de vie que dans des lieux de dissidence – plus intéressants parfois que la centralité. Cette enclave lacanienne, assez large en France et en Amérique latine, des forces et des mouvements plus ou moins aléatoires s'en disputent le contrôle. Toutes proportions gardées, s'agissant d'enclave à contrôler et de souveraineté à exercer, on pourrait pousser assez loin l'analogie avec la balkanisation et avec les tragédies récentes ou en cours de l'ex-Yougoslavie.

E.R. : C'est au cœur du champ lacanien qu'ont été mis spontanément en cause, non seulement le modèle rigide de la cure chronométrée à cinq séances par semaine, mais aussi l'intolérance à l'homosexualité, au racisme et à toutes les formes les plus conventionnelles de la soumission à la hiérarchie médicale, dont Freud, il faut le rappeler, avait été la victime à Vienne à la fin du siècle. Lacan a donné le coup d'envoi d'une relève que j'ai qualifiée d'« orthodoxe » du freudisme, puisqu'elle visait non pas à dépasser Freud mais à revenir à ce fameux « éblouissement originel » d'une découverte. Cependant, il était beaucoup plus ouvert que les autres freudiens à tous les mouvements d'émancipation, en France en tout cas.

J.D. : Ce n'est pas par hasard. Lacan porte aux espaces symboliques de la culture un intérêt qui n'existe à ce degré que chez peu de psychanalystes de son époque : un intérêt éclairé pour le droit, pour la politique, pour la littérature. D'où le fait que dans ces espaces néo-lacaniens, para-lacaniens, post-lacaniens, il y ait, plus qu'ailleurs, une certaine franchise donnée à ces transformations.

Je ne sais pas où tout cela ira. Je ne saurais même pas dessiner la silhouette de ce qui va se passer. Un processus complexe est à l'évidence engagé, à la fois à l'intérieur de ce qui s'intitule communauté, corporation ou institution psychanalytique, et dans des lieux situés aux confins de la psychanalyse : la psychiatrie, les domaines de la « thérapie » et, si du moins il y en a, les domaines étrangers au souci thérapeutique, la culture générale, les médias, le droit. *Sur* ces frontières mobiles, instables et poreuses, affectant justement la forme et l'existence *de* ces frontières même, le changement ne cessera de s'accélérer. Pour aller où ? Je ne sais pas. Il faut savoir, il faut le savoir, mais il faut aussi savoir que sans quelque non-savoir, rien n'arrive qui mérite le nom d'« événement ».

E.R. : Je perçois en effet un véritable changement chez les jeunes psychanalystes, un plus grand désir de transversalité et de démocratie.

J.D. : Ce que les institutions psychanalytiques ont à repenser, dans leur charte même, dans leur mode de fonctionnement sociopolitique, c'est d'abord le rapport à l'État. Dans chaque pays, les institutions se définissent par rapport à l'État – en France, en particulier. Or la crise de la souveraineté étatique obligera les institutions psychanalytiques à régler leur rapport à autre chose qu'à l'État – non forcément à une institution internationale de type gouvernemental (à un super-État en somme) ou non gouvernemental –, à autre chose que la souveraineté citoyenne. Autrement dit, à autre chose qu'un « sujet », mais à autre chose qui reste néanmoins de l'ordre du droit. D'un droit, pourtant, qui aurait pris en compte, de façon effective, la révolution psychanalytique. C'est pas demain la veille. Mais si quelque chose reste à venir, s'il y a de l'à-venir, s'il y a de l'événement à venir, par-delà toute souveraineté performative et toute prévisibilité, au-delà de tout horizon depuis lequel on croit voir venir, ce sera, ce serait à cette condition...

E.R. : Pour revenir à Lacan et au sujet qui nous préoccupe, je voudrais évoquer le colloque « Lacan avec les philosophes » organisé il y a dix ans par René Major[1]. Il y eut alors une controverse entre les différentes interprétations de l'œuvre de Lacan. Avec le recul, elle me paraît vivante et riche[2]. Je me demande si l'on pourrait, aujourd'hui encore, et alors même que l'on célèbre le centième anniversaire de la naissance de Lacan, organiser une rencontre semblable.

En 1993, j'ai publié un livre sur Lacan[3] qui a choqué à la fois mes amis lacaniens et les anti-lacaniens. Les premiers me reprochèrent un crime de lèse-majesté, les seconds, pis encore, se déclarèrent furieux que je les prive de l'objet de leur détestation en relatant les excès auxquels s'était livré Lacan, notamment en réduisant le temps des séances à une durée proche de zéro. Mais je l'avais fait sans jamais abaisser l'homme. En exergue, je citais d'ailleurs une phrase de Marc Bloch : « Robespierristes, antirobespierristes, nous vous crions grâce : par pitié, dites-nous, simplement, quel fut

1. Le colloque « Lacan avec les philosophes » fut organisé par René Major, Patrick Guyomard et Philippe Lacoue-Labarthe dans le cadre du Collège international de philosophie. Il se déroula du 24 au 27 mai 1990 et rassembla de nombreux chercheurs français et étrangers qui travaillaient sur l'œuvre de Lacan, parmi lesquels Alain Badiou, Christian Jambet, Étienne Balibar, Pierre Macherey, Nicole Loraux, etc. Voir *Lacan avec les philosophes*, Paris, Albin Michel, 1991. Et Jacques Derrida, « Pour l'amour de Lacan », in *Résistances*, *op. cit.*

2. Sur l'histoire de ce colloque, voir Élisabeth Roudinesco, *Jacques Lacan*, *op. cit.*

3. *Ibid.*

Robespierre. » Je me souviens que vous m'aviez dit à l'époque, au lendemain de la parution et alors que vous preniez l'avion pour les États-Unis, de « me retirer sur l'Aventin » car des projectiles seraient lancés de tous côtés. Depuis, je n'ai jamais cessé de repenser à ces mots que vous m'aviez livrés abruptement à l'angle de la rue des Saints-Pères et de la rue de Grenelle. J'ai participé ensuite, pendant des années, à des dizaines et des dizaines de discussions, d'affrontements, de débats critiques. Mais quand je lis certains des livres que les psychanalystes de ma génération ont consacrés à Lacan, je suis parfois obligée de constater que peu d'entre eux sont à la hauteur des débats qui ont eu lieu au cours de ce colloque de 1990. Heureusement, il y a de notables exceptions qui témoignent à leur façon d'un changement d'époque. Mais malgré cela, les écrits contemporains sur Lacan ont du mal à sortir de deux catégories dominantes : catéchisme, anticatéchisme/discours pieux ou destructeurs.

Je constate aussi une crainte à aborder, à penser ce que fut la cruauté psychique qui marqua l'enfance de Lacan et qui, sans aucun doute, explique sa capacité à saisir, de façon si moderne, non seulement l'essence de la folie humaine, mais certaines des grandes abjections de ce siècle. Je le dis sans animosité et avec d'autant plus d'espoir que, par ailleurs, je pense que mes amis lacaniens sont en train de faire réellement le deuil que j'évoquais tout à l'heure.

J.D. : Lors de ce colloque sur Lacan, neuf ans après sa mort, le moment paraissait venu de raconter de façon directe quelque chose, l'histoire en apparence anecdotique au moins de mes rapports personnels avec lui. Ce texte n'apportait aucun « contenu » vraiment nouveau, j'y racontais une histoire personnelle tout en récapitulant les éléments de la discussion théorique. Ce qu'il y avait de nouveau, peut-être, c'était la nécessité de saluer Lacan dans un contexte transformé. La psychanalyse paraissait déjà en récession. À cette époque, j'étais, comme d'autres, sensible à une régression par rapport aux exigences lacaniennes. De ce point de vue, et dans cette conjoncture passagère, l'alliance avec Lacan me paraissait juste.

D'ailleurs, quels que soient les points de divergence, tous les intervenants montrèrent qu'ils prenaient très au sérieux la pensée lacanienne. Il y avait, même dans le débat et les désaccords avec Lacan, une grande exigence philosophique et théorique. Elle était ailleurs, et reste d'ailleurs, en train de se perdre. Et même de se voir dénoncée. Au moment où se reconstituait ce discours philosophique conformiste dont nous avons parlé au début de ce dialogue, j'ai cru nécessaire de me rappeler et de rappeler qu'on ferait bien de lire ou de relire les textes de cette époque.

E.R. : Il s'est produit une autre « rencontre » qui me tient à cœur, celle de votre dialogue manqué et néanmoins réussi avec Yosef Hayim Yerushalmi. En juin 1994, avec René Major, nous avons organisé à Londres, au Freud Museum, un colloque intitulé *Memory : The Question of Archives*[1]. Malade, Yerushalmi n'est pas venu et n'a pas pu, à ce moment-là, dialoguer avec vous. Son intervention, qui a été lue, portait sur les *Sigmund Freud Archives* [2], et la vôtre était une « explication » avec son livre sur le Moïse de Freud[3]. Vous avez ensuite réellement rencontré Yerushalmi à New York mais il n'a jamais répondu à votre commentaire, du moins à ma connaissance.

1. Parmi les intervenants à ce colloque de la Société internationale d'histoire de la psychiatrie et de la psychanalyse (SIHPP) : Patrick Mahony, Ilse Grubrich-Simitis, Riccardo Steiner, Malcolm Bowie, Per Magnus Johansson.

2. Yosef Hayim Yerushalmi, « Série Z. Une fantaisie archivistique », *Le Débat*, 92, novembre-décembre 1996, p. 141-152.

3. Yosef Hayim Yerushalmi, *Le Moïse de Freud. Judaïsme terminable et interminable*, Paris, Gallimard, 1993 ; Jacques Derrida, *Mal d'archive*, Paris, Galilée, 1995.

Il y avait bien longtemps que je souhaitais faire dialoguer un grand historien du judaïsme et un grand philosophe, tous deux excellents connaisseurs de l'œuvre freudienne et habités par la problématique de la mémoire, de l'archaïque, de l'interprétation de la judéité dans le monde de l'après-Auschwitz. Cette rencontre m'intéressait d'autant plus que je me suis toujours trouvée dans une situation de « partage » entre plusieurs disciplines, et notamment entre la philosophie, la science des textes et l'histoire. Les philosophes accusent les historiens d'historicisme, ceux-ci reprochent aux philosophes leur absence de prise en compte de l'archive et une propension démesurée à l'interprétation abstraite, et les littéraires ne veulent pas entendre parler d'histoire des idées.

Or, à mon sens, on ne peut pas faire de la « bonne » histoire sans une certaine théorisation philosophique de l'histoire, ni une « bonne » philosophie sans une solide approche historique et historiographique. Quant à l'analyse littéraire des textes, elle est indispensable à qui veut échapper à l'histoire idéologique, téléologique ou quantitative. Sur ce terrain, j'avais envie de faire bouger les choses. J'ajoute que la question de l'archive me préoccupait puisque pour écrire mon livre sur Lacan, je n'avais presque pas d'informations : ni sur son enfance, ni sur ses manuscrits, etc.[1] Il existe beaucoup de témoignages oraux à propos de Lacan mais bien peu de documents écrits, et encore moins de lettres. Très peu d'images, seulement deux films en noir et blanc, et peu de photographies, dont seulement quelques-unes en couleurs[2].

1. Cf. Élisabeth Roudinesco, *L'analyse, l'archive,* éditions de la BNF, Seuil diffusion, Paris, 2001.

2. *Télévision,* film sur Lacan réalisé par Benoît Jacquot en 1974 pour l'INA avec la collaboration de Jacques-Alain Miller. Le texte de l'entretien a été publié la même année et repris dans *Autres écrits,* Paris, Seuil, 2001. *La conférence de Louvain,* film sur Lacan réalisé par Françoise Wolf en 1972 pour la RTBF. C'est à partir des images de cette confé-

Dans votre *Mal d'archive*, vous posez le problème du pouvoir *archontique* [1] de l'archive en histoire et vous abordez la question de la judéité de Freud, qui a fait l'objet de multiples études. J'aimerais que nous y revenions ici. Trois orientations se sont dessinées à ce propos : la première (David Bakkan) visait à inscrire la doctrine freudienne dans la tradition de la laïcisation de la mystique juive ; la deuxième, la plus répandue, faisait apparaître un Freud décentré de sa judéité et en proie à la double problématique de la dissidence spinozienne et de l'intégration à une culture allemande et gréco-latine [2] ; la troisième, celle de Yerushalmi, réintègre Freud dans l'histoire du judaïsme, sans nier son athéisme, ni son intégration à la culture allemande. Dans cette perspective, la psychanalyse devient le prolongement d'un judaïsme sans Dieu et donc d'une judéité interminable.

Bien que je ne partage pas toutes les options de Yerushalmi, je trouve passionnant qu'il ait relancé le débat sur la question de la judéité de la psychanalyse, de l'archive et de l'interprétation des textes freudiens.

Vous reprochez à Yerushalmi d'avoir voulu établir, en s'appuyant sur une conférence d'Anna Freud de 1977 [3], que Freud aurait accepté l'idée que la psychanalyse fût une

---

rence qu'Elisabeth Kapnist a réalisé, avec ma collaboration, un documentaire, produit par l'INA et diffusé par Arte, 2001 : *Jacques Lacan. La psychanalyse réinventée.* Avec la participation de Maria Belo, Jacques Derrida, Christian Jambet, Juliet Mitchell, Jean-Bertrand Pontalis.

1. Archonte : magistrat athénien ayant non seulement le pouvoir de commander dans la cité mais aussi celui d'interpréter les textes de loi et les archives (*arkheîon*).

2. David Bakan, *Freud et la tradition mystique juive* (1958), Paris, 1977 ; Peter Gay, *Un juif sans Dieu* (1987), Paris, PUF, 1989.

3. « *Inaugural Lecture for the Sigmund Freud Chair at the Hebrew University, Jérusalem* », *International Journal of Psycho-Analysis*, 59, 1978, p. 145-148. Dans ce discours prononcé en 1977, à l'occasion de l'inauguration d'une chaire Sigmund Freud à l'université hébraïque de Jéru-

« science juive », non pas au sens péjoratif où les nazis l'entendaient, mais au sens où Freud l'aurait conçue comme une nouvelle Alliance. Du coup, vous critiquez la manière dont Yerushalmi se sert de l'Archive. Il apporte en effet la preuve archivistique de ce qu'il avance en faisant état de la dédicace écrite en hébreu sur une bible offerte par Jakob Freud – que vous appelez « l'archipatriarche de la psychanalyse » – à son fils Sigmund. Selon lui, cette dédicace signifierait que Freud connaissait mieux la langue sacrée qu'il ne l'affirmait et que son *Moïse* serait une réponse tardive à l'injonction paternelle de fidélité à la croyance des ancêtres.

Selon vous, tout se passe donc comme si Yerushalmi se plaçait en position d'archonte de l'archive pour « circoncire » Freud une deuxième fois[1] et le ramener dans le judaïsme. Vous soulignez d'ailleurs que vous êtes d'autant plus sensible à cette démarche de l'historien que votre propre père s'appelait Hayim et que vous-même avez été marqué par la problématique de la circoncision…

J.D. : À suivre Yerushalmi, on n'aurait pas besoin de la psychanalyse pour comprendre la question du meurtre du père dans l'histoire de Moïse. Tout se passe comme si cette tentative ne pouvait pas être prise en compte puisque le meurtre n'avait pas abouti « effectivement » (*actually*) dans la

---

salem, Anna Freud évoqua le fait que les ennemis de la psychanalyse avaient qualifié celle-ci de « science juive » et elle ajouta : « Quelle que soit la valeur que l'on accordera à ces dénigrements, c'est je crois ce dernier qualificatif qui, en la circonstance présente, peut faire office de titre de gloire. »

1. « Tout se passe comme si Yerushalmi décidait de circoncire Freud à son tour, comme s'il se sentait dans l'obligation de venir le re-circoncire par figure en confirmant l'alliance, comme s'il ressentait le devoir en vérité de répéter le geste de Jakob Freud […] » (*Mal d'archive, op. cit.*, p. 68).

réalité[1]. Au centre d'une discussion que je ne peux reconstituer ici, nous retrouvons la distinction freudienne entre la « vérité historique » et la « vérité matérielle ». L'argumentation de Freud s'appuie sur une différence conceptuelle entre deux types d'histoire : l'une fondée sur l'archive réelle, c'est-à-dire sur des faits qui ont eu lieu et sont publiquement enregistrés, l'autre appuyée sur une vérité psychique repérable à partir de symptômes et permettant de dire qu'une *tentation* de meurtre *peut* équivaloir *à* un meurtre. A fortiori une *tentative* de meurtre, une tentative réelle avec début de passage à l'acte. Or Yerushalmi doit reconnaître, en historien qui cite son archive, qu'il y a eu au moins une telle *tentative* de meurtre. Elle est attestée et prise en compte par ce qu'il appelle des « rabbins du Midrash[2] ».

Yerushalmi ne prend pas suffisamment au sérieux, me semble-t-il, les propositions freudiennes sur le refoulement, la formation du symptôme, la distinction entre la « vérité historique » et la « vérité matérielle » – qu'il évoque pourtant[3].

Je m'interroge aussi sur la distinction entre *Jewishness* et *Judaism* (judéité et judaïsme[4]). Au fond, Yerushalmi semble

1. « Si Moïse avait véritablement été tué par ses ancêtres, écrit Yerushalmi, son meurtre n'aurait pas été refoulé ; bien plus, il serait resté gravé dans les mémoires » (*Le Moïse de Freud, op. cit.*, p. 161). À quoi Jacques Derrida répond : « Qu'on le suive ou non dans sa démonstration, Freud a prétendu que le meurtre de Moïse a *effectivement* laissé des archives, des documents, des symptômes dans la mémoire juive et même dans la mémoire de l'humanité » (*Mal d'archive, op. cit.*, p. 104).

2. Je dois renvoyer, pour ces textes et leur discussion, à *Mal d'archive* (*op. cit.*, p. 102-107). Il y va aussi de ce que j'appelle, au-delà même de ce débat précis, le « champ problématique d'une *archive du virtuel* » (p. 107). (J.D.)

3. Cf. *Mal d'archive, op. cit.*, p. 95-96.

4. Le mot judaïsme désigne la religion monothéiste des Juifs ainsi que la doctrine et les institutions juives. La judéité renvoie au fait et à la manière de se sentir juif indépendamment du judaïsme, autrement dit à la manière de continuer à se sentir et à se penser juif dans le monde moderne tout en étant incroyant, agnostique, laïc ou athée.

prêt à abandonner le judaïsme. Non pas par infidélité au judaïsme, mais par fidélité à la judéité qui, à ses yeux, se marque à deux vocations fondamentales : l'expérience de la promesse (l'avenir) et l'injonction de la mémoire (le passé). Cela m'a paru – et je l'ai dit discrètement – inquiétant[1]. Toute culture, toute communauté non juive revendiquerait ces deux traits fondamentaux.

J'ai posé des questions à Yerushalmi et j'ai cru comprendre que finalement, malgré tout, s'agissant de Moïse, il voulait effacer l'originalité ou la nécessité de l'explication psychanalytique. Il y aurait, dans une tradition d'interprétation juive, une richesse de ressources bien antérieure à la psychanalyse qui dès lors, pour l'essentiel, n'apporterait pas grand-chose. En somme, au sein d'une certaine tradition juive, les interprètes auraient *déjà* été, selon lui, de subtils psychanalystes.

Cette célébration d'une « spécificité juive » (sur la mémoire, l'avenir, l'anticipation de la psychanalyse, etc.) ne m'a pas seulement paru discutable dans son contenu (mais comme toujours au cours de notre entretien, je renonce à reproduire des argumentations publiées ; ce serait difficile et trop long ; je préfère y renvoyer le lecteur intéressé). Je me suis aussi demandé si Yerushalmi ne risquait pas d'alimenter, bon gré mal gré, une mise en œuvre *politique* du thème si grave (et si difficile à interpréter) de l'élection, plus précisément du « peuple élu ».

E.R. : Je suis d'accord avec vous pour me méfier de toute glorification d'une spécificité ou d'un peuple élu. Mais il y a cependant, me semble-t-il, quelque chose de l'ordre d'une spécificité presque indicible. Vous savez que les nazis ont voulu éradiquer la psychanalyse en tant que « science juive ». Ils n'ont pas seulement persécuté les représentants juifs d'une discipline, ils ont cherché à « exterminer » la doctrine

1. Cf. *Mal d'archive*, *op. cit.*, p. 109-128.

elle-même : brûler les livres, abolir le vocabulaire, supprimer la conceptualité, etc. Or ils n'ont pas agi de la même manière avec l'école de psychologie individuelle fondée par Alfred Adler, lequel était pourtant aussi juif que Freud. Parmi toutes les autres doctrines du psychisme, seule la psychanalyse a été déclarée « science juive » par les nazis et éliminée *en tant que telle* [1].

J'en conclus qu'il y a en elle quelque chose de spécifique, qui heurte de plein fouet le nazisme. Je me demande si l'inconscient au sens freudien, cette chose qui ne se voit pas, cette chose *invisible,* cette chose de nature universelle, n'est pas pour le nazisme un équivalent de cette judéité, ressentie comme d'autant plus dangereuse qu'elle est invisible et ne se reconnaît que comme une identité ou une entité abstraite, détachée de toute appartenance réelle, de toute ethnie. Nous avons déjà souligné, en un précédent chapitre, combien l'antisémitisme à venir n'est repérable que par un style, des mots, une rhétorique et des tournures dénégatives. Je me demande si la judéité ne serait pas ressentie comme d'autant plus dangereuse qu'elle serait invisible. Au point d'ailleurs que son identification par les antisémites ne pourrait avoir lieu que de manière indirecte et dénégative.

Michel Foucault soulignait en 1976 que dès sa rupture avec les théories de l'hérédité-dégénérescence, Freud, pour réagir à la montée du racisme qui lui était contemporaine, avait donné comme principe à la sexualité « la loi – la loi de l'alliance, de la consanguinité interdite, du Père-Souverain ». En bref, il avait convoqué autour de la question du désir tout l'ancien ordre du pouvoir. Et il ajoutait : « À cela, la psychanalyse doit d'avoir été – à quelques exceptions près et

1. Voir Élisabeth Roudinesco, « Carl Gustav Jung : de l'archétype au nazisme. Dérives d'une psychologie de la différence », *L'Infini,* 63, printemps 1998, p. 73-94.

pour l'essentiel – en opposition théorique et pratique avec le fascisme [1]. »

Ce jugement foucaldien, auquel je souscris, vise la discipline elle-même. C'est bien *en tant que discipline* que la psychanalyse est par essence incompatible avec les formes dictatoriales du fascisme et avec toutes les discriminations qui lui sont associées (racisme, antisémitisme, xénophobie, etc.), et indépendamment de ses praticiens qui ont pu collaborer avec de tels régimes. Dans son rejet principiel de la peine de mort et dans le fait d'engager la psychanalyse, *en tant que telle*, dans ce rejet, Freud avait saisi, je pense, cette réalité, sans toutefois la théoriser. Il avait compris, inconsciemment sans doute, que la psychanalyse était, *en tant que telle,* en opposition avec tout ce qu'on peut appeler « l'industrie du crime ». Je pense à la belle formule de Thomas Mann, à propos de l'Anschluss : « Comme cet homme (Hitler) doit haïr l'analyse ! Je soupçonne en secret que la fureur avec laquelle il marcha contre certaine capitale s'adressait au fond au vieil analyste installé là-bas, son ennemi véritable et essentiel, le philosophe qui démasqua la névrose, le grand désillusionneur, celui qui sait à quoi s'en tenir et en sait long sur le génie [2]. »

J.D. : Il me semble que les nazis voulaient aussi éradiquer, d'une certaine façon, la science elle-même, le principe « universaliste » et « abstrait » de la science.

E.R. : Mais pourquoi cette science-là et pas les autres théories du psychisme inventées par d'autres Juifs ? N'y a-t-il pas quelque chose dans la conception freudienne de l'inconscient qui touche à un universel invisible et dont la

1. Michel Foucault, *La volonté de savoir,* Paris, Gallimard, 1976, p. 198.
2. Thomas Mann, *Les exigences du jour,* Paris, Grasset, 1976, p. 284.

judéité serait l'expression en miroir? On retrouverait là l'idée de Freud selon laquelle la judéité se transmettrait « par les nerfs et par le sang », c'est-à-dire par la voie d'un inconscient héréditaire et donc d'un héritage phylogénétique.

En somme, chez Freud, la judéité devient l'emblème d'une sorte de mémoire perpétuelle de l'humain, une mémoire que Freud pense en termes darwiniens ou lamarckiens mais que nous pouvons traduire aujourd'hui autrement, avec d'autres concepts. Elle ne se limite pas à l'identité juive mais s'étend à l'homme en général. Entre inconscient (freudien) et judéité, il y aurait donc une équation spécifique qui interdirait de réduire l'humain à une race ou à un archétype, au prix d'ailleurs de convoquer la Loi symbolique (du père défait et humilié) pour qu'elle occupe la place de l'ancienne souveraineté autoritaire (du tyran). C'est une hypothèse, bien sûr, mais elle rejoint un peu ce que vous dites de l'archive au sens freudien. Comme à propos du droit, vous proposez d'introduire une dimension freudienne dans la compréhension de l'histoire.

Pour vous, l'archive n'est pas seulement le document mais une « empreinte », un « poids d'impensé radical » qui commande la relation de la mémoire au savoir : une « impression freudienne », comme vous dites. Cette Archive-là (avec un A majuscule) subvertirait sans cesse l'autorité de l'État patriarchique (l'État souverain patriarcal) puisqu'il se pense lui-même comme le détenteur d'un pouvoir archontique sur l'archive.

J.D. : Je crois que cette science qualifiée de « juive » porte en elle une question redoutable sur le chef et sur l'organisation politique. Les grands textes politiques de Freud sont une menace pour l'organisation nazie. Il me semble cependant que la psychanalyse n'a pas survécu non plus au régime communiste.

E.R. : Là encore, il n'existe pas de symétrie entre le nazisme et le communisme. La psychanalyse est condamnée comme science bourgeoise en Union soviétique seulement à partir de 1947-1949, à une époque où il n'y a plus de psychanalystes dans le pays. En outre, elle est condamnée au titre de sa prétendue complicité avec l'impérialisme américain.

J.D. : Condamner une science comme « science bourgeoise », est-ce moins grave ?

E.R. : Non, bien sûr, mais toutes les autres théories du psychisme subissent le même sort à une époque où la seule référence en ce domaine est celle issue des travaux de Pavlov sur le conditionnement. En outre, dans le cas du jdanovisme, l'adjectif « bourgeois » est utilisé partout : on parle de littérature bourgeoise, de philosophie bourgeoise, etc.

J.D. : Sous le nazisme, on parle de science dégénérée, d'art juif dégénéré, de littérature dégénérée, etc. S'agissant de la psychanalyse comme science juive, je suis incapable de reconstituer la logique de l'argumentation. Mais vous savez bien que Freud lui-même n'a pas exclu l'existence de quelque chose de juif dans la psychanalyse[1].

E.R. : Freud a oscillé entre deux positions et, comme vous, je pense, contrairement à Yerushalmi, qu'il n'a jamais considéré que la psychanalyse fût réellement une science juive. En un premier temps, il a voulu, pour des raisons stratégiques, évité une telle assimilation. Lui le savant juif, héritier de la Haskala, il a voulu déjudaïser la psychanalyse pour en faire la théorie universelle d'un inconscient

1. Cf. Jacques Derrida, *Mal d'archive, op. cit.*, p. 81 et *passim.*

universel. Aussi a-t-il désigné Carl Gustav Jung, un non-Juif, comme chef de son mouvement (l'IPA).

À partir de 1913, après la séparation d'avec Jung, qu'il a ressentie comme une trahison, Freud fait marche arrière et se replie en quelque sorte sur le *ghetto* de ses disciples juifs et viennois. Ce fut l'époque dite du « Comité secret », durant laquelle Ernest Jones, le seul non-Juif de ce groupe restreint, se sentit victime d'un certain ostracisme anti-*goy*. Il est certain qu'à ce moment, Freud rêve que la psychanalyse puisse être « juive », mais il ne croit pas à ce rêve. Par la suite, il ne cédera jamais à un quelconque retour à une identité juive de type religieux ou ethnique. Il reste un homme des Lumières, laïc et athée, qui ne se prive d'ailleurs jamais de critiquer les Lumières, à la manière d'un penseur de l'*Aufklärung* sombre. Aussi ne revendique-t-il sa judéité que lorsqu'il est confronté à l'antisémitisme. On retrouve ici le modèle qui est le vôtre de la fidélité infidèle. Dans le *Moïse*, il « déconstruit » la notion de peuple élu, qu'il rejette.

J.D. : Indépendance et contradiction : il n'est rien que je comprenne mieux. Malgré moi déraciné, je n'ai fait, à tort ou à raison, aucun effort suffisant pour me réenraciner, j'ai en vérité cultivé le retrait, je me tiens même sur mes gardes devant toute communauté juive. Mais devant le moindre signe d'antisémitisme, je ne dénie ni ne renierai jamais ma judéité, celle que je cherche en moi, cela se lit à tant de signes, ou celle qu'on croit pouvoir m'attribuer.

Sartre a dit, il y a bien longtemps, que le Juif est produit par l'antisémitisme[1]. Si cela était simplement vrai, s'il s'agis-

1. Jean-Paul Sartre, *Réflexions sur la question juive* (1946), Paris, Gallimard, 1954. Je me suis depuis expliqué sur ce livre et sur l'histoire décisive de mon rapport à lui dans une conférence (« Abraham, l'autre »), prononcée lors d'un colloque qui s'est déroulé en décembre 2000 au Centre communautaire de Paris (« Judéités, Questions pour Jacques Derrida », à paraître chez Galilée). Cf. aussi « Avouer l'impossible :

sait vraiment d'une production des autres, si le Juif était vraiment projeté par l'antisémitisme, on n'aurait pas besoin d'être d'abord juif pour être ainsi engendré par l'autre, antisémite ou non. (Sartre semble avoir reconnu, à la fin de sa vie, l'ignorance, pour ne pas dire la méconnaissance de la tradition, des traditions juives dont témoigne son livre au lendemain immédiat de la guerre.) Mais, être né juif et, pour un homme, être circoncis, cela ne se réduira jamais à une projection de l'autre, antisémite ou non. Cet héritage ne peut ni se renier ni se dénier. Dissymétrique, hétéronomique, il précède la parole, le serment et le contrat.

Vous-même, vous n'êtes pas semblable à n'importe quel citoyen catholique, même si vous avez été baptisée. Vous vous sentez marquée, passivement, avant même que l'antisémitisme n'institue cette marque en vous. Vous êtes *affectée* de judaïsme *avant même* que l'antisémitisme n'en produise ou transforme en vous l'identité. Et celle-ci n'est pas la même pour vous que pour quelqu'un qui serait né breton, par exemple.

J'ai beaucoup de mal avec la « doctrine » de l'élection. Je serais capable de déployer contre elle les pires soupçons mais, que je le veuille ou non, j'ai été désigné, assigné, signé, avant même ma naissance, avant même que j'aie aucun choix à faire. Il y a une « structure » universelle de l'élection hétéronomique : je suis le seul à être appelé à faire ceci ou cela, je suis irremplaçable à la place de cette décision, à devoir répondre « me voici », « je suis là », etc. Cette *élection de chacun* me paraît donner sa chance et sa condition à toute responsabilité digne de ce nom, s'il y en a.

Quant à la judéité « de naissance », il s'agit là d'une autre forme d'élection (que l'on peut ou non bénir, c'est secon-

"Retours", Repentir et réconciliation », in *Comment vivre ensemble ?*, XXXVIIIe colloque des intellectuels juifs de langue française, Paris, Albin Michel, 2001. (J.D.)

daire), et que bien des penseurs juifs voudraient *relier* à celle, universelle, que je viens d'évoquer. C'est pour moi le lieu de ce problème, ce *lien,* mais, en tout cas, quelque chose, quelqu'Un a marqué mon destin avant même que j'aie eu un mot à dire. C'est ce que j'appelle la circoncision, au sens littéral ou figural. Je suis marqué avant même de savoir parler. Et cela est valable pour les femmes. Vous n'avez pas été circoncise, mais vous savez qu'une marque avait précédé et traversé votre catholicisme.

E.R. : Vous avez été circoncis, donc la marque s'est inscrite dans le corps ?

J.D. : Je n'oserai pas dire que c'est une métaphore. Mais partout où j'en ai parlé (abondamment, de *Glas* à *La carte postale*, de *Schibboleth* à *Circonfession,* récemment encore dans le film de Safaa Fathy[1]), j'ai aussi traité de la rhétorique qui depuis toujours travaille au corps la littéralité ou la valeur tropique de la circoncision : la circoncision du sexe, celle dite du cœur, des lèvres et de la langue, etc.

E.R. : Mais si vous n'aviez pas été circoncis, vous vous sentiriez juif de la même manière !

J.D. : Si l'on m'avait appris d'une manière ou d'une autre que j'étais né dans une famille juive, ç'aurait été, en effet, équivalent. Pour les filles aussi. Je ne dis pas cela pour effacer une marque qui existe réellement. Je m'intéresse, j'y insiste, à toutes les *figures* de la circoncision, à ce qui fait que l'on n'a pas besoin d'être littéralement circoncis, ni même d'être un homme, pour qu'existe ce marquage d'avant la parole.

1. *D'ailleurs Derrida* (Arte-Gloria, 2000). Cf. aussi Jacques Derrida et Safaa Fathy, *Tourner les mots*, Paris, Arte-Galilée, 2000.

On sait bien cependant que la circoncision littérale, « physique », « traumatique » a des effets originaux. Trop à dire sur ce sujet. Et cela reste, comme l'excision des femmes (qui se pratique massivement dans le monde, et que je tiens pour une agression encore plus violente, aux effets meurtriers, en tout cas irréversibles et beaucoup plus graves que la circoncision, sans commune mesure avec elle), une question qui ne manquera pas d'être soumise, de plus en plus, comme la peine de mort, à des débats « mondialisés ». J'essaie donc de m'intéresser, en moi et ailleurs, à la fois à la figure générale et universelle de la circoncision, de l'excision et à toutes ces marquages ethno-religieux du corps[1]. Ces inscriptions n'ont pas lieu n'importe où.

E.R. : La circoncision n'est pas spécifique aux Juifs, mais elle est devenue cette marque à laquelle on devrait renoncer si l'on était freudien. Freud n'a pas voulu faire circoncire ses fils parce qu'il était hostile aux marques corporelles. Il acceptait l'héritage intellectuel du judaïsme, n'hésitait jamais à marquer sa judéité mais il se voulait aussi un « Juif infidèle ».

J.D. : De nombreux Juifs, fidèles ou infidèles, ont parlé de la circoncision – Spinoza notamment. Il souligne que la circoncision a assuré la pérennité et la survie du peuple juif. Je le rappelle dans *Circonfession*[2].

E.R. : Mais peut-on aujourd'hui soutenir une telle position ?

---

1. Jacques Derrida fait remarquer que chez les Juifs d'Algérie, on ne disait presque jamais « circoncision » mais « baptême », non pas « bar mitzwa », mais « communion ». Voir *Circonfession, op. cit.*, p. 72.

2. Dans *Circonfession*, le souvenir de la circoncision est sans cesse associé par Jacques Derrida à celui de la mort et à l'agonie de la mère : Esther Georgette Safar Derrida, *op. cit*, p. 192-193.

J.D. : Les Juifs orthodoxes, et point nécessairement les moins raffinés d'entre eux, vous diront que si l'on abandonne la circoncision, quelque chose d'essentiel risque d'être perdu pour le judaïsme. Plus généralement, si l'on abandonne la circoncision (littérale ou figurale, mais tout se joue autour de la lettre, aussi bien dans le judaïsme que dans l'islam), on est sur la voie d'un abandon du phallocentrisme. Cela vaudrait a fortiori pour l'excision. Cet abandon vaut également pour le christianisme, puisque ces trois religions sont puissamment, quoique différemment, phallocentriques. En tout cas, le phallocentrisme et la circoncision lient l'islam et le judaïsme. J'ai souvent souligné l'irréductibilité profonde du couple judéo-islamique, voire son privilège souvent dénié, au regard du couple confusément accrédité du judéo-christianisme [1].

E.R. : J'aurais tendance à penser que l'on peut abandonner la circoncision mais pas le phallocentrisme, au sens où Freud en a fait la Loi du père, une loi issue d'une souveraineté défaite, d'une souveraineté qui n'est plus celle de la tyrannie, mais de son transfert vers le symbolique, et vers l'universalité de la différence sexuelle. Autrement dit, pour être beaucoup plus moderne que le « post-modernisme » qui voudrait abolir

1. Cf. notamment Jacques Derrida, *Foi et savoir, op. cit.* Je signale à ce sujet la remarquable introduction de Gil Anidjar, « *Once More, Once More » : Derrida, The Arab, the Jew* », à Jacques Derrida, *Acts of Religion*, Londres, Routledge, 2001. Dans le premier chapitre de *Foi et savoir. Les deux sources de la « religion » aux limites de la simple raison*, où est reproduit une intervention donnée à Capri, Jacques Derrida souligne notamment : « Nous représentons et parlons quatre langues différentes [l'allemand, le français, l'espagnol, l'italien], mais notre "culture" commune, disons-le, est plus manifestement chrétienne, à peine judéo-chrétienne. Aucun musulman parmi nous, hélas, du moins pour cette discussion préliminaire, au moment où c'est vers l'islam que nous devrions commencer par tourner notre regard. Aucun représentant d'autres cultes non plus. Aucune femme ! » (*ibid.*, p. 13).

toute forme de fonction symbolique par une sorte de déconstruction sans limites, je pense que l'antiphallocentrisme militant est toujours condamné, malgré ses bonnes intentions, à valoriser un pouvoir maternalocentriste – ou nihiliste – aussi redoutable que le phallocentrisme qu'il prétend abolir. Il faut donc sortir de cette symétrie et ne pas opposer l'antiphallocentrisme au phallocentrisme.

Mieux vaut un père défait de son autorité tyrannique, un père déconstruit, humilié et conscient de la nécessité de l'abaissement de son ancienne souveraineté, devenue impossible, plutôt qu'un pouvoir absolu – et forcément souverain – attribué aux mères : un pouvoir d'autant plus « phallique » qu'il s'exercera comme une revanche et surtout comme le simulacre d'une conquête de la féminité, ou de la jouissance illimitée dont les femmes risqueront elles-mêmes, à terme, d'être les principales victimes.

À cet égard, et pour reprendre votre comparaison entre le couple judéo-islamique (dénié) et le couple judéo-chrétien (affirmé), je remarque que la psychanalyse est pour le moment *interdite* dans le monde arabo-islamique, c'est-à-dire dans l'islam, même si quelques praticiens l'exercent et tentent de l'institutionnaliser (au Maroc et au Liban, notamment). Dans ce monde, et contrairement au monde judéo-chrétien, la loi du père est encore oppressive, et non pas « œdipienne », déconstruite, défaite. Même si, comme vous le dites, il ne faut pas confondre islam et islamisme[1], le corps des femmes dans l'islam d'aujourd'hui subit cette tyrannie, en particulier sous la forme du « voile » qui, à mon sens, leur interdit symboliquement de parler en leur nom. C'est d'ailleurs pour cette raison que de nombreuses femmes

1. « [...] L'islam n'est pas l'islamisme, ne jamais l'oublier, mais celui-ci s'exerce *au nom de* celui-là, et c'est la grave question du nom » (Jacques Derrida, *Foi et savoir, op. cit.*, p. 14). L'islamisme est une version politique de l'islam. Il faut donc distinguer l'islam spirituel (islam) de l'islam politique.

ne le portent plus ou luttent pour ne plus le porter. Que cette aliénation soit *inconsciente* la rend plus redoutable encore. Or, on le sait, la liberté de parler en son nom, et donc d'interroger l'essence de sa propre aliénation, est indissociable de l'exercice de la libre association qui caractérise la cure freudienne, laquelle a été « inventée » par une femme[1].

J.D. : Vous êtes plus lacanienne que moi. Mais en effet, si l'on renverse la hiérarchie pour attribuer aux mères l'ancien pouvoir des pères, cela ne change rien.

E.R. : Nous luttons pour l'égalité et l'émancipation. Mais l'expérience psychanalytique montre que le pouvoir exercé par la mère sur l'enfant et sur le nourrisson peut se révéler aussi destructeur, du point de vue du psychisme, et même encore plus redoutable que celui des pères tyranniques. J'aimerais bien que les femmes, en passe de devenir toutes-puissantes dans les sociétés démocratiques, attribuent une nouvelle place à ces pères qui ont accepté la blessure narcissique du partage de leurs anciens privilèges. Sinon que va-t-il leur arriver et que va-t-il arriver aux hommes ?

J.D. : Et si l'on suspendait le dialogue sur cette question, qui est la vôtre ? Ce serait assez drôle au fond, et ça donnerait sans doute plus à penser qu'une réponse de ma part.

1. Dans l'histoire « mythique » de la psychanalyse, on attribue à Anna O. (de son vrai nom Bertha Pappenheim) l'invention de la cure par la parole. Voir Josef Breuer et Sigmund Freud, *Études sur l'hystérie* (1895), Paris, PUF, 1956. On peut imaginer que la psychanalyse, si elle parvient à s'implanter dans le monde islamique, puisse servir à défaire ou à déconstruire ce système, et notamment le refoulement du féminin qu'il met en œuvre. C'est l'hypothèse proposée par Fethi Benslama dans son intervention sur « La répudiation originaire », *in* « Rencontres de Rabat avec Jacques Derrida. Idiomes, nationalités, déconstructions », *op. cit.*

Table

DES MÊMES AUTEURS

Ouvrages de Jacques Derrida

Aux Éditions Galilée

L'archéologie du frivole (introduction à *L'essai sur l'origine des connaissances humaines*, de Condillac), 1973.
Glas, 1974.
Ocelle comme pas un, préface à *L'enfant au chien-assis*, de Jos Joliet, 1980.
D'un ton apocalyptique adopté naguère en philosophie, 1983.
Otobiographies, L'enseignement de Nietzsche et la politique du nom propre, 1984.
Schibboleth. Pour Paul Celan, 1986.
Parages, 1986.
Ulysse gramophone. Deux mots pour Joyce, 1987.
De l'esprit. Heidegger et la question, 1987.
Psyché. Inventions de l'autre, 1987.
Mémoires. Pour Paul de Man, 1988.
Limited inc., 1990.
L'archéologie du frivole, 1990.
Du droit à la philosophie, 1990.
Donner le temps, 1. *La fausse monnaie*, 1991.
Points de suspension, Entretiens, 1992.
Passions, 1993.
Sauf le nom, 1993.
Khôra, 1993.
Spectres de Marx, 1993.
Politiques de l'amitié, 1994.
Force de loi, 1994
Mal d'archive, 1995.
Apories, 1996.
Résistances – de la psychanalyse, 1996.

Le monolinguisme de l'autre, 1996.
Échographies – de la télévision (Entretiens filmés avec Bernard Stiegler), 1996.
Cosmopolites de tous les pays, encore un effort!, 1997.
Adieu à *Emmanuel Lévinas,* 1997.
Demeure. Maurice Blanchot, 1998.
Psyché. Invention de l'autre, t. 1 (nouvelle édition augmentée), 1998.
Voiles, en collaboration avec Hélène Cixous, 1998.
« L'animal que donc je suis », in *L'animal autobiographique. Autour de Jacques Derrida,* 1999.
Donner la mort, 1999.
Le toucher. Jean-Luc Nancy, 2000.
États d'âme de la psychanalyse, 2000.
L'université sans condition, 2001.
La connaissance des textes, en collaboration avec S. Hantaï et J.-L. Nancy, 2001.
Papier Machine, 2001.

Chez d'autres éditeurs

L'origine de la géométrie, de Husserl, Introduction et traduction, PUF, 1962.
L'écriture et la différence, Le Seuil, 1967.
La voix et le phénomène, PUF, 1967.
De la grammatologie, Minuit, 1967.
La dissémination, Le Seuil, 1972.
Marges – de la philosophie, Minuit, 1972.
Positions, Minuit, 1972.
« Économimésis », in *Mimésis,* Aubier-Flammarion, 1975.
« Fors », préface à *Le verbier de l'Homme aux loups,* de N. Abraham et M. Torok, Aubier-Flammarion, 1976.
« Scribble », préface à *L'essai sur les hiéroglyphes* de Warburton, Aubier-Flammarion, 1978.
Éperons. Les styles de Nietzsche, Flammarion, 1978.
La vérité en peinture, Flammarion, 1978.

La carte postale, de Socrate à Freud et au-delà, Aubier-Flammarion, 1980.

L'oreille de l'autre. Textes et débats, éd. Cl. Lévesque et Ch. McDonald, VLB, Montréal, 1982.

Signéponge, Columbia University Press, 1983 ; Le Seuil, 1988.

La Filosofia como institución, éd. Juan Granicia, Barcelone, 1984.

Popularités. Du droit à la philosophie du droit, avant-propos à « *Les sauvages dans la cité* », Champ Vallon, 1985.

Lecture de »Droit de regards », de M.-F. Plissart, Minuit, 1985.

Préjugés – devant la loi, in *La Faculté de juger*, Minuit, 1985.

Forcener le subjectile. Étude pour les Dessins et portraits d'Antonin Artaud, Gallimard, 1986.

Feu la cendre, Des femmes, 1987.

« Mes chances », in *Confrontation*, 19, Aubier, 1988.

« Some Statements and Truisms... », in *The States of « Theory »*, éd. D. CarRoll, Columbia University Press, 1989.

Le problème de la genèse dans la philosophie de Husserl, PUF, 1990.

Mémoires d'aveugle. L'autoportrait et autres ruines, Louvre, Réunion des Musées nationaux, 1990.

« Interpretations at War, Kant, le Juif, l'Allemand », in *Phénoménologie et politique*, Mélanges offerts à J. Taminiaux, Bruxelles, Ousia, 1990.

Heidegger et la question, Flammarion, coll. « Champs », 1990.

L'autre cap, Minuit, 1991.

« Circonfession », in *Jacques Derrida*, Geoffrey Bennington et Jacques Derrida, Le Seuil, 1991.

Qu'est-ce que la poésie ? (éd. quadrilingue), Brinkmann & Bose, Berlin, 1991 (réédition augmentée en collaboration avec W. Mihuleac, éd. Signom, 1997).

« Donner la mort », in *L'éthique du don*, A.M. Métailié, 1992.

« Nous autres Grecs », in *Nos Grecs et leurs modernes*, Le Seuil, 1992.

Prégnances, Brandes, 1993.

« Fourmis », in *Lectures de la différence sexuelle*, Des femmes, 1994.

Moscou Aller Retour, éd. de l'Aube, 1995.

« Avances », préface à *Le tombeau du dieu artisan*, de S. Margel, Minuit, 1995.

«Foi et Savoir», in *La religion*, Le Seuil, 1996.
Lignées, in M. Henich et J. Derrida, *Mille e tre, cinq*, William Blake & Co, 1996.
Erradid (en collaboration avec W. Mihuleac), Galerie La Hune Brenner, 1996.
«La norme doit manquer» (et autres contributions), in *Le génome et son double*, Hermès, 1996.
De l'hospitalité, Calmann-Lévy, 1997.
Le droit à la philosophie du point de vue cosmopolitique, Unesco-Verdier, 1997.
«*Manquements – du droit à la justice* (Mais que manque-t-il donc aux sans-papiers?)» in *Marx en jeu*, Descartes et Cie, 1997.
«Il Gusto del Segreto», en collaboration avec M. Ferraris, Laterza, 1997.
La contre-allée, en collaboration avec Catherine Malabou, La Quinzaine littéraire-Louis Vuitton, 1999.
«Une certaine possibilité impossible...», in *Dire l'événement, est-ce possible ?* en collaboration avec G. Soussana et A. Nouss, L'Harmattan, 2001.
«La veilleuse», préface à Jacques Trilling, *James Joyce ou l'écriture matricide*, Circé, 2001.
«La forme et la façon», préface à Alain David, *Racisme et antisémitisme*, Ellipses, 2001.

OUVRAGES D'ELISABETH ROUDINESCO

Un discours au réel, Mame, 1973.
L'inconscient et ses lettres, Mame, 1975.
Pour une politique de la psychanalyse, Maspero, 1977.
La psychanalyse mère et chienne, en collaboration avec Henri Deluy, UGE, coll. «10/18», 1979.
«Céline et Semmelweis: la médecine, le délire et la mort», in *Les psychanalystes parlent de la mort*, Tchou, 1979.
Les Maîtres de la langue, en collaboration avec Yvan Mignod, Jean-Marc Gayman, Françoise Gadet, Maspero, 1979.
Théroigne de Méricourt. Une femme mélancolique sous la Révolution, Seuil, 1989.
Penser la folie. Essais sur Michel Foucault, en collaboration avec Georges Canguilhem, Jacques Postel, François Bing, Arlette Farge, Claude Quétel, Agostino Pirella, René Major, Jacques Derrida, Galilée, 1992.
Jacques Lacan. Esquisse d'une vie, histoire d'un système de pensée, Fayard, 1993.
Histoire de la psychanalyse en France, vol. 1 (1982, 1986), vol. 2 (1986), Fayard, 1994.
Généalogies, Fayard, 1994.
Dictionnaire de la psychanalyse, en collaboration avec Michel Plon, Fayard, 1997.
Pourquoi la psychanalyse?, Fayard, 1999.
Au-delà du conscient, en collaboration avec Jean-Pierre Bourgeron et Pierre Morel, Hazan, 2000.
L'analyse, l'archive, Bibliothèque nationale de France-Seuil, 2001.

Histoire de la pensée

Une collection d'essais chez Fayard

Aliette Armel
Michel Leiris
1997

Marc Augé
Fictions fin de siècle
suivi de
Que se passe-t-il ?
2000

Christian Delacampagne et Robert Maggiori (dir.)
Philosopher 1
2000

Christian Delacampagne et Robert Maggiori (dir.)
Philosopher 2
2000

Marc Bloch et Lucien Febvre
Correspondance, I. La naissance des Annales
Édition établie, présentée et annotée par Bertrand Müller
1994

Georges Devereux
Psychothérapie d'un Indien des plaines
Préface d'Élisabeth Roudinesco
1998

Henri F. Ellenberger
Médecine de l'âme. Essais d'histoire de la folie et des guérisons psychiques
Textes réunis et présentés par Élisabeth Roudinesco
1995

Henri F. Ellenberger
Histoire de la découverte de l'inconscient
Présentation par Élisabeth Roudinesco,
complément bibliographique par Olivier Husson
1994

Didier Eribon
Michel Foucault et ses contemporains
1994

Didier Eribon
Réflexions sur la question gay
1999

Lucien Febvre
Lettres à Henri Berr
présentées et aotées par Jacqueline Pluet et Gilles Candar
1997

Élisabeth de Fontenay
Le silence des bêtes. La philosophie à l'épreuve de l'animalité
1998

Marcel Fournier
Marcel Mauss
1994

Guy Hocquenghem
Le désir homosexuel
Préface de René Schérer
2000

Serge Leclaire
Principes d'une psychothérapie des psychoses
Préface et annotation par Élisabeth Roudinesco
1999

Serge Leclaire
Œdipe à Vincennes. Séminaire 69
1999

Michel Leiris
Roussel & Co
Édition établie par Jean Jamin,
présentée et annotée par Annie Le Brun
1998

R. Anthony Lodge
Le français. Histoire d'un dialecte devenu langue
1997

Marcel Mauss
Écrits politiques
Textes réunis et présentés par Marcel Fournier
1997

Simone Pétrement
La vie de Simone Weil
1997

Élisabeth Roudinesco
Jacques Lacan. Esquisse d'une vie,
histoire d'un système de pensée
1993

Élisabeth Roudinesco
Généalogies
1994

Élisabeth Roudinesco
Histoire de la psychanalyse en France
2 vol.
1994

Élisabeth Roudinesco
Pourquoi la psychanalyse ?
1999

Élisabeth Roudinesco et Michel Plon
Dictionnaire de la psychanalyse (1997),
nouvelle édition augmentée
2000

Moustapha Safouan
Lacaniana. Les séminaires de Jacques Lacan (1953-1963),
2001

Moustapha Safouan
Dix conférences de psychanalyse,
2001

Gisèle Sapiro
La guerre des écrivains. 1940-1953
1999

Carl E. Schorske
De Vienne et d'ailleurs. Figures culturelles de la modernité
2000

Frank J. Sulloway
Freud, biologiste de l'esprit
Avant-propos d'André Bourguignon,
préface de Michel Plon
1998

Emmanuel Terray
Clausewitz
1999

Ouvrage réalisé en Garamond
par Dominique Guillaumin, Paris

Impression réalisée sur CAMERON par
BRODARD ET TAUPIN
La Flèche

pour le compte des Éditions Fayard/Galilée
en août 2001

Imprimé en France
Dépôt légal : septembre 2001
N° d'édition : 14313 – N° d'impression : 8881
35-26-0907-01/2
ISBN : 2-213-60707-9